Premiere Collection

『史記』はいかにして編まれたか

蘇秦・張儀・孟嘗君列伝の成立

斎藤 賢

Ken Saito

京都大学学術出版会

京都からの発信

京都大学には、戦前の西田哲学に始まり、史学、文学、経済学、民俗学、生態学、人類学から精神医学にまで及ぶ極めて広汎な人文・社会科学の領域で、独創的な研究が展開されてきた長い歴史があります。今日では広く京都学派と呼ばれるこの潮流の特徴は、極めて強烈で独創的な個性と強力な発信力であり、これによって時代に大きなインパクトを与えてきました。

今、全世界が新型コロナ感染症パンデミックの洗礼を受けていますが、この厄災は人々の健康と生命を脅かしているのみならず、その思考や行動様式にも大きな影響を与えずにはおきません。時代はまさに、新しい人文・社会科学からの指針を求めているといえるのではないでしょうか。世界では、イスラエルの歴史家ユヴァール・ノア・ハラリやドイツの哲学者マルクス・ガブリエルなどの若い思想家達が、この状況に向けて積極的な発信を続けています。

プリミエ・コレクションは、若い研究者が渾身の思いでまとめた研究や思索の成果を広く発信するための支援を目的として始められたもので、このモノグラフの出版を介して、彼らに文字通り舞台へのデビュー（プリミエ）の機会を提供するものです。

京都大学は指定国立大学法人の指定に当たって、人文学と社会科学の積極的な社会への発信を大きなミッションの一つに掲げています。このコレクションでデビューした若手研究者から、思想と学術の世界に新しい個性的なスターが生まれ、再び京都から世界に向けてインパクトのある発信がもたらされることを、心から期待しています。

第27代　京都大学総長　湊　長博

目次

はじめに

『史記』は前漢時代に生きた司馬遷によって著された歴史書であり、数多ある中国の書物のなかでも最も広く知られたものの一つだろう。正史の第一に数えられるが、後の正史の多くが王朝一代の歴史を記したいわゆる断代史であるのとは異なり、上古の伝説的帝王から司馬遷の同時代である前漢の中頃までを記述した通史である。『史記』は一般に紀伝体の史書と称され、十二本紀・十表・八書・三十世家・七十列伝の五体、総計一三〇巻から構成される。本紀は王朝（および帝王）の年代記を記し、表はいわゆる年表、書は制度史といってよい。また、世家・列伝は主に諸侯の歴史と個人の伝記である。

この『史記』は、「史家の絶唱、無韻の離騒」という魯迅の評からもわかるように、歴史書としてのみならず、その優れた文学性の点でも高く評価されている。世の常として、評価自体は時代により浮き沈みはあるものの、長らく読み継がれてきたことは疑いない。その評価に相応しく、『史記』に関する研究は汗牛充棟、それこそ数えきれないほどであるといってもよいだろう。ただ、このように言うと、『史記』には既に研究の余地などのこっていないのではないか、なぜいまさら『史記』など研究するのか、などと思われるかもしれない。しかし、実際はそうではない。『史記』には明らかになっていない「謎」がそれこそ無数に残されているのである。

本書は『史記』の戦国時代に関する記述を研究対象とするが、筆者が中国の戦国時代に注目するようになったのも、この『史記』に存在する数々の問題と関係がある。戦国時代は秦の統一によって終焉を迎えることになるが、皇帝政治の創始者である秦王嬴政（後の始皇帝）を生み出したのは、まさにこの時代であった。ある意味で戦国時代は終わりであり、始まりの時代であったのである。その重要性を看過することはできないだろう。

しかし、この戦国時代について理解を深めようとすれば、大きな困難が立ちふさがる。それこそが本書のテーマとなる『史記』なのである。我々が戦国時代全体の大きな流れを知ろうとすれば、まず『史記』を繙くことになるが、その『史記』には不可解な記述が至るところに現れる。不自然に長命な人がいたり、既に死んだはずの将が軍を率いて戦ったりすることもあり、未来の事件が既に終わったことのように述べられることもある。『史記』を単なる「歴史を記した書」とする理解では不十分なのである。なぜこのような不可解な矛盾とも見える記述が随所に現れるのか、その原因を知りたい、明らかにしたいという思いが本書を著すきっかけであった。

司馬遷は当時入手可能であった資料を多数収集し、それらに基づいて『史記』を著したとされる。しかし、『史記』は私撰の書であったとは言え、自身の仕える王朝である漢の歴史を書く際には、立場上やはり種々の制限があったのではないだろうか。その一方、漢代史との比較から言えば、戦国時代についてそのような制限は相当に少なかったと思われる。それは言い換えれば、司馬遷の認識がその叙述に影響を与えうる余地が大きかったとも言えるのである。ただし、歴史を著す以上、その基礎には記述の根拠となる資料があるはずであり、またそれらの資料は必ずや作者の認識、そしてその歴史叙述を何らかの形で規定する。ある資料の示す内容と異なる認識や記述が生み出される場合であっても、その資料が一つの起点となることは疑いないのである。このように考えれば、『史記』という書物は、司馬遷と彼自身の参照・利用した原資料との相互作用の結果と言うことができるだろう。『史記』は司馬遷と彼の利用した資料が相互に影響を及ぼすことで形成された書であり、その相互の交流の過程を理解することこそが、『史記』を理解するうえで欠かすことのできない前提と思われる。

本書が、その過程をいささかなりとも明らかにすることができているとすれば、望外の喜びである。

序章　『史記』編纂過程・手法解明のための視座

『戦国縦横家書』（馬王堆三号漢墓出土）
（画像出典：湖南博物院収蔵、湖南博物館版権所有）

第一節　戦国史研究の現状

春秋時代に続き、秦始皇帝の天下統一によって幕を閉じる戦国時代（前四五三－前二二一年）は、急激な経済成長や重大な社会変革、経済・戦争・行政技術の分野での革新が生じ、かつ思想史上においても最も創造力に富む時代であったとされる。[1]領域国家の形成や中央集権的官僚制の発展の土壌となった戦国時代は正に中国史上の画期と言うことができよう。戦国時代末期に秦の始皇帝によって実現した天下統一は、皇帝という一人の最高権力者のもとに広大な領域が統治されるべきであるという、現代中国にまで影響を及ぼす観念が形成された契機でもあり、一九七〇年代以降に戦国～統一秦に関する史料が増加したこともあって、近年は欧米を含め秦帝国に関する研究が活況を呈している。[2]

だがその一方で、戦国時代の前～中期や秦以外の諸国家に関する研究は停滞し、戦国末期と戦国前～中期や春秋・秦漢時代との連関などの巨視的な観点が喪失されつつあり、中国史全体としての流れが分断されていることが問題となっている。[3]例えば、戦国時代前期には政治・経済・文化面での大変革が起こったとされるが、[4]戦国時代の全体像の究明を閑却し、統一事業のみを近視眼的に研究するのみでは、上述のごとき戦国時代に生じたとされる種々の事象を中国史上に位置付けることができず、ひいてはその意義を精確に捉えることも困難となる。現在のこのような研究状況に鑑みれば、戦国時代を全体的・通時的に把握することが以後の戦国史研究の基礎として求められることは疑いない。ただし、当然のことながら戦国時代前～中期や秦以外の研究は故無くして停滞しているわけでは無い。

そもそも、戦国時代についての史料は他の時代と比べて豊富とは言いがたい。確かに、戦国～統一秦の法制や秦漢時代の下層官吏の行政手続きなどといった個別の分野の研究状況について言えば、睡虎地秦簡や嶽麓秦簡、里耶秦簡などといった新出資料の発見により著しく改善され、目覚ましい成果を挙げている。また、思想史などの分野においても、郭店楚簡や上博楚簡、清華簡などを含む多数の出土文献が研究に新たな進展をもたらしたことは紛れもない事実である。(5) しかしながらその一方で、戦国時代全体を通時的に記述した史料について言えば、実のところ進展はさほど見られない。(6)

このような史料状況に鑑みれば、戦国時代の通時的理解には『史記』が現在も依然として最も重要な基礎的史料であると言えるだろう。というのも、戦国時代の前後に位置する春秋時代（前七七〇－前四五三年）や前漢時代（前二〇六－後八年）の研究に際しては、『春秋左氏伝』や『漢書』といった編年的史料が利用可能であるのに比して、戦国時代については『史記』が現状唯一の編年的・体系的史料であるからである。一九七五年に睡虎地秦簡の「編年記」が発見されるまで、戦国時代の個々の事件の年代をある程度の蓋然性をもって決定する手掛りは、『史記』およびその注釈などに引用された古本『竹書紀年』の記述にほぼ限られていたといっても過言ではない。

しかし、その戦国史研究にとっての重要性にもかかわらず、『史記』のとりわけ戦国時代に関する記述には矛盾や紀年の錯誤など種々の問題が山積し、戦国史研究における史料としての利用に困難を伴ってきた。これこそが戦国史研究に偏向と停滞を引き起こした主要な原因の一つであったと言える。

では、『史記』を戦国史研究の史料として利用することの妨げとなる種々の問題は、一体いかなる方法によって解決可能なのか。筆者は、『史記』各篇の個々の記述を緻密に比較分析することで、その編纂方法を具体的に明らかにすることこそが、この問題を解く関鍵であると考える。かかる認識に基づき、次節では『史記』の史料上の問題、従来の『史記』研究の課題、及び本書の目的である『史記』編纂方法解明の意義について述べることとする。

なお、『史記』の作者の問題について付言しておかねばならない。『史記』の編纂には司馬遷のみならず、その父・司馬談も携わっていたと考えられており、このこと自体はほぼ疑いの余地はない。だがその一方で、両人の執筆箇所を特定しようとの試みについていえば、未だ完全には見解の一致に至っていないのが現状である。

また、そもそも司馬談が一部を執筆したにせよ、最終的には司馬遷の手を経て成書したものであるから、『史記』のいずれの篇が司馬談の執筆によるものか、という問い自体に問題があるという考えもある。[(7)] ただし、本書で行うような分析の蓄積を通して、各篇の編纂順序や編纂の特徴を明らかにすることで、司馬談と司馬遷の執筆の問題についても新たな視点を提供し得る可能性も捨て去ることはできないと思う。これら諸点を考慮し、特に両人を区別する必要のある場合を除いて、本書では『史記』の作者を「太史公」の称に統一する。[(8)]

第二節　戦国史研究と『史記』

先述したように、『史記』は中国古代史研究にとって最重要の史料の一つであり、『史記』に何らかの形で渉る研究を算入すれば、それこそ無数にあると言える。それらを網羅的に整理することは困難であるし、かつ本書の行論にとっても必要ではないだろう。それゆえに、本節では従来の『史記』研究を逐一紹介することはせず、本書の問題意識と目的を明確化する上で参考すべき研究の整理を中心とし、個別の研究については他に譲ることとする。[(9)]

従来の『史記』研究の中でも大きな比重を占めるものとして、『史記』の作者とされる司馬遷（および司馬談）に関する研究をまず挙げることができるだろう。司馬遷の生年については種々の見解が提出され、その中でも有力な前一四五年説と前一三五年説については今なお議論がなされている。[(10)] また、青年時代の司馬遷が旅行時に辿ったとするルート、『史記』述作の時代背景や動機、あるいは司馬談・司馬遷の生涯や思想に関する研究は数多ある。(11) 特に、司馬遷が匈奴に投降した李陵を弁護したことで武帝の怒りを買い、宮刑（去勢の刑）に処せられた天漢二年（前九九年）の事件――いわゆる「李陵の禍」――は司馬遷を語る上で必ず言及される重要な出来事であり、その事件のみならず、それが司馬遷および『史記』に与えた影響についても従来盛んに研究されてきた。

ただし、上記のような研究が『史記』という書物を理解する上で重要な意義を持つことは疑いないが、これらの検討対象はみな司馬談・司馬遷個人へと収斂し、『史記』という書物自体ではなく、ある意味その外面を明らかにすることが目的となっていた。それゆえに、それらの成果は『史記』の各記述がいかにしてなされたのか、という問題に間接的な示唆を提供するものではあっても、直接に解明するものではない。

そして、実のところ、これらの研究に反映された司馬遷自身に対する重視は、従来の『史記』研究に大きな問題をもたらしている。この点につき、『史記』の文学的視点からの研究に対する批判とはなるが、(12)「文章表現乃至は辞句の配列の巧拙が必要以上に問題にされる世界」であり、記述の細部に渉ってまで司馬遷という一個人の人格と関連付けることは、『史記』を中国古代の歴史叙述として把握する上で適切ではない、という沢谷の指摘は傾聴に値する。(13) この指摘からも窺われるとおり、従来の研究においては、意識的と無意識とにかかわらず、司馬遷（のものと各人が想定した）人格が、『史記』の分析と過度に結びつけられる傾向が存在したと思われる。

しかし、筆者の考えでは、『史記』の分析の結果として、司馬遷の人格がいかなるものであったのかについて自身の見解を表明することはまだよいとしても、司馬遷個人の人格を『史記』の史料学的分析に際しての前提・根拠とすることはありえない。例えば、司馬遷が李陵の禍を経験した後には、挫折した者や敗者に対して悲哀や同情の念をもつようになった、という見解を理由として『史記』各篇の成立時期を李陵の禍以前と以後に分ける、といった方法論には大きな問題があると言わざるを得ない。(14) かかる根拠でもって導き出された結論は、それ自体では肯定も否定もすることができないのである。個人の感情が叙述に影響を与えるということ自体は疑いないが、その一方で、それが具体的にどのように影響を与えるのか、いかなる記述として現出するのか、ということについて説得力のある議論を展開することは困難である。このように、司馬遷研究と『史記』研究は截然と区別する必要があり、両者を無批判に結びつけることは『史記』の史料的特徴を精確に分析する上で大きな障碍となるのみならず、議論の停滞にもつながる危険がある。

ただし、これは『史記』の編纂過程に太史公自身の認識が及ぼした影響が無かったというのではない。上述した人格を過度に著述に結びつける状況に対する批判の一つとして、『史記』編纂に際しては原資料の取捨選択や配列が中心的な作業であり、編纂段階での改変は副次的なものにとどまるといった見解もあるが[15]、かかる主張もまた誤解を招くおそれがある。

『史記』は先行する資料を多数採用しており、『史記』編纂過程において資料の取捨選択が重要な作業の一つであったことは疑いない。しかしながら、『史記』各篇の具体的な分析を経ることなく、直ちに『史記』編纂段階における増補刪改を副次的な作業と見なすことには危険が伴うだろう。

『史記』の各記述のどの部分が太史公による改変を被っているのか（あるいは原資料をそのまま保存しているのか）、という点を解明するには、単に太史公自序や伯夷叔斉列伝といった、太史公の意識が明らかに反映されていると考えられる部分にのみ拠って直ちに結論を下すのではなく、個々の篇の精緻な分析を通して、『史記』の原資料と編纂段階における改変を可能な限り詳細に明らかにする必要がある。

ここで『史記』の記述自体に密接に関わる研究に目を転じれば、瀧川資言「史記資材」や金［一九六三］・原［一九八〇］・鄭［一九九七］など『史記』編纂に際して用いられた書に関する研究に加えて[16]、瀧川亀太郎（資言）『史記会注考証』（一九三四—一九三六刊）、水沢利忠『史記会注考証校補』（一九五七—一九六一刊）、水沢編［一九九四］、張衍田［一九八五］、同［二〇二二］、袁伝璋［二〇一六］、張玉春［二〇〇一］、同［二〇一八］、張玉春等［二〇〇五］（上篇「《史記》版本研究」）、張興吉［二〇〇六］、王華宝［二〇一九］、周録祥［二〇二三］など『史記』の版本学的研究や佚文収集の作業が挙げられる。また、『史記』成書より宋代のいわゆる版本の時代に至るまでの、後世の続補を含む形態の変遷についても研究が進みつつある。[17]

『史記』に引用された書物の推定は『史記』がいかなる原資料を利用したのか、ということを明らかにせんとしたものであり、『史記』の編纂を理解する基礎となる。また版本の異同は『史記』の元来の姿を窺うための重要な参考価値をそなえ、『史記正義』の佚文は『史記』を正確に読解する上で有用である。[18]

しかし、原資料の研究について言えば、それらは概ね『史記』が先行するどのような資料を利用したのか、という点を指摘するに止まり、それらの原資料をいかに利用したのか、ということにはあまり意を払っていない。さらに、版本学的研究や正義佚文、後世の続補などは主に『史記』完成以後の形態の変化を対象としたものであり、『史記』自体が編纂される過程や手法を探るという点についての参考価値は間接的なものと言える。

また、同一の人物や事件について複数の篇章に互見する状況や、矛盾する記述が複数の篇に見えることを、それぞれ互見法や両伝存疑と呼び、『史記』の書法の特徴であるとする指摘はしばしばみられるが、それらの多くは関連する内容の記述が複数箇所にあることや、矛盾する記述が存在する、という事実をいくつかのパターンに帰納したに過ぎない。両伝存疑の意図や目的を考察したものも一部にはあるが、[19]それらも基本的には『史記』が完成した書物であることを前提としており、『史記』がいかなる編纂過程を経て、どのような方法によって編纂されたのか、という問題と関連付けたものはない。特に両伝存疑などといった理解は、『史記』中に散見する矛盾の説明を放棄する危険に繋がり、『史記』の編纂過程における原資料の増加や、太史公の認識の変化などといった多様な可能性への考察を妨げるものであって、あらゆる矛盾に無批判に適応すべき性質のものではない。極端なことを言えば、

『史記』のあらゆる矛盾・錯誤は両伝存疑と単なるミス（『史記』編纂時の誤りと後世の伝写の誤を含む）で説明することも一応は可能であろうが、このような議論はほとんどの場合、『史記』に存在する矛盾を弥縫的に説明するだけで、『史記』の精確な理解に結びつく可能性は低い。

では、『史記』各篇の記述がいかにして成立したのか、この問題を究明するにはどのような方法を用いればよいのか。この方法には大別して二種があり、一つは『史記』内部の記述の比較検討、いま一つは『史記』と他文献の比較検討がある。

前者の方法は、『史記』諸篇の記述の異同や矛盾を手掛りに、各篇編纂時の歴史認識や原資料を考察する方法である。この手法はさらに各篇相互の関係を探ることで、『史記』の各篇が編纂された順序の推定を可能とし、ひいては『史記』全体の編纂過程の解明に繋がる。(20)

一方、後者の方法は、主に『史記』の各箇所と関連する記述を含む他文献とを比較することで、『史記』の各記述と原資料との関係、つまり太史公が原資料をいかに利用して『史記』の各篇を編纂したのか、その具体的手法を解明することが主な目的となる。

以下では行論の便宜上、仮に前者を『史記』の内的検討、後者を外的検討と呼ぶこととする。大体で言えば、内的検討は『史記』全体の考察、外的検討は『史記』各篇の考察に深く関わることになる。ただし、この分類はあくまで大体を述べたもので、実際は『史記』全体の考察においても外的検討が必要となり、各篇の記述を検討する場合でも、内的検討の視点を欠くことはできない。かつ、全体の編纂過程と個々の篇の編纂手法の研究は単方向的なものではなく、相互に影響を及ぼす性質のものであり、一方の研究の進展により、他方を修正する試みが常になされるべきであろう。

さて、この内的検討による『史記』戦国部分の編纂過程については、既に吉本一九九六が『史記』各篇の記述の比較を通して、本紀・世家・六国年表・列伝の成立順序の大略を明らかにしている。[21] そこで、『史記』戦国史記述の史料的性格をより詳細に明らかにするためには、特に外的検討によって個別の篇を緻密に検討することが必要となってくるだろう。そしてまた、個別の篇の検討は『史記』戦国関連篇章全体の解明にも手掛りを提供することになる。

先に『史記』個別の篇の検討は主に外的方法に拠ると述べたが、その際に有用であるのが、『史記』と『戦国策』に関する従来の注釈と研究である。特に戦国時代に関する説話を多数収録する『戦国策』には、『史記』と比較可能な部分が多く、外的検討に必要不可欠な史料である。ただし、前漢末の劉向が編纂したとされる『戦国策』は唐宋の間には既に一度散佚しており、[22] 北宋（九六〇－一一二七年）・曽鞏の輯佚を経て、南宋（一一二七－一二七九年）の時に姚宏と鮑彪が各々別個に編纂した姚本および鮑本が現在に伝わっている。

さて、ここから両書に関する注釈や考証について述べようと思うが、それらを網羅的に列挙する必要は無いと思われるので、本書に直接関係する部分に限って紹介しよう。

現在参照し得る最初期の『史記』注として、三家注をまず挙げることができよう。南朝宋（四二〇－四七九年）・裴駰の『史記集解』、唐（六一八－九〇七年）・司馬貞の『史記索隠』、および唐・張守節の『史記正義』、なかんずく『索隠』はしばしば『史記』と関連する『戦国策』の文章を引用しており、『史記』の記述や原資料を考察するための重要な手掛りを提供する。近年の研究により姚本が劉向編纂時の『戦国策』の原貌を比較的に良く保存していることが明らかになされたとはいえ、[23] かかる複雑な経緯を持つ『戦国策』を散佚以前に参照し得た三家注の価値は極めて高いと言えよう。[24]

元代になると、呉師道が『戦国策』の注において、しばしば『史記』の記述との間に齟齬があることを指摘し、かつ『史記』と『戦国策』の間の異同・矛盾につき考察を加えている場合がある。さらに明清時代には顧炎武（一六一三―一六八二年）『日知録』や銭大昕（一七二八―一八〇四年）『廿二史考異』など『史記』に言及した考証学の書が著されるが、その中でも、梁玉縄（一七四四―一八一九年）『史記志疑』は『史記』に存在する矛盾や問題点を全篇にわたって指摘し、『戦国策』など他文献との比較がなされる場合もあるため、『史記』の編纂手法を検討する上で有用な示唆を得ることができる(25)。

しかし、これらの見解は特に二つの問題点を抱えているため、あくまで参考価値を有するにとどまると言わざるを得ない。

それらの問題の第一点として、上記の伝統的な注釈等はその形式ゆえに致し方の無い部分もあるが、概ね『史記』の各記述の個別的な検討に終始し、その記述を含む各篇および『史記』全体との関わりという観点が欠落している。そのため、各記述の検討においても、「史実」か否かということにのみ焦点を当て、いかなる理由・意図に基づいてこのような記述がなされたのか、ということは等閑視される傾向にある。その結果、現代の研究にも言えることだが、『史記』の記述に問題がある場合であっても、その原因を単に司馬遷の誤解や伝写の誤に帰して事足れりとする見解がしばしば認められる。

この見解の問題は、『史記』の記述の矛盾・錯誤の原因を単純な人為的ミスに帰することで、他の可能性を説明する責を免れ、『史記』編纂時において太史公の思考・認識が各記述に与えた影響と、具体的な編纂手法の考察への道を断絶させてしまうところにある。確かに、『史記』が人の手になる書である以上、単なる錯誤も必ずや存在するはずであり、その可能性を全く否定するものではないが、その主張には他の論証と同じく史料的根拠を必要とする。

もう一つの問題は紀年である。一体、『史記』の戦国時代に関する紀年には著しい錯誤が存在し、そのこと自体は前近代より既に認識され、現代の中国古代史研究者の間では最早周知の事実となっている。しかし、戦国紀年についての精緻な研究がなされる以前の前近代においては、紀年の錯誤が『史記』に与えたであろう影響を充分に把握することができなかった。例えば戦国紀年につき、三家注は『竹書紀年』を引いて『史記』との異同を注し、その中でも『索隠』が最も多数を引用するが[26]、いずれも紀年の体系的修正には考が及んでいない。また、司馬光（一〇一九―一〇八六）『資治通鑑』は『史記』の紀年が『孟子』の記述と齟齬することから、『史記』の斉威王の在位年を十年延長し、斉宣王の在位年を十年下すことにより矛盾の調整を図っているが、弥縫的な手段であり、根本的な解決は実現しなかった[27]。戦国紀年の錯誤が『史記』の編纂と記述に大きな影響を与えていることは本論でも言及するが、この紀年の錯誤のありかたを充分に認識できなかったことは前近代の『史記』研究の不足とせざるを得ない点である[28]。

ただし、戦国紀年については、近現代以後優れた研究が現れ、今ではかなりの程度が復元されている。その中でも注目すべきは、銭穆（一八九五―一九九〇）・陳夢家（一九一一―一九六六）・楊寛（一九一四―二〇〇五）の研究である。銭穆は『先秦諸子繫年』にて魏・斉を中心とする紀年の錯誤を校訂し、それを基に戦国時代関連の人物・事件の復元を図っており、陳夢家『六国紀年』は青銅器銘文などをも用いて戦国紀年の復元案を提示している。また楊寛は魏紀年に関する専論があることに加え、その著『戦国史料編年輯証』において、戦国史に関わる史料を前四六八年から前二二一年まで編年的に配列し、かつ必要箇所にはその繫年の理由を説明する案語が付されている。さらに、本書の導論部（引論下篇）では戦国諸国の紀年に関する著者の基本的な考えを提示しており、いかなる史料に基づき紀年を復元したのかを理解する助けとなる。これら三氏の研究により、戦国紀年研究は著しい進展を見た。また、近年では平勢［一九九五］や吉本［一九九八ａ］、白［二〇〇八］や晁福林「戦国諸侯紀年考」（晁［二〇一五］所収）が戦国紀年の修正・復元に関する論考を発表し、熊［二〇一七］は上記の諸氏を含む従来の研究を整理した上で検討を加えている。

これら諸研究の復元案は、平勢［一九九五］が独自の理解を示すことを除けば、細部に異同はあるものの概ね見解の一致を見ており、拠るべき所が多い。もちろんのこと、個々の紀年について言えばなお解決を要する問題は存するが(29)、本書は紀年問題の全面的解決を目的としてはいないので、行論に関わる部分で適宜筆者の紀年に関する見解を述べることとする。

さて、上記のように、戦国紀年に関する研究はかなりの進展をみたのだが、言うまでも無く紀年研究においては紀年の修正・復元が第一の目的となる。それゆえ、それら戦国紀年のズレが『史記』の編纂・記述といかに関わるのか、という観点からなされた研究は、個別的な言及を除いてほとんど無かったと言えよう。

銭穆や楊寛は各々の修正紀年に基づき戦国史を研究したが、それらは「史実」を明らかにすることが目的であり、紀年復元の最重要史料であることを除けば、『史記』は多数ある史料のうちの一つとして扱われているに過ぎない。

しかし、『史記』はある一点において、他の戦国関連史料と決定的に異なる。それは、系譜・紀年・説話資料といった性質の異なる複数の史料を有機的に結合することで、戦国時代という一つの時空間を体系的に記述しようと試みたことである。これは、例を挙げれば、『韓非子』や『荘子』が思想を伝えることに重点を置き、間々思想伝達の便を図って説話資料が用いられることはあっても、説話間に相互に密接な関連は無く、矛盾が存在したとしてもそれらを整合させる必要がないことや(30)、劉向が『戦国策』の校書に際して行ったような、単に説話（群）を配列し、重複を削って字句を修正する、といった機械的作業とは本質的に異なる(31)。

太史公は各篇を記述する際、自身の想定する戦国紀年を基に、紀年資料および説話資料を取捨選択・配列し、さらに篇によっては系譜を組み込む必要もあったのであり、その過程においては、諸資料の矛盾の調整や整合性の維持などといった作業が求められたはずである。それは諸子の書や『世本』、あるいは睡虎地秦簡「編年記」のような資料の作成とは大きく異なるものであったと考えられる。また、『史記』戦国部分の作成に用いられた紀年資料は単一ではなく、複数存在したと考えられ、そのこともまた『史記』の編纂過程をより複雑なものにしたであろう。

それゆえにこそ、『史記』の戦国史研究の史料としての性格を把握するには、『史記』編纂に際して系譜・紀年・説話資料など多様な資料がどのように利用されたのか、その編纂手法を解明せねばならないのである。戦国史研究の史料として、『史記』の記述を他文献と同等のレヴェルで理解・活用するためには、以上のような作業が不可欠となろう。

ただし、従来の研究ではこの具体的な編纂過程や編纂方法の観点から『史記』の個別の篇を検討したものは少数であった。その原因として、一つには近年研究が出土資料に集中したために、伝世文献の研究が相対的に手薄になったという研究動向の問題を挙げることはできるが、より根本的な理由は、やはり『史記』に対する認識にあるのではないかと考える。『史記』を文学的にのみとらえる思考は、『史記』独自の記述を単に芸術性の高低の観点のみから理解する危険につながる。また、『史記』の編纂を主に原資料の取捨選択と配列作業であったとする認識や両伝存疑などといった理解は、『史記』編纂段階における太史公の意識的な改変の存在や意義を看過することとなる。これら種々の要因が、『史記』の編纂過程・編纂手法に対する緻密な分析といった方向性を妨げたのであろう。

そのような中で注目すべきは、藤田勝久の『史記戦国史料の研究』(一九九七年)および『史記戦国列伝の研究』(二〇一一年)である。このうち、前書は主に秦本紀・六国世家の、後書は戦国時代の人物の列伝の史料的性格と編纂意図を検討したものである。藤田はこの両書において、『史記』戦国史関連の本紀・世家・列伝において利用された原資料の特徴と各篇の編集意図を明らかにしており、編纂の問題に関わる重要な業績と言えるだろう。藤田は『史記』編纂に用いられた原資料を紀年・系譜・説話資料といった特徴ごとに分類し、司馬遷がそれらを編纂意図に基づいて取捨選択したとする。

今後の課題としては、取捨選択や配列といった問題からさらに歩を進め、『史記』各篇の個々の記述がどのようにして形成されたのか、という点を明らかにする必要があるだろう。そのためには、『史記』とそれ以外の文献に存在する類似資料との分析を通して、『史記』の編纂について考察することが重要となる。筆者は『史記』に類似する史料が他の文献に確認できる場合、その類似を指摘するだけでは不十分であり、それよりもむしろ類似の中にわずかに存在する「異同」こそが『史記』の編纂方法や意図を究明する重要な手掛りとなると考えている(32)。

また、藤田は『史記』の戦国紀年に存在する錯誤について、『史記』各篇の検討に際しては、紀年を修正すれば史料として活用可能であると述べる。これは『史記』の各篇の記述を「史実」により近づけようとする視点であろう。その一方で、この紀年の錯誤は『史記』各篇の編纂に大きな影響を及ぼしていることは明らかである。編纂の観点からすれば、戦国紀年の錯誤と『史記』各篇の構造は不可分の関係にあると言えよう。

このような理解を前提とすれば、記述の異同や紀年の問題は『史記』編纂の過程・方法を解明する上で大きな手掛りを提供するものと言える。

なお、冒頭でも述べた通り、本書の目的は戦国史研究の偏向と停滞を解決することにあり、その最終的な目標は戦国史の復元にある。しかし、戦国史に関する唯一の体系的・編年的史料である『史記』に種々の問題がある今、その史料的特徴を充分に把握すること無く、安易に「史実」を『史記』の記述と関連付けることは、その「史実」自体が『史記』の認識の影響を脱し切れていないという危険を看過することに繋がるおそれがあると考える。

第三節　本書の視角と課題

前節で述べた問題意識と研究状況を前提に、以下では本書の課題と研究の視角を述べておこう。

まず、本書の課題は、先述のように、戦国史研究の現状に鑑み、『史記』戦国関連部分の記述の検討を通じて、その編纂方法を可能な限り具体的に復元し、史料的性格を解明することにある。

その方法については、特に『史記』編纂に際して紀年・説話資料がいかに利用されたのか、という点に重心を置いて検討する。紀年については銭穆をはじめとする諸氏の復元案を参考に、『史記』の戦国紀年と比較することで、『史記』編纂に際してどのような操作がなされたのかを明らかにしたい。また説話資料については、『史記』に類似する史料、とりわけ『戦国策』を主な比較対象とし(33)、いかなる改変が加えられたのかを考察する。単に利用された原資料の指摘に止まるのではなく、それらの原資料をどのような意図に基づいて増補刪改したのか、ということを紀年の問題も併せて検討することが本書の課題となろう。

かかる目的・課題を考慮し、本書では『史記』の戦国中期関連の列伝三篇――蘇秦列伝・孟嘗君列伝・張儀列伝――を検討対象として取り上げる。なお、行論の便を図り、時代区分を次のように設定しておく。

戦国前期：前四五三年から秦孝公の即位した前三六一年まで
戦国中期：前三六一年から斉湣王が敗滅する前二八四年まで
戦国後期：前二八四年から前二二一年の始皇帝による天下統一まで

ただし、これらはあくまで便宜的な区分であって、厳密なものではない。例えば孟嘗君は前二八四年以降も活動しているはずだが、本書では孟嘗君を戦国中〜後期ではなく、戦国中期の人物として扱う。

本書でこれら戦国中期の三列伝を取り上げた理由としては、第一に史料の多寡が関係する。戦国期については、つとに顧炎武が『左伝』の記述の終わる前四六八年から『史記』において蘇秦の登場する前三三四年までの間を「史文闕軼し、古を考うる者 之が為に茫昧たり」と指摘し、「此の後より、事乃ち得て紀す可し」と述べるごとく、[34]前期の関連史料が最も少ないのであり、時代を下るにつれて増加する傾向にある。確かに、清華簡『繫年』の記述は西周から戦国前期に及び、紀年の問題などに関わる重要な史料を提供するが、[35]中期や後期と比較した際の数量の多寡は覆らない。また出土文字資料についても戦国前期は曾侯乙墓が挙げられる程度で、その点においても中期・後期との史料状況の優劣は明らかである。

一方、戦国後期については紀年が問題となる。というのも、『史記』戦国部分の紀年修正に際しては、古本『竹書紀年』の『史記』と矛盾する箇所を手掛りに修正するという方法が一般的であるが、[36]『竹書紀年』には魏襄王二十年（前二九九年）までの記録しかなく、それ以降の時期については、仮に『史記』の紀年（特に君主の在位年代）に錯誤があったとしても基本的には顕在化しない。つまり、戦国後期の記述においては、『史記』の編纂方法を探るための重要な手掛りである紀年の矛盾を利用することが、中期以前に比して困難となるのである。近年では睡虎地秦簡の「編年記」や胡家草場漢簡の「歳紀」など、[37]戦国時代に関する年表が発見されており、秦昭襄王元年（前三〇六年）以降の秦国の年表は一部利用可能となったが、他国の紀年については依然として比較可能な資料がほぼ無い。[38]また、戦国後期の列伝については近年、大沢直人の研究などがあり、[39]前中期に比べて研究の進展が見られるとは言えるが、やはり編纂方法を探る上での史料上の困難は否めない。

それに対して、戦国中期については、『竹書紀年』に拠って紀年の修正が可能であり、編纂の過程を検討する際には、修正された紀年と『史記』の紀年の齟齬を手掛りにすることができるという利点がある。また、編年的史料ではないものの、戦国史研究にとり同じく重要な史料である『戦国策』には、『史記』との比較検討が可能な戦国中期関連の史料が多く残されており、『史記』の説話資料の利用方法を探る上で有用である。

以上が戦国中期を選んだ理由となる。

では、列伝を対象として選ぶのはなぜか。それは列伝が基本的に個人を対象とするので、各篇の記述範囲が比較的限定されるためである。本紀や世家については、記述範囲が長期にわたること、そのために複雑多様な原資料の利用が想定され、『史記』戦国部分の編纂過程のみならず、『史記』全体の編纂とも関わる問題となる。このため、最終的にはこれらも解決すべき課題ではあるが、本書では関連箇所で個別に言及するに止め、全体的な検討は以後の課題とすることをあらかじめ断っておく。

各章冒頭で詳述するが、戦国中期に関わる史料の中でも特に上記の三編を対象とする大きな理由は、各列伝の対象とする人物の多様性にある。つまり、『史記』戦国部分の編纂に際して中心的な資料となったとされる秦系資料にはおそらく確実な史料がほとんど存在しなかったであろう蘇秦と、[40]秦と接点のあった六国の人物である孟嘗君、および秦の人物である張儀、というように『史記』戦国部分の記述の基礎となったであろう秦系資料との関わりの深浅の異なる人物を比較することで、『史記』戦国部分の編纂をより効果的に検討できると考えたからである。

これら諸篇の分析を通して、太史公が採用した原資料や編纂手法を可能な限り明らかにすることが本書の課題である。この問題の解明は、『史記』の個々の記述について、その内容をどのように評価すべきか、という問題に判断の根拠を与えるのみならず、『史記』の編纂に対する再認識を促すであろう。また、『史記』の編纂過程・手法の解明の成果は単に『史記』のみにとどまるものではない。本研究が、歴史を描くという行為――ある特定の時代において歴史書が編纂される時、どのような条件や制限のもとで、いかなる作業がなされうるのか――ということについて、一つの具体的なケースを提供するであろうと信ずる。

なお、本論における史料の引用については、基本的に訓読を付すが、文言の比較に重点を置く場合は原文のみを記載し、煩を避けてその旨を一々注記することはしない。また原則として、『史記』のテキストは点校本二十四史修訂本『史記』（中華書局［二〇一四］）に、『戦国策』は范［二〇〇六］に、『戦国縦横家書』は大西他［二〇一五］に拠るが、必要箇所は適宜字句・分章等を改めている。

注

（1）Pines [2021] 参照。

（2）籾山他［二〇二〇］は秦帝国に関する日本語圏・英語圏の近年の学術交流を代表する成果である。欧米の研究動向については、同書に収録されたロビン・D・S・イェイツ（籾山明訳）「西欧言語による秦史研究の最新動向」および同「西欧言語による秦史研究文献目録」が有益な情報を提供する。

（3）吉本［二〇二二］参照。

（4）楊［一九九八］、五―六頁参照。

（5）近年までに発見された戦国秦漢の出土文献の概略については、駢等著［二〇〇六］が二〇〇二年までに発見されたものを、また李均明等著［二〇一九］が二〇一九年までに発見されたものを収録しており、参考となる。また、于［二〇二四］は二〇二三年までに発見されている出土文献を四部（経史子集）に分類しており（ただし、凡例にもあるように『四庫全書』の分類と異なる部分がある）、その目録からも出土文献の多様さが窺われる。個々の出土文献の分類が妥当であるか否かは別に検討が必要であるが、参考までに于著の分類を挙げれば、経部（易・書・詩・礼・春秋・孝経・四書・楽・小学の九類）、史部（編年・別史雑史・詔令奏議・伝記・地理・職官・政書の七類）、子部（儒家・道家・陰陽家・法家・墨家・雑家・兵家・医家・天文算法・工芸・数術・小説家の十二類）、集部（辞賦・歌詩の二類）となる。

（6）Pines [2020]、p. 584参照。

（7）司馬談の著した篇の考察として、王国維「太史公行年考」（王［一九五九］巻十一）、顧頡剛「司馬談作史」（顧［一九六三］所収）・頼［一九八一］・趙［一九八二］・李長之「《史記》中可能出自司馬談手筆者」（李［一九八四］第六章第二節）・佐藤武敏「司馬談作史考」（佐藤［一九九七］第二章第三節）等がある。ただし、張［一九八四］は従来の司馬談作史に関する研究の方法論的問題点を指摘し、かつ司馬談の『史記』編纂への参与を認めつつも、現行本『史記』が最終的に司馬遷の手によって成書したことを重視し、個々の篇目の作者を司馬談か司馬遷に分かって考察することはできないとする。司馬談と司馬遷の作成箇所が最終的に特定可能か否かについては暫く措くが、司馬談の『史記』編纂に果たした役割を評価するには少なくとも『史記』全篇の検討が必須であり、『史記』各篇の片言隻句をもって判断を下すことは困難である。

（8）「太史公」の称については、官名を指すとする理解や、司馬遷が父・司馬談を尊んで呼んだ称、あるいは司馬遷の自称であるなどさまざまな見解があるが、『史記』が当初は『太史公書』と呼ばれていたことを考慮して、本書では『史記』の作者を「太史公」と呼んでおく。「太史公」の呼称に纏わる問題については、張大可［二〇一三］、下篇第二章「〝太史公〟釈名与《史記》書名考論」や佐藤［一九九七］、附篇第一章第一節「『史記』の書名について」等参照。

（9）『史記』関連の個別の研究については、池田［一九七八］・同［一九九五］が前近代から一九九五年までの日中の関連書籍・論文と研究動向を紹介し、藤田［一九九四］が日本の『史記』『漢書』研究関連文献の目録を作成している。日本における『史記』研究については、藤田［一九九九］、同［二〇〇一a］、同［二〇〇一b］、楊［二〇一七］等参照。また、二〇〇五年には華文出版社より『史記研究集成』全十四巻が刊行され、司馬遷の生涯や思想、『史記』に関する研究等を整理している。兪等主編［二〇〇五］参照。

（10）司馬遷の生年に関しては前一四五年説と前一三五年説が有力である。議論の詳細については張［二〇一九］参照。

（11）王明信等［二〇〇五］、張新科等［二〇一一］等参照。

（12）従来の『史記』の文学的研究については池田英雄「史記の文学性」（池田［一九九五］第二章第三節）、可［二〇〇五］等参照。

（13）沢谷［一九七八］参照。

（14）佐藤［一九九七］、第七章「『史記』の編纂過程」。

（15）沢谷［一九七八］参照。

（16）例えば『史記』に引用された書として、金徳建「司馬遷所見書考叙論」（金［一九六三］第一章）は八十種以上を挙げ、鄭之洪「《史記》取材」（鄭［一九九七］第五章）は一〇四種を挙げる。

（17）張宗品［二〇一三］参照。

（18）袁［二〇一六］導論に拠れば、『史記正義』佚文については、瀧川資言『史記会注考証』が一四一八条を蒐集し、その業を継いだ水沢利忠『史記会注考証校補』はさらに二二七条を獲得し、小沢賢二『史記正義佚存訂補』がこれらに加えて新たに二九条を得たとされ、中国においても袁伝璋が宋代の文献から三九四条を抽出している。これらを総計すると、現時点で獲得された正義佚文は二〇六八条となるが、今本『史記』に載る『史記正義』が五三一五条とされることからすれば、『史記正義』は実に約三九パーセントの増加を見たことになる。ただし、程金造「史記会注考証新増正義之管見」（程［一九八五］所収）など、輯佚された正義について、その真偽に疑念を示す研究者もいるが、この見解に対しては袁伝璋「程金造之《史記正義佚存》偽托説」平議」（袁［二〇一五］所収）が反論を加えている。確かに、正義佚文とされるものの中には真正の『正義』か否か疑念を覚える箇所は存在し、それらすべてを元来の『正義』に由来するものと見なすには問題があるが、復元された佚文を総体として偽と判断するほどの根拠は、少なくとも現時点では無いと言ってよいだろう。

(19)　例えば、鄭之洪「《史記》義例和司馬遷的歴史観」（鄭［一九九七］第七章）参照。

(20)　従来の研究においても、顧頡剛「司馬談作史」（顧［一九六三］所収）や李［一九八四］、佐藤［一九九七］など『史記』の各篇の成立順序を推測した研究はある。ただし、いずれも司馬談・司馬遷の生涯や人格と関連づけて成立時期を定めようとする傾向が強く、個人の生涯や経験、感情等がいかなる形で著述に表出されるのか、という点に不確定な要素があることを考慮すれば、蓋然性に欠ける憾みがある。また、これらの研究は『史記』各篇の作者や編纂順序を確定することに重点を置くため、作者の異同や編纂順序の先後が『史記』の個々の記述に与えた影響については特に考察していない。その点、『史記』戦国時代関連の篇章につき、各篇の記述の比較を通して全体の編纂過程を考察した吉本［一九九六］は本書のテーマとも密接に関わる。

(21)　吉本［一九九六］の見解を要約すれば、まず秦系資料に拠って秦本紀の戦国部分および秦始皇本紀が編纂され、他の春秋世家（西周時代に成立し、春秋時代から活躍した諸侯を記した呉世家〜鄭世家を指す）の戦国部分についてもこの段階で編纂された。次いで秦本紀・秦始皇本紀とは別系統の秦系資料が獲得され、それらを利用して秦関係列伝を編纂、その後『秦記』に基づいて原六国年表が作成され、原六国年表に基づいて戦国世家（戦国期に諸侯となった国を扱う趙世家〜田敬仲完世家を指す）、および秦関係以外の列伝が編纂されたとする。また、六国年表の専論である劉［二〇一〇］は、六国年表の編纂について論じる過程で『史記』戦国部分全体の編纂順序についても言及している。そこでは大略として、『秦記』を利用して秦本紀・秦始皇本紀・六国年表・列伝が作成され、六国年表の作成後に世家が作成されたとする。（劉は『秦記』を複合的な史料と想定している。『秦記』が単一の資料なのか、それとも様々な来歴の資料を含んだ資料群なのか、といった問題は今後の解決が待たれる。）ただし、本論でも述べるように、列伝には比較的早期に作られたものもある一方、世家を利用したと思われる例もあり、より複雑な編纂過程・順序が想定される。

(22)　秋山［二〇一八］、一一六―一一九頁参照。

（23）秋山陽一郎「姚本戦国策考」（秋山［二〇一八］第三章）参照。なお、劉向本『戦国策』の復元に付随する問題については斎藤［二〇二一］参照。

（24）『史記索隠』の引用する『戦国策』の文は、確言できるものだけでも、姚本『戦国策』三十三巻のうち二十八巻に対応するものがあり、少なくとも司馬貞の頃には散佚前の劉向本『戦国策』が参照可能であったと考えられる（秋山［二〇一八］、一一二－一一六頁参照）。なお、『史記正義』の引用する『戦国策』の文は『索隠』に比べて著しく少ないが、これは『正義』が後世に刪削されたことに因るものか。

（25）『史記志疑』では、人物や地理、事件の内容や年代、字句・表現、『史記』の矛盾点、あるいは三家注などについて訂正を加えている。『史記志疑』の内容については李［二〇二二］、第三章「《史記志疑》」および孫［二〇一八］等参照。

（26）呉［一九八三］参照。

（27）『資治通鑑』は斉威王（前三七八－前三三三）、宣王（前三三二－前三一四）、湣王（前三一三－前二八四）とする。武内義雄「六国年表訂補」（武内［一九三五］所収）、および銭［一九五六］考辨九六・楚威王与斉威王同時考等を参照。

（28）戦国紀年については南宋・呂祖謙『大事記』や清代の林春溥『戦国紀年』、黄式三『周季編略』等があるが、紀年の体系的修正には及んでいない。また于鬯（一八五四－一九一〇）『戦国策年表』は魏・斉等の紀年を校訂しているが、紀年の復元案にやや問題があり、かつ『戦国策』の事件の繋年を主眼としているため、当然ながら『史記』の編纂手法と関連付けた考察は無い。なお、『竹書紀年』を利用した戦国紀年研究については陳［一九五五］、「六国紀年表敍」参照。

（29）前三六九～前三一九年在位の魏恵王につき、銭穆が魏恵王前元元年を前三七〇年とし、それに伴い魏恵王前元に関わる紀年が連鎖的に錯誤していることや、陳夢家が魏恵王の卒を前三一八年に繋けていること、あるいは楊寛『戦国史料編年輯証』では引論下篇の示す復元紀年案と本論の採用する紀年の一部にズレがある等。

（30）例えば『韓非子』では、ある説話の後に「一曰」として説話のヴァリアントを載せる事例が多数認められ、その間の矛盾・齟齬の調整には意を払っていない。

（31）『戦国策』の校書については、『戦国策』劉向書録に「……臣向言、所校中戦国策書、中書余巻、錯乱相糅莒、又有国別者八篇、少不足。臣向因国別者、略以時次之、分別不以序者以相補、除復重、得三十三篇。本字多誤脱為半字、以趙為肖、以斉為立、如此類者多……」とある。また秋山陽一郎「姚本戦国策考」（秋山［二〇一八］第三章）参照。劉向校書時の字の訌誤については鄧［二〇一二］、一七六－一八六頁参照。

（32）この『史記』編纂段階における改変の意義については、従来文学的な面のみが着目される傾向にあった。例えば可永雪「関於《史記》中的再創作問題」（可［二〇一二］第七章）は作者の原資料に対する改変を、性質の上で二種（「歴史編纂」および「文学的再創作」）に分類できるとするが、その内、歴史編纂は史実の鑑別と史料の配列に重点を置いたものであり、自己の観点や態度を示すことはあっても、それ以外には何らの付加もなされることは無い、とする。

（33）『戦国策』に『史記』と類似する資料が多数収録されていることはよく知られる。例えば、『漢書』司馬遷伝賛に「司馬遷拠『左氏』『国語』、采『世本』『戦国策』、述『楚漢春秋』、接其後事、訖於（大）〔天〕漢」とあり、姚宏『戦国策』後叙は「余萃諸本、校定離次之、總四百八十余条、太史公所採九十余条、其事異者止五六条」と述べる。また、鄭良樹は字数の比率から、『史記』の戦国関連の記述の中、四四～六五パーセントが『戦国策』に由来すると見なす（鄭［一九七二、一七一－一八三頁）。ただし、『戦国策』は前漢末の劉向の校書に係るので、『史記』編纂時に『戦国策』から採ったとするのは厳密を欠くが、『戦国策』に採用されることになる材料を『史記』が採用した可能性は十分に想定できる。いずれにせよ、上記の諸見解は『史記』と『戦国策』に類似の説話が多数載ることを示している。

（34）顧炎武『日知録』巻十三・周末風俗。

（35）清華簡『繫年』の記述に基づいて、楚や趙などの君主の在位年代を修正する意見も提出されている。この年代修正の議論については熊［二〇一七］等参照。

（36）古本『竹書紀年』について、かつて山田［一九六〇a］、同［一九六〇b］はその信頼性を否定し、古本『竹書紀年』に拠って戦国紀年の修正を図った銭［一九五六］、陳［一九五五］の研究に根本的な過誤があると主張したが、山田のかかる主張には金谷［一九六二］が既に反論を加え、「『竹書紀年』の価値を根本的に抹消」することはできないと述べている。

（37）睡虎地秦簡「編年記」は秦昭襄王元年（前三〇六年）より始皇三十年（前二一七年）までの年表である。また、『荊州胡家草場西漢簡牘選粋』の前言に拠れば、「歳紀」は計百六十余枚発見されており、第一組は秦昭襄王元年～秦始皇帝期の大事を、第二組は二世皇帝～漢文帝期の大事を記すとされている。

（38）一九七七年に阜陽双古堆から発見された前漢簡牘中（阜陽漢簡）には、年表形式の資料も確認されている。胡［一九八九］に拠れば、この年表は西周～秦始皇までを含み、諸国の紀年を対照させた甲種と同一諸侯国の君主を連続して記したとされる乙種に分かれ、甲種は『史記』十二諸侯年表および六国年表と類似することからしても極めて重要であるが、残欠著しく現時点ではその全貌を知ることはできない。

（39）大沢［二〇〇九］、同［二〇一〇］、同［二〇一三］、同［二〇一四］等参照。

（40）藤田勝久「『史記』蘇秦・張儀列伝と史実——戦国中期の合従と連衡」（藤田［二〇一一］第三章）参照。

第一章　蘇秦列伝の成立

宋淳熙三年張杅桐川郡斎刻八年耿秉重修本『史記』
蘇秦列伝第九「太史公曰」部分
（画像出典：中国国家図書館蔵品）

はじめに

『史記』によれば、蘇秦は戦国中期に活躍した縦横家とされる。諸国の間を奔走して山東六国の合従を成立させ、秦を十五年もの間函谷関以西に封じ込めたというのは、その事績のなかでも最もよく知られたものであろう。この事績が史実であるとすれば、東方への進出を目論む秦の動きを大いに牽制したことになり、戦国史の動向に極めて大きな影響を与えたものと評価しなければならない。

しかしながら、蘇秦の事績を最も体系的に叙述しているはずの『史記』蘇秦列伝には矛盾が散見し、それゆえに従来種々の疑問が提起されてきた。つとに北宋の司馬光は秦を函谷関以西に封じ込めた「十五年」なる期間が『史記』蘇秦列伝の他の記述とさえ矛盾することを指摘し、同じく北宋の蘇轍もこの記述を遊説者の浮言に基づくものであるとする見解を示した(1)。また、近代フランスの中国学者アンリ・マスペロ（H. Maspero、一八八三－一九四五）は、蘇秦に関わる『史記』の年代が甚だしく混乱していること、とりわけ合従が十五年の間持続した、という記述が『史記』の他の記述と決定的に矛盾することを指摘し、蘇秦に付された全ての行実は純粋な空想であり、蘇秦は小説的人物に過ぎない、と主張した(2)。

次いで、中国での研究に目を転じよう。近代の学者で、蘇秦につき全面的な検討を加えた人物としてまず挙げられるのは銭穆である(3)。銭穆の考察によれば、蘇秦の六国君主への遊説の辞は当時の情勢に一致せず、後世の偽造であり、その事績として認め得るのは燕に仕えた後、誅殺を恐れて斉に逃亡し、反間活動により殺害されたことのみとする。すなわち、蘇秦の活動年代については『史記』に従うが、合従はより後の時代のことであるとして、蘇秦の事績ではありえないとするのが銭穆の見解である。また、楊寛はその著『戦国史』において、蘇秦が斉湣王の末年に仕えた実在の人物であるとし、その事績として「合従擯秦」を認めている。[4]その後、一九六〇年代には徐中舒が蘇秦に関する研究を発表している。[5]徐氏の論は、『史記』に載る蘇秦の弁舌は時代状況に適合せず、後代に作られた様々な説話が蘇秦に付されたという見解は銭穆と同様だが、実際の蘇秦の活動年代が張儀より下り、蘇秦やその弟とされる蘇代の活動は燕王噲の時代に始まるとの主張に特色がある。また、『史記』が蘇秦の活動年代を遡らせ、その死を前三二〇年頃に置いたために、その時期以後の年代観をもつ説話のうちで、蘇秦が登場する場合、蘇代に書き換えられている例があることも指摘されている。一方、諸祖耿は徐氏の論に対して逐一反駁を加え、『史記』の記述に基本的に従う姿勢を見せる。[6]なお、唐蘭は『史記』が蘇秦を長兄とし、蘇代・蘇厲をその弟とするのは誤りであり、実際は蘇代が蘇秦より先に活動していたこと、および元来の蘇代の事績が後に蘇秦が著名となるにつれて蘇秦の事績とされるようになったと説く。[7]この蘇秦・蘇代・蘇厲三兄弟に関する問題については第四章で検討することになるだろう。

さて、以上の諸研究は単線的な発展をたどったわけではないが、総括すれば、蘇秦を全くの虚構と考える説、蘇秦の活動時期については『史記』の年代観に従いつつ、個々の事績については史実ではないとする説、『史記』の年代観を否定して、より下った時期に蘇秦の活動を認める説、そして『史記』の記述を肯定する説などに分類され、定論をみなかった。このような状況の転機となったのは、一九七三年における『戦国縦横家書』の発見である。『戦国縦横家書』は馬王堆漢墓三号墓から発見された帛書であり、漢文帝十二年（前一六八年）以前の抄写にかかる。これは戦国時代の故事二十七章を記した文献であるが、その中でも十四章に蘇秦に関わる説話が収録されていることがとりわけ注目された。その後一九七六年に馬雍・唐蘭・楊寛らは『戦国縦横家書』に関する研究を発表し、『史記』に描かれた蘇秦の行実は誤りであり、『戦国縦横家書』こそが蘇秦の真正の史料であると主張した。[8]三者の主張は細部においては差異が存するが、概ねこの研究に即した見解が現在の学界で主流となっていると言えよう。しかし、出土資料の偏重に異議を唱え、『史記』の記述を重視する研究者もおり、蘇秦がいかなる人物であったかはなお解決を見ない(9)。

蘇秦に関わる議論が紛糾する原因の一つは、『史記』戦国部分がどのようにして編纂されたのかということに対する理解の不足にあると思われる。蘇秦にまつわる問題を解決するには、蘇秦列伝の具体的な編纂方法や、その原資料となった蘇秦に関する個々の説話の形成過程を明らかにすることが不可欠であると考えられる。このような問題意識から、以下では第一節で『史記』蘇秦列伝の構造を分析し、第二節で蘇秦列伝の原資料となった個々の説話の展開を跡付け、それらをもとに第三節では『史記』蘇秦列伝の成立について考察することとしよう。

第一節　蘇秦伝の構造

本章では、蘇秦伝（以後、『史記』蘇秦列伝のうち、特に蘇秦について記した部分のみを指す場合は「蘇秦伝」と称す）を構成する個々の原資料がどのようなものであるかを分析する。次に蘇秦伝の梗概を示そう。

〈あらすじ〉

（前半部）雒（洛）陽の民である蘇秦が遊説の術を修め、六国の合従を約して武安君に封ぜられ、秦を函谷関以西に十五年間封じ込める（栄達の道程）。

（後半部）合従解体後、蘇秦は燕・斉の間で活動するも、最終的に暗殺される（破滅への道程）。

一　蘇秦栄達説話の構成と原資料

蘇秦伝の前半は既述のように、六国を合従させて秦を封じ込めるという説話であるが、大枠としては『戦国策』秦策一・蘇秦始将連横説秦恵王章（以下、蘇秦始将連横章と称す）のごとき説話を原資料として採用していると考えられる。秦策に載るこの説話は、蘇秦が秦恵王のもとへ赴いて連衡策を説く場面から始まり、秦王に拒絶された後、財尽きて帰郷するが家族に嘲笑され、発奮して勉学に励み、東のかた趙王に遊説して大いに悦ばれ、武安君に封ぜられて相に任命されるという構成になっている。[10] この説話においては蘇秦の栄達を描写することに力点があり、これ自体で一つの完結した構成を持っていることは、末尾に記された「嗟乎、貧窮なれば則ち父母も子とせず、富貴なれば則ち親戚も畏懼す。人生世上、勢位富貴、蓋ぞ忽せにすべけんや」という蘇秦の台詞が該章の主題を約言したものであることからも明らかであろう。[11] ただし、『史記』が採用したのはあくまでこの原資料の大枠であり、細部にはいささか改変が加えられているということが、『史記』と『戦国策』の構成の比較を通して明らかとなる。すなわち、蘇秦始将連横章では「蘇秦が秦に遊説して失敗、家族の嘲笑を受けて発奮し、勉学に励んだ結果、趙に遊説して成功する」という展開となっているのに対し、蘇秦伝では「諸国を遊説して失敗、家族の嘲笑を受け発奮し、勉学したにもかかわらず、秦・趙に遊説して失敗し、その後燕において初めて成功する」という展開となっている。つまり、本来であれば遊説の成功に大きな役割を果たしたはずの勉学の意義が『史記』の伝では矮小化されているのである。図示すれば次のようになる。

『戦国策』秦策
遊説（秦）→失敗→発奮・勉学→遊説の成功（趙）

『史記』蘇秦伝
諸国遊説→失敗→発奮・勉学→**遊説の失敗**（秦・趙）→遊説の成功（燕）

蘇秦伝の説話展開がこのようにやや不自然にならざるを得なかった原因は、元来独立してそれ自体で完結していた説話であった蘇秦始将連横章を大筋として採用しつつ、鬼谷先生への師事や周顕王への遊説、奉陽君との不和などといった、別個に成立した説話をも取り込んだことにある。しかし、説話の展開のみならず、注目すべき差違が蘇秦伝と蘇秦始将連横章の間には認められる。それは両説話の中で六国がどのように扱われているか、という点である。蘇秦始将連横章では専ら趙が合従の中心として描かれており、他の諸侯は「山東の国 風に従いて服し、趙をして大いに重からしむ」と一括して触れられるだけである。秦・趙以外にはわずかに楚王への遊説が言及されるが、その理由はひとえに説話の展開に求められるであろう。つまり、この記述は蘇秦が故郷洛陽を通過した際に、家族に出迎えられるという場面の直前に置かれていることからも推察されるように、趙を起点とした場合、諸侯国の中では楚への往路に洛陽を通過するというのが最も自然であるということに過ぎず、楚がこの説話において特別な意味を持っていたと見なすことはできないのである(12)。

他方、蘇秦伝では確かに趙を合従の中心として描いているが、他の五国——韓・魏・斉・楚・燕——にも一定の比重を置いて記述している。このように、蘇秦伝が趙のみならず他の五国にも重点を置いているという印象を与えるのは、六国の君主に向けた長編の遊説辞を採録しているためである。これらの遊説辞は、細部に異同はあるものの似通った文章が『戦国策』に収められており、蘇秦伝の原資料と見なして大過ないと思われる(13)。

次いで問題となるのは、六国遊説辞が蘇秦始将連横章と同時に、かつ同一の構想のもとに作成されたか否か、であるが、これについては、遊説辞と蘇秦始将連横章の想定する情勢に齟齬があることから、別個に成立したと考えるのが妥当である。

蘇秦……秦恵王に説きて曰く「大王の国、西に巴蜀・漢中の利あり……」(14)

（『戦国策』秦策一・蘇秦始将連横章）

楚王曰く「……秦 巴蜀を挙げ漢中を并さんとするの心あり……」(15)

（『戦国策』楚策一・蘇秦為趙合従説楚威王章）

ここでは、前者が既に巴蜀・漢中を領有している情勢を示しているのに対し、後者では巴蜀・漢中は未だ領土とはなっていないかのごとく語られており、両者には矛盾が見られる。それゆえ一時に一人の手になったとは考えがたいであろう。ただし、両説話に全く関連が無かったわけではない。

趙王大いに悦び、封じて武安君と為し、相印を受《さず》け、革車百乗、（綿）〔錦〕繡千純、白璧百双、黄金万溢、以て其の後に随わしむ(16)。

（『戦国策』秦策一・蘇秦始将連横章）

趙王……乃ち蘇秦を封じて武安君と為し、飾車百乗、黄金千鎰、白璧百双、錦繡千純、以て諸侯を約せしむ(17)。

（『戦国策』趙策二・蘇秦従燕之趙始合従章）

この両者は表現の上で明らかに似ている。このような相違と類似を考慮すれば、蘇秦始将連横章のような説話が先行して成立し、それに着想を得て新たに六国説辞が創られた、という想定が可能であろう。

以上の考察を通して、蘇秦伝の前半部が大きく分けて蘇秦始将連横章および六国遊説辞という二つの原資料から構成されていることが明らかとなった。この二つを骨子として、鬼谷先生や周顕王・奉陽君などの説話を挿入することによって前半部は構成されている。

二　燕斉反間説話

蘇秦伝後半部は合従成立後間もなく、秦に使嗾された斉・魏が趙を攻撃するという情勢から始まる。

〈あらすじ〉

斉・魏による攻撃を合従への違背として怒った趙王は蘇秦を譴責し、恐れた蘇秦は燕へと赴く。しかし、燕文侯の死後、斉が燕の喪に乗じて攻撃を仕掛け、燕の十城を奪う。これに不満を覚えた燕易王は蘇秦を非難し、それを愧じた蘇秦は斉から十城を取り戻すことを請い、斉に赴いて十城を奪回する（十城恢復）。ところが、燕へと帰還した蘇秦は、讒言を信じた燕王によって受け入れを拒否されたため、自己の潔白を主張し、結局は燕王に許される。その後、燕王の母と私通し、燕王の知るところとなったが、燕王は反って益々蘇秦を重用した。しかし、誅殺を恐れた蘇秦は燕の利となるように斉で活動することを申し出、許されて斉に赴き、最終的に蘇秦が斉王に寵愛されるのを妬んだ大夫によって殺害される。

蘇秦伝の後半部は、内容において『戦国策』燕策一・燕文公時章、同・人有悪蘇秦於燕王者章に類似し、燕文公時章は十城恢復、人有悪蘇秦於燕王者章が斉より帰還した後の自己の潔白を説く話に該当する。そのうち、燕文公時章の冒頭部は蘇秦伝に類した記述となっており、また斉桓公と韓献子の故事が『史記』には見えないことを除き、若干の字句の異同はあるものの、『史記』の対応箇所とほぼ同文である(18)。

次に人有悪蘇秦於燕王者章についてだが、ここでは「燕王」とのみ言及されるだけであり、説話の想定する年代は不明確である。しかし、この章は燕策一・蘇代謂燕昭王曰章と表現・内容において類似し、同一の系統に属する説話であった可能性が高い。また『戦国縦横家書』第五章の記述は人有悪蘇秦於燕王者章や蘇代謂燕昭王曰章に類するが、冒頭の「謂燕王曰」に続いて直ちに孝・信・廉の話題が展開される点で、より蘇代謂燕昭王曰章に似る。(19)というのも、人有悪蘇秦於燕王者章では「謂燕王曰」の後に、蘇秦が斉を説いて燕の十城を返還させ、斉から帰還した、という背景描写がなされる点で差異が存在するからである。(20)一方、孝・信・廉の代表として挙げられた人物が蘇代謂燕昭王曰章では曽参・孝己・尾生高・鮑焦・史鰌であるのに対し、人有悪蘇秦於燕王者章および『戦国縦横家書』第五章では曽参（増参）・尾生（犀星）・伯夷（相夷）であるという点を勘案すれば、燕策の二説話と『戦国縦横家書』の説話が同一の系統に属すること、および『戦国縦横家書』が人有悪蘇秦於燕王者章と蘇代謂燕昭王曰章の中間に位置する形態であることが推測できる。この推定に立つならば、蘇代謂燕昭王曰章が斉への報復を主題とした燕昭王期の年代観を背景とする説話であることから、人有悪蘇秦於燕王者章も元来は燕昭王期の説話であったと判断することが許されよう。

蘇秦伝後半部は、さらに易王母との私通と斉湣王初期の反間活動についても記しているが、この二説話は『史記』以外に比較できる史料が存在せず、現時点ではそれぞれ燕易王期と斉湣王期の年代の説話とするほかない。

第二節　蘇秦説話の展開

第一節では、蘇秦伝が先行する複数の説話を結合して成立したことを示した。次に問題となるのは、先行する個々の説話がどのように発生・展開したかである。現在では、史実としての蘇秦を、前二八〇年代前半に主に燕斉間の外交に従事し、前二八四年の斉湣王敗滅以前に車裂に死した人物であるとする見解が主流となっており、『史記』の記述とは大きく異なる。また、それに伴って『史記』蘇秦列伝を虚構として退ける傾向にある。しかし、一方の史料を史実と見なし、それと矛盾する記述を一概に否定するのでは、史料を正当に用いたとは言いがたい。蘇秦が歴史的に実在した人物であるのか、また存在したとすれば、蘇秦がいかなる生涯を辿ったのか、ということは暫時待考とせねばならない。まず解明すべきは、蘇秦列伝のごとき蘇秦像がなぜ生じたか、である。なぜならば、『史記』に至るまでの蘇秦像の変遷を辿り、蘇秦列伝の形成過程を明らかにしてこそ、『史記』蘇秦列伝を正しく評価し得、またそれによって初めて、蘇秦に関わる諸問題を精確に認識できると考えるからである。

こうした問題意識を背景に、以下では蘇秦説話の生成から『史記』に結実するまでの変遷を検討する。その際、蘇秦伝の叙述の展開にはよらず、蘇秦説話自体の歴史的展開に沿って考察していくこととする。なお、「縦横家」という言葉はあたかも他と明確に区別される「縦横家」思想なるものが存在したという印象を与えるため、その使用には問題が存するが、ここでは主として外交に従事した口舌の徒を指して「縦横家」と仮称する。

一　斉に関わる蘇秦説話の展開

蘇秦の伝承は、その最初期においては斉に関連して展開したと推測される。成書年代が比較的明確な伝世文献の中、最も早く蘇秦に言及するのは序文に前二三九年の紀年を持つ『呂氏春秋』である。

> 夫れ王霸を成す者固より人有り、国を亡う者も亦た人有り、桀 羊辛を用い、紂 悪来を用い、宋 駃唐を用い、斉 蘇秦を用い、而して天下 其の亡ぶを知る。(21)　（『呂氏春秋』知度）

ここでは国の滅亡にも必ず人的原因があることが主張されており、その例として古の夏の桀王や殷の紂王に並んで、宋や斉の名が挙がっている。この宋は具体的には前二八六年に殺害された宋王偃の時の滅宋を指すと思われるので、配列から考えて次に挙がっている斉が前二八四年の斉湣王の敗滅を指すことは明白であるが、この記述からは蘇秦を用いたことが斉滅亡の原因であるとする認識が窺える。『呂氏春秋』の成書が斉敗滅から四十五年しか隔たっていないことを考慮すれば、蘇秦を用いたことが斉を滅亡に導いた、という斉敗滅に関わる伝承が蘇秦説話の中でも最も早期に属するものと考えて大過ないだろう。また、戦国末期に成立した『荀子』にも同様の認識を示す記述がある。

内は民を一にせしむるに足らず、外は難を距がしむるに足らず、百姓親しまず、諸侯信ぜず。然り而して巧敏佞説、善く寵を上に取る。是れ態臣なる者なり。……態臣を用いる者は亡び、態臣用いらるれば則ち必ず死す……故に斉の蘇秦・楚の州侯・秦の張（儀）［禄］、態臣と謂う可き者なり。(22)（『荀子』臣道）

『呂氏春秋』『荀子』ともに蘇秦に対し、国を滅亡に導いた人物として否定的評価を下している。さらに、荀子が斉の稷下に遊んだことからすれば、戦国末の斉の地では蘇秦に対する否定的評価がなされていた可能性が推測できる。

この斉滅亡説話から、蘇秦伝後半部に記述された燕斉反間説話の基礎となる伝承が展開したのであろう。斉湣王の敗滅に燕が深く関与していたことを考えれば、燕と蘇秦を結びつけることは自然な発想であった。ただし、指摘すべきは、斉湣王の敗滅に関わる蘇秦説話の元来の年代観が『史記』と異なることである。これに関し、『説苑』君道および尊賢には、蘇秦の活動を燕昭王期とする説話が収められている。

燕昭王 郭隗に問うて曰く「寡人 地狭く人寡く、斉人は八城を削取し、匈奴は楼煩の下に駆馳す。孤の不肖を以て、宗廟を承くるを得るも、社稷を危うくせんことを恐る。之を存つに道あるか」と。……郭隗曰く「王誠し道を興さんと欲すれば、隗請うらくは天下の士の為に路を開かん」と。是において燕王常に郭隗を上坐に置きて南面せしむ。居ること三年、蘇子 之を聞きて、周より燕に帰し、鄒衍 之を聞きて、斉より燕に帰し、楽毅 之を聞きて、趙より燕に帰し、屈景 之を聞きて、楚より燕に帰す。四子畢く至り、果して弱燕を以て強斉を并す。[23]

（『説苑』君道）

燕昭王 郭隗を得て、鄒衍・楽毅は斉趙以《よ》り至り、蘇子・屈景は周楚以《よ》り至る。是において兵を挙げて斉を攻め、閔王を莒に棲まわす。[24] 燕は地を校《はか》り衆を計るに、斉と鈞しきに非ざるなり。然も能く意を信《の》べて此に至る所以の者は、士を得るに由るなり。

（『説苑』尊賢）

これは「蘇子」が燕昭王に仕えて斉を滅ぼした、という認識を示している。また『史記』によれば楽毅が燕に赴くのは趙武霊王の死後であり、この説話の年代観は前二九五年前後となる。[25] この年代観が斉滅亡説話のそれと極めて近いことも両者の密接な関係を示唆する。なお付言しておくと、鄒衍・楽毅・屈景という人名表記から考えるならば、『説苑』が「蘇子」と記すのは、『史記』の蘇秦に関する年代観と齟齬するために、元来の「蘇秦」という表記を改めたためであろう。[26]

ここまで、斉と燕という蘇秦伝後半の舞台が登場する経緯を見てきたので、蘇秦と趙との関連が生じた経緯にも触れておこう。まず、先に引用した『呂氏春秋』や『荀子』から考える限り、戦国末に至ってもなお蘇秦と趙との関係は明確化していない。現時点で、最も早く蘇秦と趙との間に何らかの関連があることを窺わせる史料は前漢前期の『戦国縦横家書』である。『戦国縦横家書』に記される故事のうち、第一章～第十四章は蘇秦に関わる説話であるとされており、燕斉における活動の他に趙での活動が記されている点が注目される。[27] 蘇秦とされる人物は、斉への復讐を期する燕王のために、斉趙関係を悪化させることを目的として活動しているが、その中でも、第一章～第三章および第十一章、第十二章からは、蘇秦と思われる人物が趙に滞在していることが窺われ、蘇秦が既に趙と密接な関わりを持つと認識されていたことがわかる。おそらく、斉燕の角逐に趙が関わっていたことから、燕斉のみならず、趙においても蘇秦が活動したという説話が生じたのであろう。当時趙で活動した奉陽君との敵対関係などという、後に『史記』に採用されることとなった要素も、この時点で生じたと考えられる。ただし、この説話群においては、蘇秦と趙の関係が決して良好なものとされていなかったことが『戦国策』『戦国縦横家書』からも確認できる。

二　合従説話の展開

前項では、蘇秦が主として斉燕間で活動する説話について述べた。次に問題となるのは、このような斉燕説話から、いかにして六国合従説話が生じたかである。ここで指摘すべきは、諸国を連合させるという説話に発展しうる内容が『戦国策』や『戦国縦横家書』に記述されたような斉・燕・趙説話の時点で既に含まれているということである。『戦国縦横家書』では第七・八・十・十一・十二・十四章に攻秦についての記述がある。(28)一例を挙げる。

　況や臣能く天下を以て秦を攻め、疾く秦と相捽《あた》りて解かざらしむるをや。(29)

（『戦国縦横家書』第十章）

「臣」と自称する人物は蘇秦とされており、自身が天下を率いて秦を攻めることに言及していることから、蘇秦のいわゆる六国合従説話の原型とも言うべきものをここに認めることができよう。

また『戦国策』にも次のような記載がある。

　臣又偏《あまね》く三晋の吏に事え、奉陽君・孟嘗君・韓呡・周㝡・韓余為の徒は従いて之に下る。其の伐秦の疑わるるを恐るるや、又身自ら秦に醜《にく》ましめて之を扮（忿《いか》）らしむ。天下の秦符を焚かんことを請う者は臣なり。次いで焚符の約を伝えし者は臣なり。次いで五国をして約して秦関を閉ざさしむる者は臣なり。[30]

（『戦国策』魏策二・五国伐秦無攻而還章）

発言者は「臣」と自称しており、その人物の名は明記されていないが、文中に見える奉陽君・孟嘗君・韓珉・韓余為は『戦国縦横家書』でも蘇秦と思われる人物の書簡中に同時代の人物としてしばしば名が挙げられていることから、それと同様に蘇秦と見なしてよいであろう。ここでは諸国に秦との同盟を破棄させ、五国をして秦と断交せしめた、という事績に言及している。しかし、このような類似に基づいて、これらの発言の背景にある説話を直ちに後の合従説話と同一視することはできない。なぜなら、蘇秦始将連横章や蘇秦伝に記されたような合従説話は趙を中心とし、かつ斉燕等他の諸侯国の重要性が低い、などといった点で異なるからである。趙を中心とする合従説話は、斉燕説話に含まれる連合抗秦説話に着想を得つつも、それらとはまた異なる意図・構想のもとに作り出されたと考えられる。

では、その作り手は一体いかなる人々であったのだろうか。趙を中心とすることから、あるいは長平の戦以降、趙国の士が衰亡の一途を辿る祖国の往昔の強盛を懐古して作り上げた、との推測も可能であろう。張儀列伝の論賛には次のようにある。

三晋に権変の士多し。夫の従衡彊秦を言う者は大抵皆三晋の人なり。[31]

（『史記』張儀列伝）

太史公のこうした言からは、三晋の地に縦横家が多く輩出したとの認識が確認できる。[32] ただ、蘇秦始将連横章に関して言えば、その成立は漢代以降に下ると考えられる。そのことは漢代の文章との比較によっても明らかとなる。蘇秦始将連横章では、蘇秦が合従を成立させたことを称えて、

此の時に当りて、天下の大、万民の衆、王侯の威、謀臣の権、皆蘇秦の策に決せんと欲す。斗糧も費やさず、未だ一兵

も煩わさず、未だ一士も戦わさず、未だ一弦も絶たず、未だ一矢も折らずして、諸侯相い親しむこと兄弟に賢《まさ》る。(33)

(『戦国策』秦策一・蘇秦始将連横章)

と述べられているが、この表現が、

孔子曰く「……賜や、爾何如」と。対えて曰く「素衣縞冠して、両国の間に使いし、尺寸の兵、升斗の糧を持せずして、両国をして相い親しむこと弟兄の如くせしむるを得ん」と。孔子曰く「辯士なる哉……」と。(34)

(『韓詩外伝』巻九)

に類似していることは一見して明らかである。(35) また、縦横家の手になったと思われる蘇秦始将連横章に見える表現が、『韓詩外伝』の説話においては儒家の口を借りて発せられている、という点はより興味深い。ここで想起すべきは、漢代の縦横家が儒家思想に親しんでいたという事実である。その形跡は文献に徴せられる。例えば、武帝期の主父偃は「長短縦横の術を学び、晩に乃ち易・春秋・百家の言を学ぶ」とあり、縦横家でありながら儒家の経典をも学んでいたことがわかる。(36) 他方、劉邦に「豎儒」と罵られた酈食其が「六国従横時」のことを説いたことからもわかるように、儒家がいわゆる縦横家的な学問を修めることもあり得た。(37) 無論、「縦横家」なる学派について言えば、『漢書』芸文志の時点で儒家や道家と並んで初めて「従横家者流」と記されていることから、他の学派と明確に思想的差異のある独立した一派として認識されるのは漢代も後半であったことが推測され、こうした事実に鑑みれば、前漢初期に他と截然と区別しうる「縦横家」思想があったとするのは適切さを欠くおそれがある。しかしながら、少なくとも後世からみて「縦横家」と「儒家」に分類されうるような思想が一個人の中に併存することはあり得たことであろう。かかる点を考慮すれば、主父偃伝に見える表現の類似は蘇秦始将連横章の作者についての、さらなる推測を促す。

蘇秦喟然として歎じて曰く「此れ一人の身、富貴なれば則ち親戚も之を畏懼し、貧賤なれば則ち之を軽易す……」と。是において千金を散じ、以て宗族朋友に賜う。(38)

（『史記』蘇秦列伝）

主父曰く「臣結髪して游学すること四十余年、身は遂ぐるを得ず、親は以て子と為さず、昆弟は収めず、賓客は我を弃て、我阨《くる》しむこと日久し。且つ丈夫生まれて五鼎もて食せざれば、死して即ち五鼎もて烹らるるのみ。吾日暮れて途遠し、故に倒行して之を暴施す」と。……上 主父を拝して斉相と為す。斉に至り、遍く昆弟賓客を召し、五百金を散じて之に予《あた》え、之を数《せ》めて曰く「始め吾れ貧しき時、昆弟は我を衣食せず、賓客は我を門に内《い》れず。今吾 斉に相たるや、諸君 我を迎うるに或いは千里。吾 諸君と絶てり。復た偃の門に入るなかれ」と。(39)

（『史記』平津侯主父列伝）

ここでは蘇秦・主父偃ともに貴賤貧富によって世人の己に対する態度が逆転する、という嘆き（あるいは叱責の言）を発しており、かつ栄達を遂げた後、親近者に財を与えるという行動も類似することから、蘇秦伝の原資料である蘇秦始将連横章も、やはり漢代の縦横家の発想に影響を受けて著されたと考え得る。確かに、この表現が戦国期に既に定型化され、それが漢代まで襲用されたという可能性は排除できないが、『韓詩外伝』の例も考慮すれば、やはり漢代の文帝期から武帝期にかけて人口に膾炙していった表現と考えるのが穏当であろう。(40)

次いで検討すべきは、漢代の縦横家がこのような蘇秦説話を展開しようとした、その背景はいかどのようなものであったか、ということである。『淮南子』は縦横家たちが史上に姿を現した原因について、一つの見解を示している。

晩世の時、六国諸侯……各々自ら其の境内を治め、其の分地を守り、其の権柄を握り、其の政令を擅にす。下に方伯無く、上に天子無く、力征して権を争い、勝者 右と為る……故に縦横脩短生ず。(41)

（『淮南子』要略訓）

この記述からは、戦国時代のように諸侯が相攻伐する混乱した情勢下においてこそ縦横家が最も活躍できる、との認識が看取できる。これは当然ながら漢代における認識に過ぎないが、歴史的実態をある程度は反映していると思われる。そのうち「上に天子無し」は、周王の権威の低下を明示したものであると言えよう。一方、対となる「下に方伯無し」とは、戦国前期の文侯・武侯期には最強国であった魏が、恵王期、特に馬陵の大敗以後その勢力を減退させ、覇者としての地位を喪失し、春秋時代以来の覇者体制が最終的に崩壊したことを意味するものと考えられる。(42) また戦国期以降の有力国による断続的な勢力拡大の結果、戦国中期には緩衝国として機能した小国が前代に比して減少したことは、勢力の拮抗する大国間における紛争を一層緊迫化させた。このような、権威・実力において一方が他方を凌駕することのない情勢下では、自国の優位を保持するために自ら積極的に他国と同盟を結び、敵対国を牽制することが不可欠となる。かかる時代状況に好機を見出したのが後世のいわゆる「縦横家」であった。当時、自国内で恒常的安定的に官僚を育成し再生産する体制が未だ発展しておらず、その人材を外部から獲得する必要があったことも、こうした外交に従事する人々の躍進を促したであろう。何となれば、合従連衡を説いたとされる人物は多くの場合「客」と称される異国人であったからである。また、それゆえに彼らは一般の臣と異なる扱いを受けており、このことが縦横家に要求される「専対（自身の判断で臨機応変に応対すること）」を容易ならしめたとも考えられる。(43)

しかしながら、このような情勢も長くは続かなかった。前二八四年には東方の雄国であった斉が敗滅し、同年の郢都の陥落が示すように楚もまた劣勢に立たされ、秦一強の情勢がようやく形成される。その後、長平の戦によってその趨勢が決定的になると、もはや外交は抗秦あるいは親秦に限られ、(44) それ以前のより多様な同盟関係の構築は既にかつての意義を喪失し、外交に従事するいわゆる人々の活動もそれにつれて必然的に変化を余儀なくされたであろう。確かに、後世から見て縦横家とみなされる人々が楚漢抗争期や漢代に存在していたことは、蒯通の存在からもわかるけれども、漢王朝が安定するにつれて、彼らは活躍の場を失い、退潮を余儀なくされた。その窮地を脱するために彼らが為したことの一つが、弁舌と策謀を強調し、ひいては自らの有用性を主張するような説話を作り出すことであった。そしてその際、説話を仮託する対象として選ばれた人物の一人が蘇秦だったと考えられる。

蘇秦が選ばれた理由の一つには、漢代縦横家の多くが斉地において活動していたということが挙げられる。縦横家として知られる人物には楚漢抗争期の蒯通に始まり鄒陽・主父偃・厳安などがいるが、彼らが皆斉人であると認識されていたことから、漢代においては縦横家が斉地で盛んに活動していたことが窺える。弁舌と策謀に長けていたとして斉地に名が知られていた蘇秦が、仮託の対象として縦横家の輩に選ばれたことはごく自然な流れであった。しかしながら、いかに策謀に優れていたとしても、蘇秦の如き一国を滅亡に導いたとされる人物は世人、とりわけ統治階級に属する人々に受容されがたかったであろう。そこで、漢代縦横家は既に成立していた蘇秦説話の中から、自らに好都合な要素のみを取り上げて強調することにより、従来と大きく異なる蘇秦説話を生み出した。すなわち、斉燕説話にも已に見られる、諸侯を率いて秦を攻撃する説話のみを強調し、反間活動と密接にかかわる斉や燕を後景に退けて否定的印象の払拭を図ったのである。秦を打倒して統一を果たした漢代においては、「暴秦」に抗するという構図が受け入れられやすかったことも、合従説話形成の背景にあろう。秦王が蘇秦に対して強い敵愾の念を示す情景を描いた『戦国策』秦策の説話も、やはりそうした意図に沿ってつくられたものである(45)（秦策一・秦恵王謂寒泉子章）。そして、伝世文献にみえる蘇秦説話のうち、数量において合従説話が斉燕説話に勝ることから見れば、彼らの意図は成功を収めたとも言える(46)。また、『荀子』にも窺われるとおり、戦国期の斉において、蘇秦が亡国の張本として否定的評価を与えられていたことも、合従を成し遂げた英雄として蘇秦を仮託の対象に取り上げた時期が、田斉と直接的な関わりを持たなくなった漢代以降であるとの推測を支持する。

次に問題となるのは六国遊説辞であるが、これらが蘇秦始将連横章のような説話に着想を得て創り上げられたものであることは第一章で触れた。しかし、蘇秦始将連横章と六国遊説辞の間には、蘇秦像に関する極めて重要な変化が生じている。それはすなわち、蘇秦と張儀を相対立する縦横家の両雄とする認識である。『史記』においては、張儀は蘇秦と師を共にし、蘇秦の助力により秦国に仕え、秦の為に連衡を説いた人物とされており、両者の深い関係が描写されている。

六国の君に向けた蘇秦と張儀の遊説辞は『史記』と『戦国策』に収められているが、張儀の遊説辞の中には蘇秦に言及する文言がある。

張儀 秦の為に従を破り連横せんとし、楚王に説いて曰く「……凡そ天下の信じて従親を約して堅き所の者は蘇秦なり。封ぜられて武安君と為り、燕に相たるや、即ち陰に燕王と斉を破り共に其の地を分かたんことを謀る。乃ち罪有りと佯り、出で走りて斉に入る。斉王因りて受けて之を相とす。居ること二年にして覚われ、斉王大いに怒り、蘇秦を市に車裂す。夫れ一詐偽反覆の蘇秦を以てして天下を経営し、諸侯を混一せんと欲するも、其の成るべからざるや亦た明らけし……」と。楚王……乃ち車百乗を遣わし、雞駭の犀・夜光の璧を秦王に献ず。(47)

（『戦国策』楚策一・張儀為秦破従連横説楚王章）

張儀 秦の為に連横せんとし、趙王に説きて曰く「……凡そ大王の信じて以て従を為す所の者は、蘇秦の計を恃むなり。諸侯を熒惑し、是を以て非と為し、非を以て是と為し、斉国を反覆せんと欲するも能わず、自らをして斉の市に車裂せしむ。夫れ天下の一にすべからざるは亦た明らけし……」と。趙王……乃ち車三百乗を以て澠池に入朝し、河間を割きて以て秦に事う。(48)

（『戦国策』趙策二・張儀為秦連横説趙王章）

上記の二つの引用からは、①蘇秦が合従を成立させ、②燕王と図って斉を破ろうとし、③車裂に死したこと、および④張儀が蘇秦の成立させた合従を破った、という認識が看取され、蘇秦と張儀が相前後する人物として関係づけられていることは明らかである。しかしながら、これまで辿ってきた六国遊説辞の成立に至るまでの説話展開の中には、蘇秦と張儀を関連付ける記述が全く見えない(49)。そこで、一体どの時点で蘇秦と張儀を相対立する人物として扱う説話が発生したのか、が問題となる。これは、蘇秦・張儀を修飾する常套句ともなった「合従連衡」という認識がいつ生じたのか、という問題とも関わる。

戦国末に成書したであろう『韓非子』五蠹には、合従と連衡を対比する表現が見える。

従なる者は衆弱を合して以て一強を攻むるなり。而して衡なる者は一強に事えて以て衆弱を攻むるなり(50)。
（『韓非子』五蠹）

これは、戦国末には「合従」と「連衡」を対比する考えが既に生じていたことを示すが、蘇秦や張儀との関係は不明である。ただ、抗秦と蘇秦について言うならば、『戦国縦横家書』等の斉燕説話には、蘇秦が諸国を率いて秦を伐った記述があることから、あるいは戦国末期、遅くとも前漢初には已に関連付けられていたであろう。しかし、「合従」なる語は抗秦以外を指す場合もあったとの指摘がある(51)。

燕昭王……楽毅をして趙恵文王を約せしめ、別に楚・魏を連ねしめ、趙をして秦に啗《くら》わすに伐斉の利を以てせしむ。諸侯　斉湣王の驕暴なるを害《にく》み、皆争いて合従し、燕と斉を伐つ(52)。
（『史記』楽毅列伝）

ここでは楽毅が諸侯を率いて斉を伐ったことも「合従」と称されており、これに鑑みれば、斉燕説話において楽毅と同時期に燕昭王に仕えて伐斉に従事した蘇秦が、抗秦とは意味合いの異なる「合従」と結び付けられた可能性は存在する。ただし、蘇秦の「合従」と張儀の「連衡」という対立図式においては、当然ながら蘇秦が抗秦の合従に関与していることが求められる。これに関しては、例えば『戦国縦横家書』第四章に「斉勺（趙）遇於阿、王憂之、臣与於遇、約功（攻）秦去帝」とあり、蘇秦が攻秦の同盟に与っていたことが記述されている。後の如く合従の長としては扱われていないが、『戦国縦横家書』が成立した時点で、攻秦同盟の成立に関して何らかの役割を担う人物として見なされていたことは首肯されよう。

しかし、この抗秦の合従と蘇秦が結び付けられていたことを確言できるのは年代的にさらに下ってからのことである。その認識は、淮陰出身の弁士である枚乗が、呉楚七国の乱（前一五四年）に際して呉王に説いた発言中に見える。

六国 信陵の籍に乗じ、蘇秦の約を明らかにし、荊軻の威を厲《はげ》まし、力を并せ心を一にして以て秦に備う。[53]

（『漢書』賈鄒枚路伝）

とあり、漢景帝期（前一五六年～前一四一年）には蘇秦が抗秦同盟の中心人物として認識されていたことがわかる。

次いで、連衡が張儀と関連付けられた時期を検討する。「連衡」は戦国末の文献において「合従」と対応する用語として挙げられていることは先に見たが、連衡策は概ね秦に関連して述べられており、このような認識の存在は賈誼の『過秦論』にも確認できる。

秦孝公 殽函の固に拠り、雍州の地を擁し、君臣固守して周室を窺い、天下を席巻し、宇内を包挙し、四海を嚢括せんとするの意、八荒を并呑せんとするの心あり。是の時に当りて、商君 之を佐け、内は法度を立て、耕織に務め、守戦の備を修め、外は連衡して諸侯を闘わしむ……[54]

（『史記』秦始皇本紀引賈誼『過秦論』）

秦が連衡策を採用して関東の諸国と争ったという認識は漢文帝期（前一七九年～前一五七年）には存在していた。ただし、指摘すべきは、この時点では連衡が商鞅の時代に想定されており、未だ張儀との関係性は認められない、という事実である[55]。

「蘇秦の合従」と「張儀の連衡」という対立的構図の認識を明確に示す記述は『淮南子』に初見する。

　張儀・蘇秦は家に常居無く、身に定君無く、従衡の事を約し、傾覆の謀を為し、天下を濁乱し、諸侯を撓滑し、百姓をして啟居に遑《いとま》あらざらしめ、或いは従、或いは横、或いは衆弱を合し、或いは富強を輔《たす》く。此れ行いを異にするも醜に帰する者なり[56]。

（『淮南子』泰族訓）

　張儀・蘇秦の従衡は皆掇取の権にして、一切の術なり[57]。

（『淮南子』泰族訓）

泰族訓では、張儀と蘇秦は合従連衡を約して天下の諸侯百姓を乱し、その行いはいずれも醜いものであること、および彼らの合従連衡はその場しのぎの術に過ぎないとされている。『淮南子』は前一三九年頃の成書とされており、武帝初年には蘇秦と張儀を詭計に富み、合従連衡に従事して天下を脅かした人物とする、合従・連衡と蘇秦・張儀を主軸とした説話が既に存在したことが分かる。以上のような説話の存在を考慮すれば、

　建元元年冬十月、丞相・御史・列侯・中二千石・二千石・諸侯の相に詔して賢良方正直言極諫の士を挙げしむ。丞相綰奏すらく「挙ぐる所の賢良、或いは申・商・韓非・蘇秦・張儀の言を治め、国政を乱す。請う皆罷めん」と[58]。

（『漢書』武帝紀）

　武帝の時、斉人に東方生名は朔なるもの有り……時に宮下の博士諸先生を会聚して与に論議するに、共に之を難じて曰く「蘇秦張儀一たび万乗の主に当りて卿相の位に都《お》り、沢 後世に及ぶ……」と。東方生曰く「……夫れ張儀蘇秦の時、周室大いに壊れ、諸侯朝せず、力政して権を争う……方今 天下の大、士民の衆を以て、精を竭して馳説し、並進輻湊

する者、勝げて数うべからず。力を悉くして義を慕うも、衣食に困しみ、或いは門戸を失う。使し張儀・蘇秦 僕と並びて今の世に生まるれば、曽ち掌故も得る能わず、安んぞ敢えて常侍侍郎を望まんや……」と。(59)

(『史記』滑稽列伝褚少孫補)

にある「蘇秦張儀」と並称する記述も、同様の認識に基づくものとしてよいだろう。なお、東方朔の言によれば、武帝期には縦横家に低い評価が与えられていたことも明らかである。以上をまとめると、遅くとも武帝期には蘇秦と張儀を縦横家の両雄であるとする認識が成立し、かつ広範に共有されていたであろうことがわかる。さらに、『淮南子』に載る蘇秦の記述は、蘇秦伝に描かれたような説話が『史記』以前に既に存在したことを窺うことができる点で重要な意味を持つ。

蘇秦は匹夫徒歩の人なり。靻蹻贏蓋して、万乗の主を経営し、諸侯を服諾す。然も自ら車裂の患を免れず。(60)

(『淮南子』氾論訓)

この記述は簡潔な要約となっており、前提とされている説話の細部を知ることは困難であるが、①卑賤から身を起こし、②諸侯を従え、③車裂に死した、という蘇秦伝に描かれた記述と共通する内容をもっている。そしてここからは、合従説話と燕斉説話、および蘇秦・張儀の対立といった要素を含む説話を背景とした六国説辞が概ね武帝期初年(前一四〇年)頃までには成立していた、との想定が可能である。また、『戦国縦横家書』が長沙に伝えられていたことは、斉燕説話が漢初には既に楚地で知られていたことを示しているが、遅れて成立した合従説話も武帝初年には普及していたと考えられる。また、先引の『淮南子』の記述でとりわけ注目されるのは、蘇秦が車裂に死した、とあることである。成立年代が確定できない張儀の六国遊説辞を除けば、この記述が蘇秦車裂説の初出であり、車裂に死す、という末路が蘇秦説話の中でもかなり遅れて考案されたことが窺われる。『戦国縦横家書』を是として、蘇秦列伝を誤りとする研究者の著述においても、蘇秦の生涯を記す際に、蘇秦が車裂に処されたとする記述がしばしば見られるが、車裂に関してのみ、より後代に展開した説話を史料として採用していることとなり、その理解には従いがたい。そして『淮南子』のもう一つの特徴は蘇秦に対する否定的な評価である。詮言訓や前引の泰族訓・氾論訓の記述からは、蘇秦を智謀の士と認めつつも、決して好意的には捉えていないことが知られる(61)。蘇秦の英雄的形象を描いた合従説話が当時流布していた可能性を考慮すれば、この否定的評価は、『淮南子』の編纂者たちが蘇秦合従説話の作り手たちとは性格を異にする集団であったことを示しているのだろう(62)。

第三節　太史公と蘇秦伝

第一章・第二章を通して、斉湣王の敗滅から武帝期に至るまでの蘇秦説話の発生と展開、および蘇秦伝が『史記』に先行して成立した種々の説話を組み合わせて作り上げられたことを明らかにした。本節では、太史公が先行する原資料をどのように取捨選択、配列し、いかなる意図をもって蘇秦伝を創り上げたのか、を検討する。

まず、太史公自身の書き記した文章に基づき、蘇秦伝を著した意図を訳文と共に示そう。

太史公曰く、蘇秦兄弟三人、皆諸侯に游説して以て名を顕し、其の術は権変に長ず。而も蘇秦 反間を被りて以て死し、天下共に之を笑い、其の術を学ぶを諱む。然れども世 蘇秦を言いて異多く、異時の事 之に類する者あれば皆な之を蘇秦に付す。夫れ蘇秦 閭閻より起ち、六国を連ねて従親せしむ。此れ其の智 人に過ぐる者あり。吾故に其の行事を列ねて其の時序を次《つい》じ、独り悪声を蒙らしむること毋からんとす(63)。

（『史記』蘇秦列伝賛）

（太史公曰く、蘇秦三兄弟はみな諸侯に遊説して名を揚げ、彼らの術は権変に長じたものであった。しかし蘇秦は反間の汚名を被って死んだために、天下の笑い者となり、人々はその術を学ぶのを忌んだ。そうではあるが、世間では蘇秦について様々なことが言われており、異なる時代のことでも蘇秦に類する出来事があれば、みな蘇秦のこととされている。いったい、蘇秦は平民より身を起こし、六国の合従を成立させた。このことからすれば、その智略は常人の及ばぬところがあったのである。私はそれ故に彼が悪名だけを被るようなことが無いよう、その事績を列ねて時系列に沿って叙述した。）

天下 衡秦の饜《あ》く毋きを患うるも、蘇子能く諸侯を存し、従を約して以て貪彊を抑う。蘇秦列伝第九を作る。(64)（『史記』太史公自序）

（天下は連衡を進めて止まることのない秦を恐れたが、蘇子は諸侯を存えさせ、合従を約して貪欲で強力な秦を抑えた。蘇秦列伝第九を作る。）

夫れ張儀の行事は蘇秦より甚だしきに、然して世 蘇秦を悪る者は、其の先に死し、而して儀 其の短を振暴して以て其の説を扶け、其の衡道を成すを以てなり。之を要するに、此の両人真に傾危の士なるかな。(65)（『史記』張儀列伝賛）

（いったい、張儀の行ったことは蘇秦よりも酷いものであったのに、世間では蘇秦のことを悪し様に言うのは、蘇秦が張儀より先に死し、張儀が彼の短所を言い立てて自身の主張を飾り、連衡を成立させたからである。これを要するに、この二人は真に狡知に富んだ者であったのだ。）

ここからは、①蘇秦が権変の術に長じ、②諸侯を約して「貪彊」（秦）を抑えたが、③反間の汚名を被って死んだこと、および張儀に先んじて世を去り、張儀が蘇秦の短を暴露したために悪評が広まったこと、そして④様々な説話が蘇秦に付会された、という認識が読み取れる。当時の史料状況を把握し得ない今日、太史公がいかにしてかかる認識を抱くに至ったかを完全に明らかにすることは難しいが、蘇秦列伝を著した意図は「独り悪声を蒙らしむること毋らんとす」という言葉に明示されるように、蘇秦を擁護し、その悪名を雪ぐことにあった。現行の蘇秦伝がなぜ今ある姿となったのか、ということを考察するには、以上の認識と意図を前提としておく必要がある。

さて、武帝期に、丞相綰・東方朔に加え博士諸先生までもが「蘇秦張儀」と並称していたことからは、『史記』執筆の当時、両者を同時代的人物とする説話が流行していたことがわかり、太史公が蘇秦と張儀の対立を背景とする六国遊説辞を採用したことは極めて自然であったと言えよう。そして、蘇秦が張儀に先行するという認識から、蘇秦を秦恵王期（前三三七～前三一一年）の人物として描いている蘇秦始将連横章のごとき説話を時代背景に選択したと思われる。燕文侯二十八年（前三三四年）に蘇秦が燕に遊説したという記述が、前三一八年の五国抗秦の事件から十五年遡って得られた年次であることは既に指摘されているが、この前三一八年の諸国同盟に蘇秦が関与したとする判断も、やはり蘇秦を秦恵王期の人物とする認識によるものであろう。[66] そして、こうした年代観、すなわち前三三〇～前三一〇年代という活動時期が蘇秦列伝全体の大きな枠組みとなり、ここから逸脱するものは原則的に「異時事」と判断され、採用されなかったようである。ただし、「原則的に」と留保をつけたのには理由がある。というのも、蘇秦伝編纂に際しての原資料の取捨選択は機械的なものではなかったと思われるからである。以下ではそれについて述べよう。

蘇秦伝前半が蘇秦始将連横章を基礎として、改変を加えられていることは既述したが、実例としては奉陽君の説話が挙げられる。

蘇秦……乃ち東のかた趙に之く。趙粛侯 其の弟成をして相為らしめ、奉陽君と号す。奉陽君 之を説ばず。去りて燕に游ぶ。[67]（『史記』蘇秦列伝）

これは蘇秦の第一次訪趙時の記述であるが、奉陽君に拒絶されて趙を去り、燕に赴いたとされている。しかし、蘇秦始将連横章には奉陽君への言及は皆無であり、『史記』編纂段階での挿入と考えられる。また、奉陽君は『戦国策』『戦国縦横家書』にも見える人物であるが、概ね紀元前二八〇年代頃の燕・斉・趙に関わる説話において言及されていることに加え、『史記』の「公子成」が紀元前三三〇年代に「奉陽君」として趙相に任ぜられていた、という記述は他に見えない全く孤立した情報であって、その信憑性には問題がある(68)。では、『史記』が公子成＝奉陽君を主張するのはなぜであろうか。その原因はおそらく、奉陽君を蘇秦と同時代とする原資料が数多く存在しており、蘇秦列伝の編纂に際して、それらの情報を完全に放棄することはできなかったためであろう。そのために、太史公は『戦国策』にも見られるような、奉陽君が遊説に来た蘇秦を悦ばなかった、というような説話を簡略化して挿入したのだと思われる。第一節でも言及したが、『史記』における遊説失敗→勉学→失敗→成功という説話展開の不自然さは、起源を異にする説話を取り込んだことに由来する。蘇秦伝のかかる編纂態度からは、太史公が枠組みに適合しない資料であっても一律に排除したのではないことがわかる。

その編纂方式に関して、別の一例を挙げよう。蘇秦伝の末尾では蘇秦の斉における最後の行動を次のように記述している。

> 蘇秦詳りて罪を燕に得たりと為し、亡げて斉に走り、斉宣王以て客卿と為す。斉宣王卒し、湣王位に即くや、湣王に厚葬して以て孝を明らかにし、宮室を高うし苑囿を大にして以て得意を明らかにせんことを説く。斉を破敝して燕の為にせんと欲す(69)。（『史記』蘇秦列伝）

ここでは、蘇秦が燕のために斉を疲弊させることを目的として、斉王に奢侈を勧めている。これは『史記』のみに見える説話であるが、注目されるのは、蘇秦が説いた王が湣王とされていることである。本来、斉の疲弊のみが目的であるならば、どの斉王であるか自体は重要な問題ではないはずであるが、ここでは宣王の卒と湣王への勧説を特に記しているのである。これはやはり、『史記』が自らの編年に従うことで、蘇秦を斉湣王の末年まで活動させることは不可能となっても、何らかの形で斉湣王の敗滅に関与させようという意図のもとになされた記述と考えられる。

さらに、原資料では蘇秦の説話とされていたものが、『史記』蘇秦列伝ではしばしば蘇代・蘇厲の説話に改変されていることが、先行研究によって指摘されている(70)。この事実もやはり、『史記』編纂に際して、先行する資料を極力利用しようとする意図が存在したことを証している。

現存する説話から考えれば、蘇秦説話の年代観でもっとも時期が早いものは秦恵王期であり、『史記』がその年代観を採用した以上、時期的に適合せず、蘇代・蘇厲のものに改変された説話は、必然的に蘇秦伝以降に付されることとなる。その結果、『史記』においては蘇代・蘇厲を蘇秦の弟と見なすこととなった。このような認識は、原資料である蘇秦始将連横章と『史記』の対応箇所を比較すれば、『史記』段階で形成されたと推測できる。

出游すること数歳、大いに困しみて帰るに、兄弟嫂妹妻妾窃かに皆之を笑い……(71)。

（『史記』蘇秦列伝）

秦王に説きて書十たび上るも説行われず……帰りて家に至るに、妻は紝を下らず、嫂は為に炊がず、父母は与に言わず(72)。

（『戦国策』秦策一・蘇秦始将連横説秦恵王章）

蘇秦……乃ち行きて雒陽を過るに、車騎輜重、諸侯各々使を発して之を送ること甚だ衆く、王者に疑す。周顕王之を聞き、恐懼して道を除し、人をして郊に労わしむ。蘇秦の昆弟妻嫂目を側《そば》めて敢えて仰視せず、俯伏し侍りて食を取る(73)。

（『史記』蘇秦列伝）

父母之を聞き、宮を清めて道を除し、楽を張りて飲を設け、郊に迎うること三十里。妻は目を側《そば》めて視、耳を傾けて

聴き、嫂は蛇行匍伏、四拝し自ら跪きて謝す。(74)

（『戦国策』秦策一・蘇秦始将連横章）

以上の『史記』における二例では、ともに『戦国策』に見えない「兄弟」「昆弟」といった、弟の存在を示唆する文言が付加されている。

さらに、蘇秦と張儀の関係においても『史記』の独創に係るのではないかと思われる事例がある。確かに、武帝期には已に並称されていることからも、蘇秦と張儀の結びつきは『史記』成立以前であると言えよう。しかし、蘇秦が張儀を陰ながら補佐し、秦への仕官を援助する、という張儀列伝に記されたような逸話は他の文献にみられない記述であり、このような蘇秦と張儀のある種の友情とも言うべき関係は、あるいは『史記』独自の見解を示しているのではないかと思われる。そこで、まず指摘すべきは、蘇秦列伝には張儀との関係を示唆する文言が一例を除いて存在しないことである。またその唯一の例からは、蘇秦列伝と張儀列伝各々の編纂段階において、両者の関係についての認識の変化が生じていたのではないか、ということが推察される。

蘇秦已に趙王に説きて相約して従親せしむるを得たり。然れども秦の諸侯を攻め、約を敗り後に負かんことを恐る……趙王に言いて、金幣車馬を発し、人をして微かに張儀に随わしめ……奉ずるに車馬金銭を以てす……張儀遂に以て秦恵王に見ゆるを得、恵王以て客卿と為す……舎人曰く「……蘇君　秦の趙を伐ち従約を敗らんことを憂え、以為らく君に非ざれば能く秦柄を得るもの莫からん、と。故に君を感怒せしめ、臣をして陰かに君に資を奉給せしむ。尽く蘇君の計謀なり……」と。……張儀曰く「……吾が為に蘇君に謝せ。蘇君の時、儀何をか敢えて言わん。且つ蘇君在らば、儀寧《あ》渠《に》能くせんや」と。(75)

（『史記』張儀列伝）

ここでは、秦によって従約が破られることを危惧した蘇秦が、張儀を援助して秦に送り込む、といったことが記述されている。しかしながら、蘇秦列伝の対応する文と比較すると、その不自然さが明らかとなる。

是の時周の天子 文武の胙を秦恵王に致す。恵王 犀首をして魏を攻めしめ、将龍賈を禽え、魏の雕陰を取り、且つ兵を東せんと欲す。蘇秦 秦兵の趙に至らんことを恐れ、乃ち激して張儀を怒らしめ、之を秦に入る……六国従合して力を并す……其の後、秦 犀首をして斉魏を欺かしめ、与に共に趙を伐ち、従約を敗らんと欲す。斉魏 趙を伐ち、趙王 蘇秦を譲《せ》む……蘇秦趙を去りて従約皆解く。(76)

（『史記』蘇秦列伝）

このうち、「是時周天子致文武之胙於秦恵王。恵王使犀首攻魏、禽将龍賈、取魏之雕陰、且欲東兵。蘇秦恐秦兵之至趙也、乃激怒張儀、入之于秦」という記述は、『戦国策』に由来する二説話に挟まれており、『史記』編纂段階で加えられた接続の語句である。さて、六国年表に拠れば「斉魏伐趙」は前三三二年であり、蘇秦列伝では、その後まもなく合従が崩壊したと記述されている。つまり、合従はわずかに一、二年で破られたことになり、張儀を秦に送り込むという説話はその存在意義を喪失しているのである。なぜこのようなことが起きたのか。考えられるのは、蘇秦列伝編纂段階では、蘇秦と張儀の関係を張儀列伝のような形では認識していなかったが、張儀列伝編纂段階で蘇秦が張儀を秦に送り込むという説話を採用し、この説話を再び蘇秦列伝に挿入したのではないか、ということである。蘇秦列伝が張儀に言及するのはここに挙げた一例に過ぎないのに比して、張儀列伝では論賛も含め十七箇所に蘇秦の名が見えることも、蘇秦と張儀のかかる関係性が張儀列伝編纂時に認識された可能性を支持しよう。

加えて、蘇秦が張儀を援助するという張儀列伝の説話は『史記』以外の文献に見えない。この点に関しては『呂氏春秋』に類話が見え、個々の人名などは異なるものの、説話の骨格は共通していることが注目される。

張儀、魏氏の余子なり、将に西のかた秦に遊ばんとして東周を過る。客に之を昭文君に語《つ》ぐる者ありて曰く「魏氏の人張儀、材士なり。将に西のかた秦に遊ばんとす。願わくは君の之を礼貌せんことを」と。……張儀行《さ》らんとし、昭文君送りて之に資す。秦に至りて、留むること間あり。恵王説びて之を相とす。張儀の天下に徳とする所の者、昭文君に若

くは無し……。(77)（『呂氏春秋』報更）

蘇秦が張儀を秦に送り込むという説話が、この『呂氏春秋』報更の説話のヴァリアントであることは疑いない。しかしながら、蘇秦と張儀の関係性の構築が前漢に下ること、そして蘇秦列伝における張儀の記述が僅少であることから、張儀列伝の説話自体はあるいは『史記』の創出に係るのではないかと考えられる。ではなぜ、蘇秦による張儀への好誼と支援の場面を描いたのであろうか。その理由としてまず挙げられるのは、両列伝の編纂意図が蘇秦・張儀列伝賛にあるように、蘇秦の悪名を雪ぎ、正当な評価を与えることにあったことである。また、連衡策を以て秦に仕えた人物として著名であった張儀を翻弄する、という構成は前漢の上層に位置する人々に共通して存在する、暴秦への批判意識に影響されたことが指摘できるだろう。

小結　展開する説話の統合と矛盾――反間と英雄のはざまで

三節の考察を通して得られた結論を記す。

蘇秦説話は、斉湣王の敗滅に関わる説話が最も早期に発生し、そこから斉燕間、さらに斉燕趙の間で活動する説話が展開した。次いで、縦横家はそれらの説話に胚胎する抗秦の要素をもとにして、趙を中心とする合従説話を創出した。これらの説話は漢代以降の縦横家の需要に従って生み出されたものと考えられる。その後、それら先行する説話に着想を得て、『淮南子』に記されたような、合従説話に斉燕説話を取り入れた形の説話が作り出された。六国合従説辞もこうした説話を背景としている。また、この時点で蘇秦と張儀の対立関係という構図も発生したと想定され、その下限は武帝期と定められる。

そして、太史公は『史記』編纂当時により盛行していたであろう蘇秦と張儀の対立説話の年代観を蘇秦列伝全体の枠組に採用し、合従説話と燕斉反間説話を中心として、さらにそれ以前に成立していた種々の説話を付加して蘇秦列伝を作成した。その際には、奉陽君などの事例に見えるとおり、矛盾する資料をも一律に排除するのではなく、時代や人物などの点で何らかの改変を加えて取り込んでいる場合がある。

以上の結論に拠れば、『史記』蘇秦列伝の記載が史実を伝えているとする見解は、もはや認めることはできない。しかしながら、現在定論となった観のある、「『戦国縦横家書』の描く蘇秦像が正確である」との説にもなお問題が存する。現在の史料状況から言えることは、六国合従説話より『戦国縦横家書』の描く蘇秦像がより早期に形成された、ということのみである。『戦国縦横家書』が斉湣王の敗滅から約一世紀を隔てていることから考えても、その史実性が確証されたとするのはなお難しい。その点から言えば、太史公が誤解によって真実の蘇秦資料を放棄し、偽の資料を採用したという批判は適切さを欠いたものと言わざるを得ないだろう。

他方、『史記』の記述を緻密に分析し、他文献との比較を行うことで個々の原資料へと解体し、包括的に整理検討することで、説話や思想の展開を辿ることも可能であるように思われる。この意味において、『史記』が様々な矛盾する史料を保存しているということは、むしろ極めて貴重であると言えよう。

本章では主に蘇秦列伝の編纂の問題を中心として考察を進めてきたため、そこから外れる説話については、詳しく検討を加えることはしなかった。しかし、蘇秦に関わる文献はもちろん本列伝だけではない。他文献、特に『戦国策』には、本章で触れることのできなかった蘇秦説話が数多く保存されている。例えば、東周策や西周策の説話は蘇秦が周君に献策する姿を描いているが、蘇秦列伝にも蘇秦が周顕王を訪れる場面がある。蘇秦が洛陽の出身と伝えられていることからも、蘇秦と周との何らかの関係性が窺われ、蘇秦の周における活動を記した説話群の展開を想定させる。また、残された蘇秦説話の中でも特に検討に値すると思われるのは、楚に関わる説話である。『戦国策』中の諸策、とりわけ楚策には、蘇秦が楚王に遊説する場面がしばしば見える。『史記』が楚世家においては「懐王……十一年、蘇秦 従を約し、山東六国共に秦を攻む」と明記するにもかかわらず、蘇秦列伝でその記述を全く放棄していることを考え合わせると、いわゆる蘇秦の楚説話とも言うべきものが蘇秦説話全体においてどのように位置づけられるのか、という問題は、『史記』の編纂方針やその変化などを辿る上で重要な意義を持ってくるだろう。

注

(1) 『通鑑考異』巻一・周紀「(顕王) 三十六年蘇秦約六国従」条に「史記蘇秦伝、秦兵不敢闚函谷関十五年、又云其後秦使犀首欺斉魏与共伐趙、蘇秦去趙而従約皆解、斉魏伐趙敗従約止在明年耳、其自相違戻如此、秦本紀恵文王七年公子卬与魏戦虜其将龍賈後二年事耳、烏在其不闚函谷十五年乎、此出於遊談之士、誇大蘇秦而云爾、今不取」とあり、また『古史』巻四十蘇秦列伝第十七には「……然口血未乾、犀首一出而斉趙背盟従約皆破、蓋諸侯異心譬如連鶏不能倶棲、勢固然矣、而太史公以為約書入秦、秦人為之閉函谷者十五年、此説客之浮語而太史公信之過矣」とある。

(2) Maspero [1950], pp. 53–62。

(3) 銭 [一九五六]、考辨第九五・蘇秦考。

(4) 楊 [一九五五]、一六五－一六六頁。

(5) 徐 [一九六四] 参照。

(6) 諸「関於《戦国策》及蘇秦問題与徐中舒先生商榷」(諸 [一九八二]、二〇一七－二〇四六頁) 参照。

(7) 唐 [一九四一] 参照。

(8) 馬王堆漢墓帛書整理小組編 [一九七六]、一二三－一二〇一頁。

(9) 例えば趙 [二〇〇七] は『戦国縦横家書』の蘇秦に関する記述の信憑性を否定し、『史記』の記述を信頼すべきであると主張する。

(10)『戦国策』秦策一・蘇秦始将連横説秦恵王章「蘇秦始将連横説秦恵王……説秦王書十上而説不行……帰至家、妻不下紝、嫂不為炊、父母不与言……蘇秦喟歎……乃夜発書、陳篋数十、得太公陰符之謀、伏而誦之、簡練以為揣摩……朞年揣摩成……見説趙王於華屋之下、抵掌而談、趙王大悦、封為武安君、受相印……」。

(11)『戦国策』秦策一・蘇秦始将連横説秦恵王章「蘇秦曰嗟乎、貧窮則父母不子、富貴則親戚畏懼、人生世上、勢位富貴、蓋可忽乎哉」。

(12)『戦国策』秦策一・蘇秦始将連横説秦恵王章「将説楚王、路過洛陽、父母聞之、清宮除道、張楽設飲、郊迎三十里」。

(13)『戦国策』斉策一・蘇秦為趙合従説斉宣王章、『戦国策』楚策一・蘇秦為趙合従説楚威王章、趙策二・蘇秦従燕之趙始合従章、『戦国策』魏策一・蘇子為趙合従説魏王章、『戦国策』韓策一・蘇秦為楚合従説韓王章、『戦国策』燕策一・蘇秦将為従北説燕文侯章の六章が『史記』蘇秦列伝所載の六国の君主へ向けた遊説辞の原資料であろう。

(14)『戦国策』秦策一・蘇秦始将連横説秦恵王章「蘇秦……説秦恵王曰『大王之国、西有巴蜀・漢中之利……』」。

(15)『戦国策』楚策一・蘇秦為趙合従説楚威王章「楚王曰……秦有挙巴蜀并漢中之心」。

(16)『戦国策』秦策一・蘇秦始将連横説秦恵王章「趙王大悦、封為武安君、受相印、革車百乗、（綿）〔錦〕繡千純、白璧百双、黄金万溢、以随其後」。

(17)『戦国策』趙策二・蘇秦従燕之趙始合従章「趙王……乃封蘇秦為武安君、飾車百乗、黄金千鎰、白璧百双、錦繡千純、以約諸侯」。

(18)なお、ここに見える秦恵王の女を燕の太子に嫁がせた、という記述には問題があることが指摘されている。例えば范祥雍は「燕文公卒年当秦恵王五年（前三三三）。恵王立三年、始冠（見秦本紀）、即位時年十九（見秦始皇本紀）、冠年二十二。国君冠而後始成婚。恵王於三年始冠、何能越二年即有女為燕太子婦哉？」とする（范［二〇〇六］、一六五三頁）。また、楊寛が考証するように、斉の伐燕は斉宣王による子之への攻撃であり、燕文公の喪に乗じた燕易王への攻撃には疑問がある（楊［一九九八］、七二七－七二九頁）。なお、『史記』は一国の他国への進出の理由として「因喪」を挙げることがあるが、田世家「斉威王元年（前三七八年）、三晋因斉喪来伐我霊丘」にも確認できるように、史実と抵触する場合がある。というのも、『史記』の想定する桓公午・威王の在位年には錯誤があり、実年代としては前三七九年に桓公午は死亡しておらず、この時期に三晋が「斉の喪に因って」斉を攻撃することはあり得ないからである。これはおそらく『史記』編纂時における挿入であると考えられよう。

(19)なお、孝・信・廉の配列自体も『戦国縦横家書』第五章と蘇代謂燕昭王曰章のより近い関係を証する。すなわち、『史記』蘇秦列伝および人有悪蘇秦於燕王者章が「孝－廉－信」若しくは「信－廉－孝」の順に列挙するのに対し、『戦国縦横家書』第五章および蘇代謂燕昭王曰章は等しく「孝－信－廉」の配列となっている。

(20)『戦国縦横家書』第五章は字句においても蘇代謂燕昭王曰章と近い関係にある。例えば『戦国縦横家書』第五章の「三王代立、五相（伯）蛇政」は蘇代謂燕昭王曰章では「三王代位、五伯改政」となっており、人有悪蘇秦於燕王者章の「三王代興、五霸迭盛」に比べてより文章表現が類似している。また『戦国縦横家書』の「臣願辞而之周、負籠操臿、毋辱大王之廷」は蘇代謂燕昭王曰章の「若自憂而足、則臣亦之周負籠耳、何為煩大王之廷耶」と概ね同様の内容だが、人有悪蘇秦於燕王者章にはこの箇所に対応する文言は無い。

(21)『呂氏春秋』知度「夫成王覇者固有人、亡国者亦有人、桀用羊辛、紂用悪来、宋用駄唐、斉用蘇秦、而天下知其亡」。

(22)『荀子』臣道「内不足使一民、外不足使距難、百姓不親、諸侯不信、然而巧敏佞説、善取寵乎上、是態臣者也。……用態臣者亡」。態臣用則必死、……故斉之蘇秦、楚之州侯、秦之張禄、可謂態臣者也」。なお、現行本では「秦之張禄」を「秦之張儀」に作るが、楊倞注に「儀、或作禄」とあり、唐代には「張禄」に作るテキストがあったことがわかる。この場合、元来「張禄」とあったものが、後世において蘇秦と対応するとの考えから「張儀」に書き換えられた可能性は充分にあるが、その逆、つまり元来「張儀」であったものを「張禄」に書き換えるということは、単なる誤字以外には考えがたい。ゆえに「秦之張禄」がより原本に近いものと考える。

(23)『説苑』君道「燕昭王問於郭隗曰『寡人地狭人寡、斉人削取八城、匈奴駆馳楼煩之下、以孤之不肖、得承宗廟、恐危社稷、存之有道乎』……郭隗曰『王誠欲興道、隗請為天下之士開路』、於是燕王常置郭隗上坐南面、居三年、蘇子聞之、従周帰燕、鄒衍聞之、従斉帰燕、楽毅聞之、従趙帰燕、屈景聞之、従楚帰燕。四子畢至、果以弱燕并強斉」。

(24)『説苑』尊賢「燕昭王得郭隗、而鄒衍・楽毅以斉趙至、蘇子・屈景以周楚至。於是挙兵而攻斉、棲閔王於莒、燕校地計衆、非与斉鈞也、然所以能信意至於此者、由得士也」。

(25)『史記』楽毅列伝「楽毅……及武霊王有沙丘之乱、乃去趙適魏。聞燕昭王以子之之乱而斉大敗燕、燕昭王怨斉、未嘗一日而忘報斉也。燕国小、辟遠、力不能制、於是屈身下士、先礼郭隗以招賢者。楽毅於是為魏昭王使於燕、燕王以客礼待之。楽毅辞譲、遂委質為臣、燕昭王以為亜卿、久之」に拠れば、楽毅は沙丘の乱（前二九五年）の後、まず魏に行き、次いで燕に赴いたことになる。

(26)その年代観に合致しない場合、『史記』においては蘇秦の名が削除される、あるいは「蘇代」など他の人名に書き換えられることがあったことは徐［一九六四］に指摘がある。この点については、本書第四章参照。ここに挙げた『説苑』の文は『史記』の年代観に従ったものであろう。

(27)『戦国縦横家書』第一章から第十四章に至るまでが蘇秦に関わる史料であることについては、馬王堆漢墓帛書整理小組編一九七六所収の唐蘭「司馬遷所没有見過的珍貴史料」、楊寛「馬王堆帛書《戦国縦横家書》的史料価値」、馬雍「帛書《戦国縦横家書》各篇的年代和歴史背景」が等しく認めており、現在多くの研究者も賛意を表している。また、日本においては大西他［二〇一五］が「蘇秦との関係」（二一四－三二一頁）という章を設けてこの問題を論じ、基本的には蘇秦の史料であると認めてよいとしている。

（28）『戦国縦横家書』に第七章「……臣故令遂恐斉王曰、天下不能功（攻）秦、□道斉以取秦……」、八章「……王棄薛公、身断事。立帝、帝立、伐秦、秦伐……」、第十一章「……臣至勺（趙）、所聞於乾（韓）梁（梁）之功（攻）秦、无変志矣……臣之所得於奉陽君者、乾（韓）梁（梁）合、勺（趙）氏将悉上党以功（攻）秦……」、十二章「自勺（趙）献書於斉王曰臣以令告奉陽君曰『……寡人之所為功（攻）秦者、為梁（梁）為多』……」、第十四章「謂斉王曰……非薛公之信、莫能合三晋以功（攻）秦……功（攻）秦之事成、三晋之交完於斉……功（攻）秦之事敗、三晋之約散……是故臣以王令甘薛公、驕敬三晋、勧之為一、以疾功（攻）秦、必破之……今功（攻）秦之兵方始合……」とあるが、「臣」はおそらく蘇秦であり、これらの章は全て攻秦に言及している。

（29）『戦国縦横家書』第十章「兄（況）臣能以天下功（攻）秦、疾与秦相萃（捽）也而不解」。訓読は大西他［二〇一五］に拠ったが、訳文では通仮字を直接本字に直してある。

（30）『戦国策』魏策二・五国伐秦無功而還章「臣又偏事三晋之吏、奉陽君・孟嘗君・韓呡・周冣・（周）韓余為徒従而下之、恐其伐秦之疑也、又身自醜於秦扮（忿）之。請焚天下之秦符者、臣也。次伝焚符之約者、臣也。欲使五国約閉秦関者、臣也」。引用文の「扮」については范［二〇〇六］、一三三二頁が「忿」の仮借と指摘するに従い、また鮑本に拠って「欲」を「次」に改める。なお、「周韓余」の「周韓」につき、呉師道は「『周韓』之間有脱字、不然、衍『周』字」とし、脱字か衍字を想定するが、范［二〇〇六］、一三三二頁が「『周韓余』之『周』字当衍」とするのに従い、ひとまず衍字として処理する。

（31）『史記』張儀列伝「三晋多権変之士、夫言従衡彊秦者大抵皆三晋之人也」。

（32）苗［二〇〇六］は国別に戦国期の縦横家とされる人物の統計をとっているが、挙げられた一二九人の内、趙国の縦横家とされる人物は二〇人を数える。戦国期の趙において縦横家の活動が盛んであったと認識されていたことが知られる。

（33）『戦国策』秦策一・蘇秦始将連横説秦恵王章「……当此之時、天下之大、万民之衆、王侯之威、謀臣之権、皆欲決蘇秦之策。不費斗糧、未煩一兵、未戦一士、未絶一弦、未折一矢、諸侯相親、賢於兄弟……」。

（34）『韓詩外伝』巻九「孔子曰『……賜、爾何如』、対曰『得素衣縞冠、使於両国之間、不持尺寸之兵、升斗之糧、使両国相親如弟兄』、孔子曰辯士哉……」。

（35）熊［一九九七］は『韓詩外伝』の子貢の言と秦策一・蘇秦始将連横説秦恵王章の文章表現の類似を指摘している。ただ熊氏は子貢が縦横家の祖であるとの観点から両者の類似を説明しており、全面的には従えない。

（36）『史記』平津侯主父列伝。

(37)『史記』酈生陸賈列伝「沛公至高陽伝舎、使人召酈生。酈生至、入謁……沛公罵曰『豎儒……』……延酈生上坐、謝之。酈生因言六国従横時、沛公喜……」。

(38)『史記』蘇秦列伝「蘇秦喟然歎曰『此一人之身、富貴則親戚畏懼之、貧賤則軽易之……』於是散千金、以賜宗族朋友」。

(39)『史記』平津侯主父列伝「主父曰『臣結髪游学四十余年、身不得遂、親不以為子、昆弟不収、賓客弃我、我阨日久矣。且丈夫生不五鼎食、死即五鼎烹耳。吾日暮途遠、故倒行暴施之。』……上拝主父為斉相。至斉、遍召昆弟賓客、散五百金予之、数之曰『始吾貧時、昆弟不我衣食、賓客不我内門、今吾相斉、諸君迎我或千里。吾与諸君絶矣。毋復入偃之門』」。

(40)谷中［二〇〇八］、二八五―二八六頁には、『漢書』芸文志所載の縦横十二家のうち、六家が漢代前半の人物であり、とりわけ武帝期に集中していることが指摘されている。

(41)『淮南子』要略訓「晩世之時、六国諸侯……各自治其境内、守其分地、握其権柄、擅其政令。下無方伯、上無天子、力征争権、勝者為右……故縦横脩短生焉」。

(42)吉本［二〇〇五］、第三部第一章（四）馬陵の戦（四八一―四九〇頁）では、前三四九年の晋公室の廃絶後、伝統的な覇者体制が最終的に崩壊し、結果として魏の覇者志向も挫折したことが指摘されている。

(43)『漢書』芸文志「従横家者流、蓋出於行人之官。孔子曰『誦詩三百、使於四方、不能専対、雖多亦奚以為。』又曰『使乎、使乎。』言其当権事制宜、受命而不受辞、此其所長也。及邪人為之、則上詐諼而棄其信」。

(44)大櫛［一九九五］では、戦国後期には韓・趙・魏・楚の諸国が実質的に秦に服属しており、当時秦を中心とする国際秩序が実態として存在したことが論じられている。

(45)『戦国策』秦策一・秦恵王謂寒泉子章「秦恵王謂寒泉子曰蘇秦欺寡人、欲以一人之智、反覆東山之君、従以欺秦、趙固負其衆、故先使蘇秦以幣帛約乎諸侯……寡人忿然、含怒日久」。

(46)趙［二〇一三］は文献に保存された蘇秦の六国合従説話と為燕間斉説話の数量を比較し、六国合従説話のほうがより盛行していたと主張する。

(47)『戦国策』楚策一・張儀為秦破従連横説楚王章「張儀為秦破従連横、説楚王曰『……凡天下所信約従親堅者蘇秦、封為武安君而相燕、即陰与燕王謀破斉共分其地。乃佯有罪、出走入斉、斉王因受而相之。居二年而覚、斉王大怒、車裂蘇秦於市。夫以一詐偽反覆之蘇秦、而欲経営天下、混一諸侯、其不可成也亦明矣……』……楚王……乃遣使車百乗、献雞駭之犀夜光之璧於秦王」。ただし、『読書雑志』に「乃遣使車百乗、献雞駭之犀夜光之璧於秦王。念孫案、遣使車百乗、文不成義、当作遣車百乗」とあるのに従い、本文では「使」字を訳していない。

(48)　『戦国策』趙策二・張儀為秦連横説趙王章「張儀為秦連横、説趙王曰『……凡大王之所信以為従者、恃蘇秦之計。熒惑諸侯、以是為非、以非為是、欲反覆斉国而不能、自令車裂於斉之市。夫天下之不可一亦明矣……』……趙王……乃以車三百乗入朝澠池、割河間以事秦」。

(49)　『新語』懐慮に「蘇秦張儀、身尊於位、名顕於世、相六国、事六君、威振山東、横説諸侯、国異辞、人異意、欲合弱而制彊、持横而御縦、内無堅計、身無定名、功業不平、中道而廃、身死於凡人之手、為天下所笑者、乃由辞語不一、而情欲放佚故也」とあり、『新語』が陸賈の手になるものであれば、蘇秦と張儀は遅くとも漢初には関連附けられていたことになる。しかし福井［二〇〇二］が指摘するように、現行『新語』は陸賈の真作とは見なしがたい。むしろ、蘇秦張儀を連称することこそが『新語』偽作説の一証左となろう。

(50)　『韓非子』五蠹「従者合衆弱以攻一強也。而衡者事一強以攻衆弱也」。

(51)　銭穆は「……余考其時言合従、初不専指拒秦。楽毅伝有之、『燕使楽毅約趙恵文王、別使連楚魏、令趙嚪秦以伐斉之利。諸侯害斉湣王之驕暴、皆争合従、与燕伐斉。』是聯秦伐斉亦得謂合従也……」と述べ、合従が当初から常に抗秦を指して用いられたわけではないことを主張している（銭［一九五六］、考辨第九五・蘇秦考参照）。

(52)　『史記』楽毅列伝「燕昭王……使楽毅約趙恵文王、別使連楚・魏、令趙嚪説秦以伐斉之利、諸侯害斉湣王之驕暴、皆争合従、与燕伐斉」。ただし、『史記会注考証』に「各本嚪下無説字」とあるに従い、「説」字を除いて訳した。

(53)　『漢書』賈鄒枚路伝「六国乗信陵之籍、明蘇秦之約、厲荊軻之威、并力一心以備秦」。

(54)　『史記』秦始皇本紀引賈誼『過秦論』「秦孝公拠殽函之固、擁雍州之地、君臣固守而窺周室、有席巻天下、包挙宇内、囊括四海之意、并呑八荒之心。当是時也、商君佐之、内立法度、務耕織、修守戦之備、外連衡而闘諸侯」。

(55)　『史記』李斯列伝引逐客書に「恵王用張儀之計、抜三川之地、西并巴蜀……遂散六国之従、使之西面事秦」とあり、この上書が真に李斯の手になるのであれば、遅くとも前二三七年以前には張儀と連衡を結びつける言説が存在したことになる。ただし、宮崎［一九七七］は「逐客書」を比較的信頼できる史料とするが、『文選』注の「通三川是武王、張儀已死、此誤也」や吉本［二〇〇〇］結語注①の指摘からも知られる通り、「逐客論」の歴史記述には不正確な部分が多く、秦国の人物が書いたものとするには疑念が多い。また、『孟子』滕文公下「景春曰『公孫衍張儀豈不誠大丈夫哉、一怒而諸侯懼、安居而天下熄』」は孟子在世当時に張儀が既に「著名な縦横家」であったことの根拠としてしばしば引用されるが、『孟子』本文からは、張儀と連衡の関連を読み取ることは不可能であり、そのような理解は後世に生じた認識に影響を受けたものであると言えよう。

(56)　『淮南子』泰族訓「張儀蘇秦家無常居、身無定君、約従衡之事、為傾覆之謀、濁乱天下、撓滑諸侯、使百姓不遑啓居、或従或横、或合衆弱、或輔富強、此異行而帰於醜者也」。

(57)『淮南子』泰族訓「張儀蘇秦之従衡、皆掇取之権、一切之術也」。

(58)『漢書』武帝紀「建元元年冬十月、詔丞相・御史・列侯・中二千石・二千石・諸侯相挙賢良方正直言極諫之士。丞相綰奏『所挙賢良、或治申商韓非蘇秦張儀之言、乱国政、請皆罷』……」。

(59)『史記』滑稽列伝「武帝時、斉人有東方生名朔、……時会聚宮下博士諸先生与論議、共難之曰『蘇秦張儀一当万乗之主、而都卿相之位、沢及後世……』……東方生曰『……夫張儀蘇秦之時、周室大壊、諸侯不朝、力政争権……方今以天下之大、士民之衆、竭精馳説、並進輻湊者、不可勝数。悉力慕義、困於衣食、或失門戸。使張儀蘇秦与僕並生於今之世、曽不能得掌故、安敢望常侍侍郎乎……』」。

(60)『淮南子』氾論訓「蘇秦、匹夫徒歩之人也、靻蹻嬴蓋、経営万乗之主、服諾諸侯、然不自免於車裂之患」。

(61)『淮南子』詮言訓「蘇秦死於口」、『淮南子』氾論訓「蘇秦知権謀而不知禍福」など。

(62)ただし、『淮南子』の作者については、劉安の果たした役割を含め議論がなされているが、確定的なことは言えず、その編纂者の性格についても仔細に論ずることは困難である。『淮南子』編纂者の問題については馬［二〇〇九］、第二章「《淮南子》成書及作者」、および李秀華［二〇一二］、導論第二節「関於《淮南子》的幾個問題」等参照。

(63)『史記』蘇秦列伝「大史公曰蘇秦兄弟三人、皆游説諸侯以顕名、其術長於権変。而蘇秦被反間以死、天下共笑之、諱学其術。然世言蘇秦多異、異時事有類之者皆附之蘇秦。夫蘇秦起閭閻、連六国従親、此其智有過人者。吾故列其行事、次其時序、毋令独蒙悪声焉」。

(64)『史記』太史公自序「天下患衡秦毋饜、而蘇子能存諸侯、約従以抑貪彊。作蘇秦列伝第九」。

(65)『史記』張儀列伝「夫張儀之行事甚於蘇秦、然世悪蘇秦者、以其先死、而儀振暴其短以扶其説、成其衡道。要之、此両人真傾危之士哉」。

(66)楚世家に「（懐王）十一年、蘇秦約従山東六国共攻秦、楚懐王為従長」とあり、『史記』編纂者が懐王十一年（前三一八年）を起点として十五年遡上した年次を蘇秦の合従開始と見なした可能性は藤田［一九九七］、四三三頁に指摘がある。『史記』は楚世家編纂段階で「五国攻秦」に蘇秦の「六国合従」を附会し、この懐王十一年（前三一八年）から十五年遡上して前三三三年頃を蘇秦の合従成立年次に定めたと思われる。これは前三三四年の「蘇秦説燕」の認識とほぼ合致するが、六国燕表が「蘇秦説燕」を前三三三年ではなく前三三四年に繋けるのは、単に君主の卒年に記述するのが煩雑であったからに過ぎない。なお、本来無関係であった蘇秦の「六国合従」が懐王十一年（前三一八年）の「五国攻秦」に附会された可能性は吉本［二〇〇五］、五二八－五三一頁に指摘がある。

（67）『史記』蘇秦列伝「蘇秦……乃東之趙、趙粛侯令其弟成為相、号奉陽君、奉陽君弗説之。去游燕」。

（68）徐［一九八九］は奉陽君に関する専論であるが、奉陽君を李兌とし、趙恵文王四年（前二九五年）、あるいはやや後に趙相となり、恵文王十三年末あるいは十四年に死亡したとする。奉陽君の大凡の活動時期としては従うべきであろう。また、唐［一九四一］では奉陽君は李兌であるとし、『史記』蘇秦列伝で「趙粛侯令其弟成為相、号奉陽君」とするのは、列伝では蘇秦の活動時期が趙粛侯に当たることによってなされた記述であるとする。

（69）『史記』蘇秦列伝「蘇秦詳為得罪於燕而亡走斉、斉宣王以為客卿。斉宣王卒、湣王即位、説湣王厚葬以明孝、高宮室大苑囿以明得意。欲破敝斉而為燕」。

（70）徐［一九六四］参照。

（71）『史記』蘇秦列伝「出游数歳、大困而帰、兄弟嫂妹妻妾窃皆笑之……」。

（72）『戦国策』秦策一・蘇秦始将連横説秦恵王章「説秦王書十上而説不行……帰至家、妻不下紝、嫂不為炊、父母不与言」。

（73）『史記』蘇秦列伝「蘇秦……乃行過雒陽、車騎輜重、諸侯各発使送之甚衆、疑於王者。周顕王聞之恐懼、除道、使人郊労。蘇秦之昆弟妻嫂側目不敢仰視、俯伏侍取食」。

（74）『戦国策』秦策一・蘇秦始将連横説秦恵王章「父母聞之、清宮除道、張楽設飲、郊迎三十里。妻側目而視、傾耳而聴。嫂虵行匍伏、四拝自跪而謝」。

（75）『史記』張儀列伝「蘇秦已説趙王而得相約従親、然恐秦之攻諸侯、敗約後負……言趙王、発金幣車馬、使人微随張儀……奉以車馬金銭……張儀遂得以見秦恵王、恵王以為客卿……舎人曰『……蘇君憂秦伐趙敗従約、以為非君莫能得秦柄、故感怒君、使臣陰奉給君資、尽蘇君之計謀……』……張儀曰『……為吾謝蘇君。蘇君之時、儀何敢言。且蘇君在、儀寧渠能乎』」。

（76）『史記』蘇秦列伝「是時周天子致文武之胙於秦恵王。恵王使犀首攻魏、禽将龍賈、取魏之雕陰、且欲東兵。蘇秦恐秦兵之至趙也、乃激怒張儀、入之于秦……六国従合而并力焉……其後秦使犀首欺斉魏、与共伐趙、欲敗従約、斉魏伐趙、趙王譲蘇秦……蘇秦去趙而従約皆解」。

（77）『呂氏春秋』報更「張儀、魏氏余子也、将西遊於秦、過東周、客有語之於昭文君者曰『魏氏人張儀、材士也、将西遊於秦、願君之礼貌之也』……張儀行、昭文君送而資之、至於秦、留有間、恵王説而相之。張儀所徳於天下者、無若昭文君」。

第二章　孟嘗君列伝の構造

宋建安黄善夫家塾刻本『史記』
孟嘗君列伝第十五
(画像出典：中国国家図書館蔵品)

はじめに

　第一章では、蘇秦を対象として検討を進め、『史記』が戦国後期から前漢期にかけて成立した種々の蘇秦説話を結合し、かつ独自の年代観に沿って蘇秦列伝を編纂したことを指摘した。またその過程において、太史公は必ずしも自己の戦国史認識に抵触する原資料を一律に排除したのではなく、改変を加えるなど何らかの形で保存しようとした形跡が認められることを確認した。これは、『史記』が戦国史に関する唯一の体系的・編年的な史料であり、さらにはその戦国史関連の記述の多くが他史料に見えないことからすれば、戦国史研究にとって極めて重要な意義を持つと言えよう。しかし、「改変を加えるなど何らかの形で保存」している、ということは、換言すれば『史記』の戦国史記述には独自の認識によって原資料を改変した部分が存在するということでもある。実際、蘇秦伝の検討を通じて、『史記』が必ずしも原資料をそのまま用いているのではなく、様々な改変を行い、結果として仮構された部分も存在することが明らかとなった。これらの点を考慮すれば、戦国史研究の基礎的史料として、『史記』各篇の原資料および編纂手法の解明が不可欠となることは言うまでもない。

　ただ、蘇秦に関しては、『史記』蘇秦列伝に「太史公曰く……世 蘇秦を言いて異多く、異時の事 之に類する者有れば皆 之を蘇秦に附す」とあることからもわかる通り、『史記』編纂時においても既に異伝や相矛盾する資料が多数存在したと考えられ、それに加えて、彼に関する確実な紀年資料はほとんど存在しなかった模様である。その意味で蘇秦は『史記』に立伝された戦国期の人物の中でも特異な存在であり、蘇秦列伝の編纂方法に関する知見が他篇にも適応し得るか否か、については更なる検討を必要とする。『史記』の編纂過程の問題をより具体的に解明するためには、蘇秦列伝と異なる特徴を持つ諸篇の分析が求められよう。

このような問題意識を背景に、第二章で対象とするのは『史記』孟嘗君列伝である。孟嘗君は蘇秦と同じく戦国中期に活動した人物であり、封邑に因んだ薛公の呼称でも知られる。また、趙の平原君・魏の信陵君・楚の春申君らと併せて戦国四君と呼ばれ、戦国中〜後期にかけて活躍した諸国の封君の一人でもあった。ただ、戦国四君と一括りにされるものの、平原君・信陵君・春申君が秦による邯鄲包囲という、戦国の帰趨を左右する事件に関わったとされている点で共通するのに対し、孟嘗君の活動時期は一世代ほど遡る。それにもかかわらず、『史記』においてこの四君がしばしば併称されるのは、彼らが皆、封邑を有し、三千人に上る食客を養ったという共通点があるからであろう。(1) この戦国四君とその食客との関係は嘗て増淵龍夫によって、春秋末から戦国時代にかけて形成されてきた任侠的結合の典型として取り上げられ、藤田は「かれらは君主に対して独自の家臣団を形成していた」とする。(2) 彼ら四君が君主権力に牽制されず、比較的独立した活動を行い得た原因の一つはそれら食客の存在であったと考えられる。(3) また、太田幸男は孟嘗君の時に薛が独立勢力となったことを挙げ、諸田氏が各地で小勢力を形成したことで斉国の分裂が進み、最終的に滅亡に至ったとする。(4) このように、孟嘗君の生涯や事績は戦国諸国の政治動向や当時の社会体制と言った大きな問題とも密接に関わることになる。

上述のような重要性から、戦国中期に関する研究において孟嘗君に言及するものは数多い。しかしながら、孟嘗君自体を対象に歴史学的視点から研究したものについて言えば、鄭［一九九五］や晁［一九九七］、山本［一九九六］、小林［二〇一七］等がある程度で、本書の主題となる『史記』孟嘗君列伝の編纂を中心とした研究となると、わずかに岡部［二〇〇二］、藤田［二〇一一］等が挙げられるのみである。また、岡部の論考は孟嘗君列伝を主に文学的観点から検討したものであり、史料学的に考察を進めたものは藤田の論考が唯一と言える。これは第一章で取り上げた蘇秦には年代や事績の矛盾が多数見られることとは対照的に、孟嘗君列伝には一見する限りではそれほど大きな問題が無いことも関係があるだろう。しかし、本論で述べるように、『史記』内部ではさほど矛盾が認められないこと自体も実は孟嘗君列伝の編纂に深く関連する重要な問題である。

また、孟嘗君には蘇秦と異なり、秦相となった事績や、古本『竹書紀年』にも言及されるなど、比較的確実な紀年資料が残っている。『史記』の戦国史記述の混乱のうち、その一部が紀年の錯誤に由来することを考慮すれば、孟嘗君列伝を対象とした分析は、『史記』編纂手法の問題を探る上でも有効であろう。

第一節　馮驩《ふうかん》説話

孟嘗君列伝は孟嘗君の伝記ではあるが、孟嘗君の卒を記した後、列伝の末尾には馮驩の説話が付されている。この馮驩説話は、紀年や説話の構成に関して、孟嘗君列伝の内包する問題を窺う恰好の史料である。そこで、本節ではこの説話の示す特徴を見ていきたい。なお、本節の論述に関しては、『史記』と『戦国策』の載せる馮驩（諼）説話の異同を一覧にした〔付表〕を本章末に付したので、併せて参照されたい。この表は、鄭良樹の作成した異同表を基に[5]、比較の便を図って全文を採録したものであり、本節に見える丸数字は〔付表〕のそれに対応している。

〈馮驩説話　あらすじ〉

馮驩なる人物は孟嘗君の客となると、「長鋏帰らんか」と自身の剣に呼びかけながら歌い（「長鋏歌」）、遠回しに待遇の改善を要求する。その後、馮驩は債務者から負債を徴集することを孟嘗君に命じられるが、自身の判断で貧窮者の券書を焼き捨てたことで孟嘗君の不興を買う。しかし、後に秦・楚の毀言に惑って孟嘗君を危険視した斉王が孟嘗君を追放し、賓客も孟嘗君の許を去るという苦境になると、馮驩は策略を用いて事態を打開し、それにより孟嘗君は再び斉王に召し出されて相に任命される。

この馮驩説話は『戦国策』斉策四・斉人有馮諼者章にも同様の説話があり、大筋としては一致する。ただし、『戦国策』では人名を馮諼（鮑本では「煖」に作る）とすることをはじめとして、『史記』の記述との間に複数の異同があり、従来は『史記』の馮驩説話について、その由来や内容を中心に検討がなされてきた。

例えば梁玉縄は、以下の四点を挙げ、『史記』の倣撰は疑いないとする。[6]

（一）馮驩が無家の歌（「長鋏歌」を指す）を吟じた際、『戦国策』では孟嘗君の左右がこれを嫌ったとするのに対し、『史記』では孟嘗君自身が悦ばなかったとし（④）、かつ『史記』では孟嘗君が馮驩の老母に食用を給した一節を刪去したことで（⑤）、孟嘗君の客への周到な処遇を示し得ていないこと。

（二）負債の徴収に際して、『戦国策』では馮諼が孟嘗君の命を矯めて券を焼き捨て、斉に帰還して孟嘗君に面会を求めたのに対し、『史記』では利息を徴集した上で人々を集め、利息を支払うことのできない人の券を焼き捨て、それを聞いて怒った孟嘗君が馮驩を召し戻したとしていること（⑨〜⑩）。

（三）孟嘗君が相を廃された時、『戦国策』では馮諼が魏に遊説したとされるのに対し、『史記』では秦に遊説したことになっていること（⑲〜㉑）。

（四）相に復された時、『戦国策』では嘗て自身を見捨てた賓客を殺そうと欲した孟嘗君を、譚拾子なる人物が市場の比喩を用いて戒めた（斉策四・孟嘗君逐於斉而復反章）のに対し、『史記』では馮驩が客の弁護をしたことになっていること（㉔）。

この倣撰説に加えて、第二に褚少孫の補筆とする張照の主張があり、[7]第三説として『習学記言』には『史記』の

馮驩説話が他に拠る所があったとする見解もある。(8)

これらの三説については、内容の相異の程度からすれば、『史記』の馮驩説話は斉策四の馮諼説話とは原資料を異にする、とする第三説が最も蓋然性に富むと思われる。(9) しかし、馮驩説話が果たして倣撰であるのか、他に拠る所があったのか、等といった点については、本書では深くは追究しない。むしろここでは『史記』と『戦国策』の馮驩説話の異同を確認し、その異同から窺うことのできる孟嘗君列伝の編纂の特徴を二、三指摘することで、次節以降の導論としたい。

先に、『史記』の馮驩説話と『戦国策』の馮諼説話の間には四点の異同があることを梁玉縄が指摘していると述べたが、鄭良樹の分類によれば、その異同は二六箇所に上る。(10) ただ、馮驩説話に関する従来の研究は文学的な観点から検討したものが多数を占めるが、(11) 本章では文学的観点からの検討は控え、主に史料学的な観点から馮驩説話の異同と孟嘗君列伝の構成との関わりに着目する。

さて、例えば孟嘗君が馮諼の老母に食用を給したという『戦国策』の一節が『史記』には無く、孟嘗君の客への対応の周到さを示し得ていない、などといった主張は興味深い見解ではあるものの、史料学的観点からすれば副次的な差異である。より重要な異同としては、以下の諸点が挙げられよう。

まず第一に、孟嘗君が封邑である薛から借金を取り立てようとした時のこととして、孟嘗君列伝では「孟嘗君時に斉に相たり、万戸に薛に封ぜらる」⑥とあり、孟嘗君が当時斉相であったことが明言されているのに対し、斉策四では、説話の末尾に「孟嘗君 相為ること数十年、纖介の禍無き者は馮諼の計なり」㉕と、相であったことを示す文言はあるものの、時期など具体的なことについては言及されない。第二に、斉策では孟嘗君が斉王に廃された理由として、「寡人敢えて先王の臣を以て臣と為さず」という斉王の言葉を記すが、列伝では「斉王 秦楚の毀に惑いて、孟嘗君は名 其の主より高くして斉国の権を擅にすと以為い、遂に孟嘗君を廃す」として秦・楚の毀言によるものとする⒁。そして第三に、孟嘗君が廃された後、列伝では馮驩が秦に遊説に赴くのに対し、斉策では遊説先が魏となっている⒄〜㉑。

第一の点に関しては、『史記』の馮驩説話では説話の年次をある程度限定し得ることが特徴である。特に、孟嘗君列伝の本文には、馮驩説話のヴァリアントと思われる魏子の説話が載るが、その時期は明らかに前二九八〜前二九四年に繋年されている。一方で、『戦国策』の説話の大部に共通することだが、斉策四の馮諼説話には年代に関する情報はほとんどない。

第二の点につき、列伝では孟嘗君が斉相を廃されたとしているが、この事件は『史記』の記述に従えば、孟嘗君が秦から帰還し、斉相となった周赧王十七年（前二九八年）以降のこととなる。一方、斉策では斉王から「先王の臣」であることを口実に廃されており、当時の斉王が湣王、先王が宣王であることからすれば、実際は湣王初立の周赧王十四年（前三〇一年）、あるいは湣王元年の周赧王十五年（前三〇〇年）頃が説話の年次として相応しい⑿。しかし、『史記』では誤って斉湣王元年を周顕王四十六年（前三二三年）に置いており、当時は孟嘗君の父・田嬰がなお存命であって、孟嘗君を廃するという話とは明らかに整合しない。仮に『史記』で斉相となったとされる周赧王十七年以降にこの説話を当てはめれば、湣王二十六年に至って初めて「先王の臣」を理由に罷免するということになり、やはり不自然の感を免れない。

第三の点については、馮驩の遊説先が『戦国策』では魏となっているのに対し、『史記』では（魏ではなく）秦となっている点が注意される。確かに、孟嘗君列伝においては、秦相となったことを中心に孟嘗君と秦との繋がりを重点的に記述しているように見うけられる。その意味においては、馮驩の遊説先が秦となっていること自体は孟嘗君列伝全体の構成と矛盾しない。しかし、第四節で検討するように、『戦国策』など他史料に保存された孟嘗君関連の説話と比較すれば、『史記』では孟嘗君と魏の関わりがほとんど姿を消していることがわかり、この差が単なる遊説先の異同という問題に止まらないことを示唆する。

このように、孟嘗君列伝の馮驩説話は『戦国策』に載るヴァリアントと比べて、『史記』の記述により適合する叙述になっており、この説話が無作為に選ばれたわけではなく、何らかの意図を以て列伝に採用されたと推測できる。その点からすれば、馮驩説話は『史記』の編纂のあり方を探る上でも重要な史料であり、単なる文学的な検討にとどまるべきではない。

以上の三点につき、第一・第二の点は『史記』の孟嘗君列伝編纂の技術的な面に関わる問題であり、第三の点は孟嘗君列伝のみならず、『史記』戦国史記述全体の方針にも関わる問題となる。そこで、続く第二節・第三節では孟嘗君の父・田嬰、および孟嘗君の伝記の各記述の検討を通して技術的側面を明らかにし、『史記』の戦国史、特に戦国中期の認識に関わる問題については第四節で論じることとしたい。

第二節　靖郭君田嬰

孟嘗君列伝の編纂に関してまず指摘すべきであるのは、『史記』の記す田斉の紀年に問題があること、および『戦国策』など他史料に見える孟嘗君関連の説話と列伝の記す内容の間に異同や矛盾が認められることである。この二つの問題につき、紀年については先行研究で既に修正がなされ、各研究の間で数年の差はあるものの概ね見解の一致を見ている(13)。また個々の記述の異同・矛盾については、三家注を含む歴代の注釈に加え、近代以降も銭穆・楊寛らを代表として研究の蓄積がある(14)。

しかしながら、従来の研究では個々の問題を指摘することはあっても、『史記』の記述になぜそのような異同・

矛盾が生じたのかを、紀年の問題をも視野に入れて考察したものは多くない。また、紀年の研究に際しては、個々の歴史的事件を視野に入れて検討することが一般的かつ妥当な方法であるが、その場合は当然ながら紀年問題の解決が主となる。それゆえに、紀年研究の側から『史記』編纂の問題を探ったものも少ない。

このような研究状況に鑑み、以下では孟嘗君列伝の記述に見られる問題を、編纂という観点から、紀年や矛盾を手掛りに考えていくこととしたい。なお、本章では『戦国策』など他文献に比較可能な史料が残る部分を中心に考察を進めることとする。

さて、孟嘗君列伝はその名の示す通り、孟嘗君田文の事績を記すことに主眼を置いている。しかし、その記述の範囲は必ずしも孟嘗君に限られず、具体的には孟嘗君の父・田嬰の事績を記す冒頭部、孟嘗君の事績を記した中心部分、および列伝末尾に付された馮驩説話の三部に大別し得る。馮驩説話は前節で既に触れたが、以下では田嬰の事績について見ていこう。

〈あらすじ〉

孟嘗君の父は靖郭君田嬰といい、斉威王の子で斉宣王の弟であった。田嬰は斉威王・宣王に仕えて魏を打ち破り、韓・魏に使いして二国を斉に朝させるなど功績をあげる。その後、宣王九年（前三三四年）には斉相となり、湣王の即位して三年目には薛に封ぜられ、死後は息子の孟嘗君が後を継ぐことになる。

列伝冒頭には次のようにある。

孟嘗君名は文、姓は田氏なり。文の父を靖郭君田嬰と曰う。田嬰なる者は斉威王の少子にして斉宣王の庶弟なり。[15]

（『史記』孟嘗君列伝）

ここではまず孟嘗君田文とその父である田嬰の世系が記されている。このうち、田文の父が田嬰とされることについては、現状では矛盾を示す史料も特に無いが、他方、田嬰が斉威王の少子かつ宣王の庶弟であるとする記述には、つとに『索隠』が指摘するように疑念がある。まず、司馬貞は、田嬰を威王の少子であり、宣王の庶弟であるとする記述は他処に見えないとする。[16]また、『索隠』の引く王劭は、宣王辟彊が太子であった時に斉貌辨が田嬰に辟彊を太子の座から外すことを進言したが、田嬰は拒否した、という『戦国策』の説話を引いて、田嬰が宣王の弟でないことは明らかであるとする。[17]

この点については楊寛も考察しており、『史記』は威王・宣王の在位年代を誤って遡らせたが、田嬰は実は桓公の少子・威王の庶弟であり、それゆえに太子であった宣王の廃立を左右し得る権勢があったと見なす。[18]これに拠れば、威王・宣王の元年を二十年ほど誤って遡らせた[19]『史記』では、湣王三年以後に卒した田嬰の輩行が威王と同じとすればやや高齢に過ぎると考えて一世代下した、という可能性を指摘できるのである。この改変の可能性は、例えば『史記』魏世家索隠の引く『世本』では魏文侯が魏桓子の子とされているのに対し、魏世家本文では魏桓子の孫となっているという異同の原因が、『史記』が魏文侯の元年を本来の年次から二十年ほど下している点にあると考えられることからも支持される。[20]

宣王二年とされる馬陵の戦以降の田嬰の事績に関しては、基本的に紀年が付されている。（表二―一参照）

〔表二―一〕孟嘗君列伝・田敬仲完世家対照表

『史記』孟嘗君列伝	『史記』田敬仲完世家
宣王二年、田忌与孫臏・田嬰俱伐魏、敗之馬陵、虜魏太子申而殺魏将龐涓。	二年……韓氏請救於斉……斉因起兵、使田忌・田嬰将、孫子為師、救韓・趙以撃魏、大敗之馬陵、殺其将龐涓、虜魏太子申。其後三晋之王皆因田嬰朝斉王於博望、盟而去。
宣王七年、田嬰使於韓・魏、韓・魏服於斉。嬰与韓昭侯・魏恵王会斉宣王東阿南、盟而去。	七年、与魏王会平阿南。
明年、復与梁恵王会甄。是歳、梁恵王卒。	明年、復会甄。魏恵王卒。
宣王九年、田嬰相斉。斉宣王与魏襄王会徐州而相王也。楚威王聞之、怒田嬰。	明年、与魏襄王会徐州、諸侯相王也。
明年、楚伐敗斉師於徐州、而使人逐田嬰。田嬰使張丑説楚威王、威王乃止。	十年、楚囲我徐州。
田嬰相斉十一年、宣王卒、湣王即位。	……（中略）…… 十九年、宣王卒、子湣王地立。 湣王元年、秦使張儀与諸侯執政会于齧桑。
即位三年而封田嬰於薛。	三年、封田嬰於薛。

列伝に拠れば、まず宣王七年（前三三六年）に田嬰が韓・魏に使いし、韓・魏が斉に服したこと、および田嬰が韓昭侯・魏恵王と東阿の南で会したこと、翌八年（前三三五年）には再び魏恵王と甄に会したことが記されている。ここで、孟嘗君列伝と田世家を比較すれば、孟嘗君列伝の記述が田世家の記述を基に、田嬰の事績を付け加えた形式となっていることがわかる（表二―一参照。傍線部は孟嘗君列伝編纂時における付加）。すなわち、この箇所については、田世家→孟嘗君列伝という編纂過程が想定されるのである。もし仮に孟嘗君列伝が先に成立し、それに基づき田世家が作成されたとすると、孟嘗君列伝の記す田嬰の事績のうち、馬陵の戦と封薛の記述のみを存置し、他の記述を刪除したことになり、そのような改変を施す理由が明瞭ではない。

ただし、列伝・世家の記述には若干の問題がある。まず、梁恵王（魏恵王）の卒が宣王八年（前三三五年）に置かれているのは、魏恵王三十六年の改元を魏襄王の元年と誤解したことによる『史記』編纂段階の付加である(21)。また、梁玉縄の指摘するように、列伝が「東阿」とするのは「平阿」の誤りであり、かつ韓昭侯が会盟に与ったとする記述（表二―一・上段波線部）は他処に見えない(22)。一方で、この「韓が会盟に与った」とする記述に関しては、田世家に類似する内容が確認できる（下段波線部）。田世家は馬陵の戦について次のように記す。

（宣王）二年、魏 趙を伐つ。趙 韓と親しみ、共に魏を撃つも、趙に利あらず、南梁に戦う……韓氏 救を斉に求む……韓因りて斉を恃み、五たび戦うも勝たず、而して東のかた国を斉に委ぬ。斉因りて兵を起こし……韓・趙を救いて以て魏を撃ち、大いに之を馬陵に敗り、其の将龐涓を殺し、魏の太子申を虜とす。其の後三晋の王皆 田嬰に因りて斉王に博望に朝し、盟して去る(23)。

（『史記』田敬仲完世家）

この記述は『史記会注考証』の指摘するように、『戦国策』斉策一に関連する説話がある。

南梁の難、韓氏 救を斉に請う……韓自ら専ら斉国有ると以《おも》い、五たび戦いて五たび勝たず、東のかた斉に愬う。斉因りて兵を起こして魏を撃ち、大いに之を馬陵に破る。魏破れて韓弱く、韓・魏の君 田嬰に因りて北面して田侯に朝す。[24]

（『戦国策』斉策一・南梁之難章）

「博望」で斉王に朝したとする根拠は不明であるが[25]、内容の類似からすれば、『史記』が斉策一に類する原資料に拠ったことは疑いない。しかし、問題となるのは、この田世家の記述が孟嘗君列伝には確認できず、一方で孟嘗君列伝の平阿の会には、田世家に見えない韓の参与が記されている点である。

これらの異同は次のような過程を経て生じたものと考えられるだろう。まず、田世家編纂段階で斉策一のごとき原資料に拠って、馬陵の戦後に三晋が田嬰によって斉王に朝したと記す。ただし、「其後」とあるように、この朝斉の正確な年次は不明であったと考えられる。それが、孟嘗君列伝編纂の段階で、宣王七年のことと解されて東阿（平阿）の会に付されたのであろう。「盟而去」という表現は魯世家や晋世家など『史記』の他処でも若干見られるものの、用例は少なく、田敬仲完世家および孟嘗君列伝のこの箇所に共通して用いられていることは、この二つの記述の関連を示唆する。なお、以上の考察のように、孟嘗君列伝の韓・魏が斉王に朝したという記述が原資料に由来するものであれば、田世家が「三晋之王」に作るのは、趙と韓が共に魏を撃って不利となったのを救援するために斉が魏を馬陵で打ち破った、という世家の説話構成を念頭に置いてなされた記述と考えられ、確実な資料が他に存在した可能性は低い。

さて、田嬰の事績については、一部に異同が認められるものの、田世家と孟嘗君列伝の紀年が基本的に一致することを確認した。ただし、この一致自体は必ずしもこれらの紀年が信頼できるということを意味しない。その点につき、以下に二例を挙げて分析しよう。

まず、指摘すべきは『竹書紀年』と列伝（および世家）の記す紀年の不一致である。宣王七年条に付された索隠に

は、

> 『紀年』恵王の後元十一年に当たり、彼の文は平阿に作る。又「十三年 斉威王に鄄に会す」と云い、此の「明年斉宣王 梁恵王と鄄に会す」の文と同じ。但だ斉の威・宣二王は文舛互して並びに同じからず。[26]
> （『史記』孟嘗君列伝索隠）

とある。つまり『竹書紀年』では平阿の会が梁恵王後元十一年（前三二四年）、鄄の会が後元十三年（前三二二年）に置かれており、平阿の会を宣王七年（前三三六年）、甄の会をその翌年とする『史記』の紀年と実に十年以上もの隔たりがある。

この『竹書紀年』の記述につき、十一年・十三年の年次に問題があることをまず指摘せねばならない。というのも、傍線部の司馬貞の按語では、恵王後元十三年に斉威王に鄄に会したという『紀年』の文が、威王と宣王の齟齬を除き、孟嘗君列伝の「明年斉宣王与梁恵王会鄄」と一致すると述べているからである。この言に従えば、司馬貞の見た『紀年』では、平阿の会の翌年に鄄の会を記していたと考えるのが自然であり、現行本の記す年次のいずれかに伝写の誤があると想定できる。ただしその場合、蓋然性のある錯誤のパターンとしては、十二年→十一年（平阿）と十二年→十三年（鄄）の二通りが存在する。

この点について、銭穆は鄄の会の十二年を十三年に誤ったものとし、さらに『史記』では魏恵王の改元が認識されていないことから、平阿の会・鄄の会を恵王三十五年・三十六年に移したものとするが、[27]この見解には従いがたい。

銭穆の想定では『史記』編纂に際して魏恵王の時代に平阿・鄄の会が行われたことを記した資料が存在し、かつ恵王の時代の出来事であるということを重視して、かかる年次の変更を行ったことになる。しかし、実際は『史記』においては、各事件の絶対年代が一致するにもかかわらず、どの君主の在位時かという点については誤っている場合が多数認められる[28]。これは、『史記』に見える紀年は（紀年資料に由来する場合は）基本的に原資料の時点で既に秦紀年に換算されていたものが、『史記』編纂段階で再構成された各国君主の紀年に再び変換されたためと考えられる[29]。つまり、この箇所に限って恵王期の出来事であった点を重視し、原資料にあった紀年を放棄してまで、敢えて恵王三十五年・三十六年に繋けたとは考えがたいのである。

ここではむしろ秦紀年に基づいた錯誤の可能性を想定し得る。すなわち、平阿の会が現行本の記す魏恵王後元十一年ではなく、実際は十二年の事であり、『史記』の入手した秦紀年では平阿の会・鄄の会がそれぞれ秦恵文王後元二年（前三二三年）・三年（前三二二年）の事とされていたのが、田世家編纂の段階で恵文王前元二年（前三三六年）・三年（前三三五年）のことと解されて、かかる記述になったと考えられる。

紀年の問題に関わる第二の点は、田忌の事績に関する記述である。この田忌は『史記』によれば、斉威王に仕えて桂陵の戦いで孫臏とともに魏を打ち破る功績を挙げるが、その後成侯鄒忌との間に不和が生じたため斉から出奔し、威王の死後、宣王の代になって斉に召し戻されると、再び孫臏らとともに魏を馬陵で大破したといった経歴の人物である。

田忌についての問題は田世家にも関わり、『史記』の編纂に関して興味深い観点を提供するため、ここで併せて検討しよう。田忌について、孟嘗君列伝では以下のようにある。

(1)田嬰 威王の時より職を任じて用事し、成侯鄒忌及び田忌と将たりて韓を救い魏を伐つ。(2)成侯 田忌と寵を争い、成侯 田忌を売る。田忌懼れ、斉の辺邑を襲うも、勝たずして亡げ走る。会々威王卒して宣王立ち、成侯の田忌を売るを知り、乃ち復た田忌を召し、以て将と為す。宣王二年、田忌 孫臏・田嬰と倶に魏を伐ちて之を馬陵に敗り、魏太子申を虜として魏将龐涓を殺す[30]。

（『史記』孟嘗君列伝）

ここでは⑴威王の時に、田嬰が鄒忌・田忌と倶に将となって韓を救援し、魏を撃ったこと、⑵その後、鄒忌との反目により斉から逃亡したが、威王が卒し、宣王が立ってから再び召し戻されて将軍となり、魏を馬陵に破ったことが記されている。

⑴については梁玉縄が、鄒忌が田忌とともに将となったことは無く、また桂陵の戦の時に斉が救援したのは韓ではなく趙であることを指摘している。[31] 確かに、韓が斉に救援を要請したとされるのは馬陵の戦の時のことであり、桂陵の戦に際しては梁玉縄の指摘する如く趙が救援を要請しているようである。孟嘗君列伝が「韓」に作るのは桂陵の戦と馬陵の戦を混同した誤りか、[32] あるいは伝写の誤と考えられる。

より注目すべきは⑵の田忌復召の記述である。『史記』の田忌復召に関する記述に対しては、従来疑念が抱かれてきた。例えば呉師道は田忌が馬陵の戦の後、宣王の世に出奔したものとし、『史記』は誤って威王の時に繋け、田忌復召の語はその誤りに由来するものとする。そして、田忌が出奔前に斉を攻撃したことや、成侯鄒忌が存命であるのに田忌が再び斉に戻ることはあり得ないとして、復召自体も否定する。[33] また、梁玉縄は馬陵での勝利が田忌の戦功の赫たるものであって、威王の時に既に出奔したとするのは『戦国策』の記述に拠ったために誤ったものとする。[34] ただ、両者は『史記』の斉紀年の齟齬には意を払っておらず、単に田忌出奔の時期の誤りを指摘するに止まる。

一方、楊寛はさらに紀年と絡めてこの問題を論じ、田忌復召が斉威王・宣王の在位年代を誤ったために作為された記述であることを指摘し、馬陵の戦前に田忌を復召したという記述は信憑性に欠ける、とする。[35] この楊氏の見解は基本的に首肯すべきであると考える。そこで、以下では田世家との関係に留意しつつ、『史記』編纂の観点から田忌復召の問題について若干の補足をしたい。

楊氏の論を参考すれば、『史記』が威王・宣王の在位年代を遡上させたことで、馬陵の戦が威王ではなく宣王の代の事件となり、その結果として田忌が威王の代、すなわち馬陵の戦以前に出奔したとせざるを得なくなったが、やはり馬陵における大勝は田忌の功績のなかでも最も目覚ましいものであるために放棄しがたく、記述の整合性を保つために宣王初年における田忌復召の記述を作為したことになる。しかし、ここで問題となるのは、なぜ田忌が威王代に出奔したとしなければならなかったか、という点である。というのも、『戦国策』に載る田忌関連の説話には田忌が威王の代に出奔したと明言する史料は見えないのである。

実のところ、その手掛りは田世家に在ると思われる。田世家には田忌の出奔について以下のように記す。

（威王）二十六年、魏恵王 邯鄲を囲み、趙 救を斉に求む。……其の後成侯騶忌 田忌と善からず、公孫閲 成侯忌に謂いて曰く「公何ぞ魏を伐つを謀らざる。田忌必ず将たらん。戦いて勝ち、功有れば則ち公の謀中《あた》るなり。戦いて勝たざれば、前に死するに非ざれば則ち後に北《に》げん。而して命は公に在り」と。是に於いて成侯 威王に言い、田忌をして南のかた襄陵を攻めしむ。十月にして邯鄲抜かれ、斉因りて兵を起こして魏を撃ち、大いに之を桂陵に敗る。……三十五年、公孫閲又 成侯忌に謂いて曰く「公何ぞ人をして十金を操りて市に卜して『我田忌の人なり。吾三戦して三勝し、声 天下を威かす。大事を為さんと欲するも亦た吉なるか、吉ならざるか』と曰わしめざる」と。卜者出で、因りて人をして之が為に卜う者を捕え、其の辞を王の所に験せしむ。田忌之を聞き、因りて遂に其の徒を率い、臨淄を襲攻して成侯を求むるも、勝たずして犇《はし》る。[36]

（『史記』田敬仲完世家）

ここでは威王二十六年（前三五三年）桂陵の戦時に鄒忌と田忌の間に不和が生じ、その後威王三十五年（前三四四年）に鄒忌の策略の為に田忌が出奔を余儀なくされたと記されているが、「其後」以降の説話は『戦国策』斉策一に類似した記述がある。[37]

成侯鄒忌 斉相と為り、田忌 将と為り、相説ばず。公孫閈 鄒忌に謂いて曰く「公何ぞ王の為に魏を伐つを謀らざる。勝てば則ち是れ君の謀なり。君以て功有るべし。戦いて勝たずして、田忌進み戦いて死せざれば、曲撓して誅せられん」と。鄒忌以て然りと為し、乃ち王に説き田忌をして魏を伐たしむ。田忌三戦して三勝す。鄒忌以て公孫閈に告ぐるに、公孫閈乃ち人をして十金を操りて往きて市に卜して「我田忌の人なり。吾三戦して三勝し、声 天下を威かす。大事を為さんと欲するも、亦た吉なるや否や。」と曰わしむ。卜いし者出で、因りて人をして人の為に卜する者を捕え、亦た其の辞を王の前に験せしむ。田忌遂に走る。(38)

（『戦国策』斉策一・成侯鄒忌為斉相章）

両者を比較すると『史記』の公孫閲が『戦国策』では公孫閈になっていることなど若干の字句の異同が認められるが、鄒忌が田忌を陥れようとして魏を攻撃させたことや、虚偽の占いによって田忌を亡命に追いやった点は一致しており、『史記』の原資料がかかる説話であったことは疑いない。ただ、両者には大きく異なる点が一つある。すなわち、説話の中で流れる時間である。

田世家の記述では、威王二十六年の伐魏から三十五年の田忌出奔までに十年近くの年月が経っていることになるが、斉策一を見る限りでは比較的短期間に生じた出来事のように記されており、君主の代位などは言及されていない。(39)この点を考慮すれば、『史記』の編纂段階での次のような作業が想定される。まず田世家編纂の段階で、桂陵の戦に関する説話として『戦国策』斉策一・成侯鄒忌為斉相章に類する原資料を採用した。しかし、田忌の出奔を威王二十六年に置くと早きに過ぎると考え、威王末年の三十五年に移した。(40)この際、馬陵の戦後ではなく、あえて威王代に置いたのは、先述のように原資料では王の代替わりなどが記されていないことを重視したのだろう。その結果、威王三十五年に出奔したにもかかわらず、宣王初年に再び召され、馬陵の戦で功績を挙げる、という田忌復召説話が作り出された。これを先の例と対比してみれば、紀年資料が存在する場合はまずその年代に拠り、説話のみしか手掛りがない場合はその説話の情報を保存しようとする姿勢を窺わせるものであり、編纂の点からみて重要な観点といえよう。

これを要するに、田忌復召の記述は、田世家編纂の段階で原資料の整合性を保つために改変を加えた結果として仮構されたものであり、孟嘗君列伝作成の段階でその記述を節略して転載したのだと考えられる。

第三節　孟嘗君田文

田嬰の後に、列伝の主題である孟嘗君田文の事績が記される。ただ、冒頭部分には田嬰が五月（五日）に生まれた田文を不吉として育てないように命じたこと、そして田文が成長すると、その風習は信じるに値しないとして田嬰をやり込めた話や、田嬰が財貨をため込むばかりで国事を損なっていることを批判し反省を促した話が載っており、文化史や説話の展開などの面からも興味深いが、他に類似する史料が少なく、ここでは検討の対象とはしない。

本節では列伝の記述に基づきつつ、主に孟嘗君が秦相となった時期、斉相となった時期、およびそれ以後の三項に分かって検討を進める。

一　秦相孟嘗君

列伝では、孟嘗君が田嬰の後を継いで薛を治めた、という記述に次いで、孟嘗君が秦相になり、その後秦から逃亡した説話が記される。これは人口に膾炙した鶏鳴狗盗の故事（引用では省略）とも関わる出来事である。

〈あらすじ〉

秦昭王は孟嘗君が優れた人物であると聞きつけ、孟嘗君との面会を求めてまず涇陽君を斉に人質として送り込んだため、孟嘗君もそれをうけて秦に赴こうとしたが、蘇代の説得により思いとどまる。しかし結局、斉湣王二十五年（前二九九年）には秦に入り秦相となる。その後、孟嘗君を危険視した秦昭王に殺されそうになったため、食客の助力を得て秦を脱出し、斉へと帰還する。

秦昭王 其の賢なるを聞き、乃ち先ず涇陽君をして斉に質為らしめ、以て孟嘗君を見んことを求む。孟嘗君将に秦に入らんとするに、賓客に其の行くを欲するもの莫く、諫むるも聴かず。蘇代謂いて曰く……孟嘗君乃ち止む。斉湣王二十五年、復た卒に孟嘗君をして秦に入らしめ、昭王即ち孟嘗君を以て秦相と為す。……孟嘗君を囚え、謀りて之を殺さんと欲す。孟嘗君 人をして昭王の幸姫に抵りて解かんことを求む。……幸姫為に昭王に言い、昭王 孟嘗君を釈す。孟嘗君 出づるを得て即ち馳せ去り、封伝を更め、名姓を変えて以て関を出づ。……秦昭王後に孟嘗君を出だせるを悔いて之を求むるも、已に去る。即ち人をして伝を馳せて之を逐わしむ。……秦追果して関に至るに、已に孟嘗君の出づるに後れ、乃ち還る。(41)

この箇所の記述で注目すべきは、まず涇陽君の斉への入質が孟嘗君を招くためだったとする点である。涇陽君の斉への入質は『史記』の他の箇所では次のようにある。

（秦昭王）六年（前三〇一年）……涇陽君 斉に質たり。……九年（前二九八年）孟嘗君薛文来りて秦に相たり。(42)

（『史記』秦本紀）

（斉湣王）二十四（前三〇〇年）、秦　涇陽君をして来りて質為らしむ。二十五（前二九九年）涇陽君復た秦に帰る。薛文入りて秦に相たり。(43)

（『史記』六国斉表）

（斉湣王）二十四年、秦　涇陽君をして斉に質たらしむ。二十五年、涇陽君を秦に帰す。孟嘗君薛文　秦に入り、即ち秦に相たり。文亡げて去る。(44)

（『史記』田敬仲完世家）

昭王七年（前三〇〇年）、樗里子死し、涇陽君をして斉に質たらしむ。(45)

（『史記』穰侯列伝）

これらのうち、秦本紀の涇陽君入斉と孟嘗君入秦の年次は他の三箇所の記述と齟齬する。また秦東陵から盗掘され、二〇一〇年にこの盗掘団から没収したとされる木製の漆豆には「八年相邦薛君造……」の刻文があり、昭王八年（前二九九年）に薛公田文が秦相であったことを示すものとされているが、(46)この見解に従えば秦本紀の記述は誤りとして斥けられなければならないし、実際『史記』の他の箇所ではこの昭王九年という紀年は顧みられていない。他方、世家・列伝および六国表の記す孟嘗君の入秦年次は少なくとも漆豆の刻文とは矛盾せず、一定の信頼を置いてよいかと思われる。ただし、語句の類似から見て、世家と表の記述は一方が他方を参照したと見なすべきであろう。

さて、ここで問題となるのは、田世家（および斉表）の記述からは、涇陽君の入質と孟嘗君の入秦の関連が不明瞭なことである。すなわち、この二つの事件の関連を明言するのは孟嘗君列伝のみであって、他の記述からは少なくともその認識は看取できないのである。また、蘇代による孟嘗君の説得に関して、類似する説話が『戦国策』に載録されており、語句に異同はあるものの土偶と木偶（『戦国策』では「桃梗」とする。桃の木で作った人形のことか）の会話など大筋は一致し、両説話に関連があることは疑いないが、そこにも涇陽君云々の記述は見えない。(47)これらの点から考えて、秦本紀編纂の段階では年次も離れ、関連付けられていなかった二つの出来事が、それ以降に修正された紀年に基づいて田世家を編纂した段階で、年次として隣接することが認識され、田世家（あるいは六国斉表）を参照しながら孟嘗君列伝を編纂した時点で両者が明瞭に関連付けられたと推測される。このように、実際には無関係であった事件が、年次の隣接から関連付けられる例は『史記』の他の箇所にも認められ、『史記』の編纂手法の一端を示すものとなろう(48)。

なお、この箇所および前節末で指摘した田世家→孟嘗君列伝という編纂順序については、用字の面からも確認されるので、ここで補足しておく。孟嘗君列伝では孟嘗君の呼称として①（田）文、②孟嘗君、③薛公が用いられているが、この三つの呼称は無作為ではなく、明らかに区別して使用されている。まず、孟嘗君が父・田嬰の後を継ぐ以前の時期の記述では、列伝冒頭の「孟嘗君名文」という文言を除けば、自称も含めすべて「文」①という呼称で記されており、田嬰を継いで薛に立って以後、死亡するまではほぼ「孟嘗君」②の称で統一されている。そして、列伝末尾に付された馮驩説話においては、地の文では「孟嘗君」が、会話部分の自称では「文」が使用されている。

また、田嬰を継いで以後、その死去する時までの記述には「孟嘗君」以外に「薛公」③という呼称が三箇所に見えるが、その中の二例については、他者の発言中で用いられていることから見て、なお存命のはずの田文が諡の「孟嘗君」で呼ばれることの不自然さを避けたための使用であろう(49)。ただ、最後の一例は地の文であるにもかかわらず「薛公」と呼ばれている(50)。これについては、正確な理由は不明だが、おそらくは原資料の表現に修正が及ばなかった例外的事象であろう(51)。というのも、孟嘗君列伝に類似する『戦国策』の説話の中には、孟嘗君列伝で「孟嘗君」と記された部分が「薛公」になっている事例が存在するのである。このことから考えて、『史記』編纂段階で原資料の「薛公」という表記を「孟嘗君」に書き改めたと想定されるからである(52)。

さて、上述のように若干の例外はあるものの、孟嘗君列伝の時期によって統一的に使い分けられた呼称、および類似史料との比較から判断すれば、原資料の呼称が孟嘗君列伝編纂時に意図的に改変された可能性は否定しがたい。そのような観点から『史記』の他篇に目を拡げると、興味を惹く事実が浮かび上がってくる。それは上記の三種以外の第四の呼称、すなわち先引の資料中にも見える「薛文」である。

この「薛文」なる称呼は秦本紀・六国年表、および田敬仲完世家にのみ現れるが（本書〇頁引用史料参照）、ここで注目すべきは、秦本紀・六国年表に「薛文」という表現が認められることである。秦本紀が秦系資料に基づいて作成されたことに加え、六国年表もその序文で「秦記」に拠って作成されたことが明言されており、いずれも秦系資料を主な原資料とすることを勘案すれば、「薛文」なる呼称は秦系資料に由来する表現である可能性を指摘できる。さらに注目すべきは、秦本紀と六国年表の「薛文」に関する情報に異同が認められることである。すなわち、孟嘗君の相秦を秦本紀は秦昭王九年（前二九八年）に繋ける一方、六国斉表は斉湣王二十五年（前二九九年）とする。これは秦本紀と六国年表の原資料が同じ秦系統に属しながらも、異なる資料であった可能性を示唆すると同時に、その相異なる資料がいずれも同じ呼称を用いていることから、「薛文」が秦系資料において用いられた呼称であるという推測を支持するだろう。

この考に基づけば、秦本紀編纂段階では薛文が秦昭王九年に秦相になったとする資料に拠り、その後、六国年表・田敬仲完世家を編纂する際には、新たに獲得された「秦記」等の資料に拠って薛文が秦昭王八年（前二九九年）に秦相となったと判断したことになる。そして、秦相に関する記述について、田世家では秦本紀・六国年表と同じく「薛文」と記すのを、孟嘗君列伝では「孟嘗君」と表記すること、および田甲が斉王を劫かした事件（田甲については次項参照）について、六国年表では「田甲劫王、相薛文走」とするのを、孟嘗君列伝では「及田甲劫湣王……孟嘗君乃奔」と記すこと、この二点はやはり孟嘗君列伝編纂時に原資料の「薛文」を「孟嘗君」に書き換えたことを示すものである。

　ここまで指摘してきた本紀・年表・世家・列伝における呼称の異同と、前述した田世家・孟嘗君列伝の記述の相似から判断すれば、田世家が孟嘗君列伝に先行して編纂され、田世家を参照しつつ孟嘗君列伝が編纂された、とするのがやはり妥当な見解と言えよう。また、六国斉表の湣王二十六年の欄には「孟嘗君帰相斉」とあるが、「薛文」ではなく「孟嘗君」と記すことから考えれば、この記述は秦系資料に基づくものではなく、説話資料から算出された年次、それもおそらくは孟嘗君列伝の編纂を通して形成された認識を反映したものと考えられる。

　付言するならば、『戦国策』で孟嘗君に遊説したとされるのが蘇秦であるのに対し、『史記』が蘇代であるとするのは、紀元前三二〇年前後には蘇秦が既に死亡しているとする太史公の認識にもとづく改変の可能性が高いが（第一章および第四章参照）、そうすると本説話は元来蘇秦の遊説の技術を強調するためのものだったと考えられる。また、遊説の対象として孟嘗君が選ばれたのは、戦国末から前漢にかけて両者に密接な関係があると認識されていたからである（本章第四節参照）。

　このように考えれば、蘇秦の遊説によって孟嘗君が入秦を思いとどまった、とするのは説話の主題に孟嘗君の入秦を選んだがゆえの必然的な帰結であって、史実として認める積極的な根拠はない。この説話が元来は蘇秦を中心として作成されたもので、孟嘗君の入秦と必然的な繋がりの無いことは、趙策一・蘇秦説李兌曰章においても蘇秦が土梗・木梗の比喩を用いて遊説しているものの、そこでは遊説の対象である李兌と入秦とは何らの関連もないことからも支持される(53)。また、一度は涇陽君の入質によってすら孟嘗君の招致に失敗したにもかかわらず、翌斉湣王二十五年条では特に説明もなく単に「復卒使孟嘗君入秦」と記されるのみである。このことも、列伝の記す涇陽君の入質から昭王八年の孟嘗君の入秦までの一連の出来事が、元来は無関係の複数の事件・説話を結合したものであることを示している。

列伝では、孟嘗君が斉へと帰還した後、斉王が孟嘗君を斉相に任じたと記されるが、孟嘗君の出奔と斉への帰還との間には、平原君に関する短い説話が挿入されている。

孟嘗君 趙を過《よぎ》り、趙の平原君 之を客とす。趙人 孟嘗君の賢なるを聞き、出でて之を観るに、皆笑いて曰く「始め薛公を以て魁然たりと為すなり。今 之を視るに、乃ち眇たる小丈夫なるのみ」と。孟嘗君 之を聞きて怒り、客の与に倶にある者下り、斫撃して数百人を殺し、遂に一県を滅ぼして以て去る。(54)

(『史記』孟嘗君列伝)

ここでは、趙を通りかかった孟嘗君を平原君がもてなしたが、趙人が孟嘗君を嘲笑したため、孟嘗君が怒り、彼に同行していた客が趙の一県を滅ぼして去った、と記されているが、この記述にはいくつかの問題がある。まず指摘すべきは繫年である。列伝では孟嘗君の過趙の年次を明記していないが、入秦を六国斉表(および田世家)と同じく斉湣王二十五年(前二九九年)に繫け、かつ平原君説話の後に記される説話の年次が斉湣王二十六年(前二九八年)とされていることから(後述)、斉湣王二十五～六年頃と考えていたことは疑いない。しかし、当時平原君はなお幼く、本列伝の孟嘗君を客としたという記述には信を置きがたい(55)。

そこで、このような説話がこの時期のこととされたのはなぜか、ということが次に問題となろう。その原因にはいくつかの可能性が考えられるが、列伝の記す孟嘗君の活動の中で「趙を過る」という要素を満たすには、斉・秦間の往来の際にこの説話を想定することが最も自然である、ということがまずは挙げられる(56)。ただこの場合、どのような理由で秦への往路ではなく斉への帰還時が選ばれたのか、ということを問わねばならないが、それについては六国年表が答えを与える。すなわち、六国趙表には趙恵文王元年(前二九八年)に公子勝を相に任じ、平原君に封じたという記事があり、少なくとも表面上は孟嘗君列伝の記述と矛盾が生じないようになっているのである。ただし、平原君が恵文王元年に相となったとする記述は、先に述べたのと同じく年齢の点で信憑性に疑念がある(57)。

では、趙表のこの記事をどう理解すべきか。これには『史記』の編纂手法が関わると思われる。『史記』においては、本来は正確な年次の不明な事件が、編纂に際して特定の年次に繋けられ、結果としてその年次が他篇にも用いられるようになる例が認められる。(58) このことを念頭に置けば、平原君列伝の「平原君相趙恵文王及孝成王」という記述が、六国年表においては年表に配する上での便宜的な処置としてそれぞれ趙恵文王元年と孝成王元年に繋けられ、その年次が孟嘗君列伝でも採用されたと考えられるのである。(59)

二　斉相孟嘗君

列伝の記すところによれば、孟嘗君は秦から逃れ斉へと帰還して以後、前二九四年の田甲の乱に巻き込まれて封邑の薛に引退するまでの間、斉相を務めたとされる。

〈あらすじ〉

斉への帰還後、湣王によって斉相に任ぜられた孟嘗君は、秦への怨みから韓・魏とともに秦を攻撃し、その際西周から兵食を借りようとするが、蘇代が西周のために孟嘗君を説得し、秦への攻撃は斉にとって得策ではないこと、および秦に対して、攻撃を止める代わりに当時秦が捕えていた楚王の解放を要求して実現すれば、斉の国は一層強力となり、ひいては薛の安寧につながると説く。その結果、孟嘗君は秦への攻撃と西周に対する兵食の要求を取りやめるが、楚王の解放は実現せぬままに終わる。

孟嘗君　秦を怨み、将に斉を以て韓・魏の為に楚を攻め、因りて韓・魏と秦を攻めんとし、而して兵食を西周に借りんとす。蘇代 西周の為に謂いて曰く「君 斉を以て韓・魏の為に楚を攻むること九年、宛・葉以北を取りて以て韓・魏を彊くし、今復た秦を攻めて以て之を益さんとす。韓・魏南に楚の憂無く、西に秦患無くんば則ち斉危からん。韓・魏必ずや斉を軽んじて秦を畏れん。臣 君の為に之を危ぶむ。君 敝邑をして深く秦に合せしめ、而して君攻むる無く、又兵食を借ること無きに如かず。君 函谷に臨みて攻むる無く、敝邑をして君の情を以て秦昭王に謂いて『薛公必ずや秦を破りて以て韓・魏を彊くせず。其の秦を攻むるや、王の楚王をして東国を割きて以て斉に与えしめ、而して秦 楚懐王を出だして以て和を為すを欲すればなり』と曰わしめよ。君 敝邑をして此を以て秦に恵せしむれば、秦 破るること無く、東国を以て自ら免かるるを得るなり。秦必ずや之を欲す。楚王出づるを得れば、必ずや斉を徳とせん。斉 東国を得れば益々彊く、而して薛世世患無からん。秦 大《はなは》だしくは弱からずして三晋の西に処れば、三晋必ずや斉を重んぜん」と。薛公曰く「善し」と。因りて韓・魏をして秦に賀せしめ、三国をして攻むること無からしめ、而して兵食を西周に借りず。是の時、楚懐王 秦に入り、秦 之を留む。故に必ず之を出ださんと欲するも、秦果たして楚懐王を出ださず。(60)

(『史記』孟嘗君列伝)

この段落については、話者が韓慶となっているなどの異同はあるが、『戦国策』西周策にほぼ同文の説話がある。(61)

さて、この攻秦は『史記』六国年表においては周赧王十七年（前二九八年）に繫けられ、孟嘗君列伝でも帰斉の直後に置かれており、特に矛盾は無いが、実際にはその記述にいささか問題がある。ここには「君以斉為韓・魏攻楚九年、取宛・葉以北以彊韓・魏」とあり、蘇代の発言として孟嘗君が九年の間、楚の攻撃に従事し、宛・葉以北を奪取したことが読み取れる。

しかし、実のところ、この説話が周赧王十七年に繫けられたのは、蘇代の発言中にみえる「秦 楚懐王を出だして以て和を為し……」という情勢がこの年次に最もよく符合するためであろう。楚世家および六国年表によれば、楚懐王は楚懐王三十年（前二九九年）に入秦、頃襄王二年（前二九七年）には趙へと逃亡を試み、翌三年（前二九六年）

には秦で卒したとされる(62)。厳密に言えば、この説話は孟嘗君帰斉時の頃襄王元年から頃襄王三年のいずれの年次にかけても矛盾はしないが、頃襄王二年と三年には懐王の逃亡と卒があるので、頃襄王元年（前二九八年）の事としたと考えられる(63)。

蘇代の遊説の後には、孟嘗君の舎人である魏子に関する記述が続く。

〈あらすじ〉

孟嘗君の舎人である魏子は孟嘗君のために封邑からの収税を請け負ったが、彼自身の判断で「賢者」からは徴集しなかった。そのことを知った孟嘗君は、怒って魏子を退ける。その後、田甲に連累して斉湣王に反乱を疑われた孟嘗君は出奔を余儀なくされるが、魏子から税の徴収を免除されたことで恩を感じた賢者が身を以て孟嘗君の無実を証したことにより、斉湣王の孟嘗君に対する疑いは解け、孟嘗君は病と称して薛に退く。

孟嘗君 斉に相たり、其の舎人魏子 孟嘗君の為に邑の入を収めんとするも、三たび反りて一入も致さず。孟嘗君 之を問うに、対えて曰く「賢者有り、窃に仮して之に与う。以ての故に入を致さず」と。孟嘗君怒りて魏子を退く。居ること数年、人或るもの孟嘗君を斉湣王に毀りて曰く「孟嘗君将に乱を為さんとす」と。田甲の湣王を劫かすに及びて、湣王 孟嘗君を意疑《うたが》い、孟嘗君迺ち奔る。魏子の粟を与うる所の賢者 之を聞き、乃ち書を上りて孟嘗君の乱を作さざるを言い、身を以て盟と為さんことを請うて、遂に自ら宮門に剄《くびは》ねて以て孟嘗君を明らかにす。湣王乃ち驚きて蹤跡験問するに、孟嘗君果たして反謀無く、乃ち復た孟嘗君を召す。孟嘗君因りて病と謝し、薛に帰老せんとし、湣王 之を許す(64)。

（『史記』孟嘗君列伝）

この説話は、領地からの徴税をめぐって孟嘗君と客の間に不和が生じるものの、結果として徴税を免じたことから利益を得るなど、第一節で言及した馮驩説話に似た構成をもつ点が注目される。魏子の説話については、他史料に見えないためこれ以上の検討は困難ではあるが、馮驩説話のヴァリアントであることは推測できるだろう[65]。その点からすると、ある意味同一説話の重出と見なせなくもないが、具体的な内容としては相異する部分も多いため別の説話と見なされたのであろうか。また、魏子の説話は田甲の乱前後において孟嘗君の身に生じた大事と絡めて述べられており、馮驩説話とは自ずから重点が異なる。

なお、田甲の反乱は六国表に拠れば斉湣王三十年（前二九四年）の事とされる[66]。この年次はこの後に続く呂礼の入斉が斉湣王三十年以後であるとされていることから、列伝内での矛盾はないが、先述のように「薛文」の呼称からみて、田甲の乱に関する記述は秦系の紀年資料に由来する可能性が高い。ゆえに、この段の記述は孟嘗君列伝編纂段階で魏子の説話を田甲の乱に付会してなされたものと考えられる。

三　薛における孟嘗君

孟嘗君が薛に退いた後は、秦の亡将とされる呂礼との確執に関する説話が記される。

〈あらすじ〉

秦将呂礼は斉に亡命後、斉相となって蘇代を苦しめようとしたため、蘇代は呂礼が斉で重用されるのを妨げるよう孟嘗君を説得する。孟嘗君がその言を聴き入れると、呂礼は孟嘗君を憎むようになり、恐れた孟嘗君は秦相魏冄に書信を送る。その書信では、秦と斉が合すれば魏冄の地位が危うくなること、その反対に秦が斉を伐てば、秦・魏によって重んぜられることを説いており、その結果、魏冄は秦王に伐斉を進言し、呂礼は斉から逃亡することになる。

(1)其の後、秦の亡将呂礼 斉に相たり、蘇代を困しめんと欲す。代乃ち孟嘗君に謂いて曰く「周最 斉に於いて至って厚きなり。而して斉王 之を逐い親弗を聴きて呂礼を相とせんとする者は、秦を取らんと欲すればなり。斉・秦合すれば則ち親弗と呂礼と重し。斉に用いらるる有れば、秦必ずや君を軽んぜん。君急ぎ兵を北し、趙を趨《うなが》して以て秦・魏に和せしめ、周最を収めて以て行を厚くし、且つ斉王の信を反し、又天下の変を禁ずるに如かず。斉に秦無くんば則ち天下斉に集い、親弗必ずや走らん。則ち斉王孰と其の国を為めんや」と。是に於いて孟嘗君 其の計に従い、而して呂礼 孟嘗君を嫉害《にく》む。

(2)孟嘗君懼れ、乃ち秦相穰侯魏冄に書を遺りて曰く「吾 秦の呂礼を以て斉を収めんと欲するを聞く。斉は天下の彊国なり。子必ずや軽ぜられん。斉・秦相い取りて以て三晋に臨めば、呂礼必ずや并せて相たらん。是れ子 斉に通じて以て呂礼を重くするなり。若し斉 天下の兵を免るれば、其の子を讎とすること必ずや深からん。子 秦王に勧めて斉を伐たしむるに如かず。斉破るれば、吾請うらくは得る所を以て子を封ぜん。斉破るれば、秦 晋の彊を畏れ、秦必ず子を重んじて以て晋を取らんとす。晋国 斉に敝《つか》れて秦を畏るれば、晋必ず子を重んじて以て秦を取らんとす。是れ子 斉を破りて以て功を為し、晋を挟みて以て重を為すなり。是れ子 斉を破りて封を定め、秦・晋交々子を重んずるなり。若し斉破れず、呂礼復た用いらるれば、子必ずや大いに窮まらん」と。是に於いて穰侯 秦昭王に伐斉を言い、而して呂礼亡ぐ[67]。

（『史記』孟嘗君列伝）

この説話は(1)が『戦国策』東周策・謂薛公曰章[68]、(2)が秦策三・薛公為魏謂魏冄章[69]に類似しており、若干の字句の異同や、『史記』では会話の前後に文章が補われている点を除けばほぼ同文である。このことからすれば、この段の説話は本来別行していた『戦国策』東周策・謂薛公章および秦策三・薛公為魏謂魏冄章に類する説話を接合したものであり、会話部分以外の前後のつながりを説明した部分は列伝編纂の段階で補われたのだと考えられる。

まず、(1)に見える秦の亡将とされる呂礼について見ていこう。

（昭襄王）十三年……五大夫礼出亡して魏に奔る。[70]（『史記』秦本紀）

昭王七年……魏冄 秦に相たり。呂礼を誅せんと欲し、礼 斉に出奔す。昭王十四年……。[71]（『史記』穰侯列伝）

秦本紀では昭襄王十三年（前二九四年）に五大夫の礼が魏に亡命したとされているが、他の箇所では呂礼と記されている。

一方、穰侯列伝では昭王七年に魏冄が相となり、呂礼を誅せんことを欲したため、呂礼が斉に逃亡したとあり、呂礼の出奔も昭王七年の事のように読めなくもない。しかし、実際は後に昭王十四年の記事が続くことからも推察されるように、秦本紀と同じく昭襄王十三年前後が呂礼出奔の年次として認識されていたのであろう。この年次は孟嘗君列伝編纂の際も同様の認識であったとみえ、斉湣王三十年の田甲劫王の後に呂礼相斉の説話が配されているのは、このような年代観によったものと考えられる。

ただし、呂礼が魏冄との関係の不和を理由に斉に逃亡したという『史記』の記述には信憑性の点で疑いが残る。まず指摘すべきは、蘇代が孟嘗君に述べた言に「斉王……親弗を聴きて呂礼を相とせんとする者は秦を取らんと欲すればなり」とあり、孟嘗君が魏冄に送ったとされる書信に「秦 呂礼を以て斉を収めんと欲す」とあることである。ここでは明らかに呂礼を相とすることが、秦との友好関係の構築に資するものとされており、秦の亡将という記述と齟齬する。また、秦の亡将云々は『戦国策』東周策・謂薛公曰章には見えず、『史記』編纂段階で挿入されたのだろう。

この五大夫礼の逃亡については、爵位が記されていることから見ても、何らかの基づく所があったと考えるのが妥当である。ただし、この呂礼が『史記』の記すような人物であったか否かについてはいささか疑わしい点が残る。

疑念の第一点は、先述のとおり、蘇代や孟嘗君の書信で言及される呂礼の役割が、秦の亡将という身分と整合しないこと[72]、第二の点は五大夫礼が魏に逃亡したとされているのに対し、呂礼の亡命先は斉となっていることである。そして、呂礼が秦に帰還したとされる昭王十九年（前二八八年）には、呂礼出奔の原因となったはずの魏冄が再び相となっていることが第三の疑念となる。また、第四の点として、秦本紀の五大夫礼の出奔年次である昭王十三年が孟嘗君列伝でも維持されていることである。これまで見てきたとおり、孟嘗君の相秦などの年次については、秦本紀の記述は信憑性が低く、かつ田世家や孟嘗君列伝の編纂に際しては採用されていない。この場合、五大夫礼出奔の年次について、秦本紀編纂以降新たな情報が獲得されなかった、という可能性と、秦本紀編纂以降に獲得した資料とも矛盾しなかった、という二つの可能性が考えられるが、前者の場合であれば、五大夫礼の出奔年次自体の信憑性の評価についても慎重を期する必要がある。

上記の問題を念頭におけば、孟嘗君列伝の呂礼に関する記述は次のような過程を経て著されたと考えられるだろう。秦本紀編纂の段階で、昭王十三年に五大夫礼が秦から出奔したという情報を獲得し、孟嘗君列伝編纂に際しては呂礼を秦の亡将とした上で、昭王十三年という亡秦の年次を採用し、田甲劫王の後に配した。穰侯列伝に「魏冄……欲誅呂礼、礼出奔斉」とあるのは、先引の孟嘗君の魏冄宛の書信に「呂礼復用、子大窮矣」と記されるように、魏冄と呂礼の不和を示唆する説話資料が当時あったと思われ、それらに拠ってなされた記述であろう。

この見解が大過ないとすれば、呂礼が前二九四年頃に秦から斉へと逃亡した、という記述の信憑性には問題があることになる。ただし、呂礼が斉・秦の連携を実現しようと画策した人物であろうことは、呂礼に関する説話からも窺われ、紀元前二九〇年前後に斉で活動したという記述自体は拠る所があったと思われる。[73] また、呂礼の帰秦については、秦本紀が「(昭襄王)十九年、王為西帝、斉為東帝、皆復去之。呂礼来自帰」とする一方、穰侯列伝が「昭王十九年、秦称西帝、斉称東帝。月余、呂礼来、而斉・秦各復帰帝為王」として、帰還の時期に若干の齟齬がある。それゆえに、はたして明確な史料的根拠を有するのかはやや疑わしいが、呂礼が秦斉同盟に従事したことからすれば、東西称帝がわずか月余で破綻したその前後に秦へと帰還した、との記述には一定の蓋然性がある。

さて、呂礼に関する問題を検討してきたが、孟嘗君と呂礼の確執については、孟嘗君がどの時点で斉を離れて魏に赴いたのか、ということがさらに問題となり、これは列伝の記す孟嘗君の生涯の最後の一節とも関わってくる。

〈あらすじ〉

斉湣王は宋を滅ぼした後、孟嘗君を追放しようとし、恐れた孟嘗君は魏へと出奔するが、湣王の死後に跡を継いだ襄王は、孟嘗君を畏れて好を結ぶ。その後、孟嘗君が世を去ると、その封邑である薛は最終的に斉・魏によって滅ぼされてしまう。

後斉湣王 宋を滅ぼして益々驕り、孟嘗君を去らんと欲す。孟嘗君恐れ、迺ち魏に如く。……斉襄王立ちて、孟嘗君 諸侯に中立し、属する所無し。斉襄王新たに立ちて孟嘗君を畏れ、与に連和して復た薛公に親しむ。文卒し、謚して孟嘗君と為す。諸子立つを争い、而して斉・魏共に薛を滅ぼす。孟嘗 嗣を絶ちて後無きなり。[74]

(『史記』孟嘗君列伝)

ここで注意すべきは、孟嘗君が滅宋の後に魏に出奔した事件が極めて簡略な記述となっている、という点であるが、この問題については、孟嘗君列伝の編纂に対する太史公の態度が関係すると考えられる。次節において詳しく検討しよう。

第四節　孟嘗君列伝編纂の特徴

前節では孟嘗君列伝がいかなる原資料をどのように用いて編纂されたかを検討し、その作業を通じて、原資料が本来示していた年代観や内容に改変が加えられ、『史記』の他の箇所の戦国史記述に合致する形で用いられている場合がしばしば認められることを明らかにした。

そこで、本節では孟嘗君の生涯の中でも重要な行動の一つである奔魏の記述について検討を試みたい。

孟嘗君の魏への出奔は、前節で述べたとおり、孟嘗君列伝では滅宋後に置かれている。滅宋の年次については『史記』の各箇所で若干の異同が認められるが、孟嘗君列伝では斉湣王三十八年（前二八六年）の年次が採用されていると考えられることから、(75)孟嘗君が魏に赴き、魏相となったのはそれ以降のこととされていたことになる。

しかしながら、この魏へと赴いた時期については明らかに他の史料と齟齬することから、種々の見解が示されてきた。

斉　宋を攻めんと欲し、秦　起賈をして之を禁ぜしむるに、斉乃ち趙を拺《あわ》せて以て宋を伐つ。秦王怒りて怨を趙に属す。李兌　五国を約して以て秦を伐つも功無く、天下の兵を成皋に留め、而して陰かに秦に構し、又　秦と魏を攻め、以て其の怨を解いて封を焉に得んと欲す。魏王説ばず。斉に之き、斉王に謂いて曰く「臣　足下の為に魏王に謂いて曰く『……今王又故の薛公を挟みて以て相と為し、韓徐に善くして以て上交と為し、虞商を尊びて以て大客と為す……』……。(76)

（『戦国策』趙策四・斉欲攻宋秦令起賈禁之章）

五国 秦を伐つも功無くして還る。其の後、斉 宋を伐たんと欲するも秦 之を禁ず。斉 宋郭をして秦に之かしめ、合して而して以て宋を伐たんことを請い、秦王 之を許す。魏王 斉・秦の合するを畏るるや、秦に講せんと欲す。魏王に謂いて曰く「……臣又偏く三晋の吏に事え、奉陽君・孟嘗君・韓呡・周冣・韓余為の徒は従いて之に下る……」[77]。

（『戦国策』魏策二・五国伐秦無功而還章）

銭穆はここに引いた、斉が宋を伐とうとする時期に、魏王が既に薛公を相としていること、および孟嘗君が三晋の吏とされている趙策・魏策の記述を根拠として、孟嘗君が滅宋前に既に斉を去って魏に赴いたとする[78]。また、つとに南宋の鮑彪が趙策四「今王又挟故薛公以為相」に「『史』称すらく文 斉を去りて魏に如くは閔王三十八年の後に在り、と。此を按ずるに則ち其の魏に如くは斉王の驕るを以てなり。伐宋の前、已に斉を去れり」と注するように、孟嘗君が滅宋後に魏に赴いたとする『史記』の認識は他史料と明らかに齟齬する。それはなぜか。

この点について、現存する史料に『史記』と同様の認識を示すものが無いことからすれば、『史記』編纂時に孟嘗君が滅宋後に斉を去ったとする有力な根拠があった、という可能性を高く見積もることはできない。それよりもむしろ、太史公がその編纂段階において、何らかの理由によって孟嘗君の魏における活動を選択的に排除したと考えられる。

其後、秦亡将呂礼相斉、欲困蘇代。代乃謂孟嘗君曰「……」。於是孟嘗君従其計、而呂礼嫉害於孟嘗君。孟嘗君懼、乃遺秦相穰侯魏冄書曰「吾聞秦欲以呂礼収斉、斉、天下之彊国也、子必軽矣。斉・秦相取以臨三晋、呂礼必并相矣、是子通斉以重呂礼也。若斉免於天下之兵、其讎子必深矣。子不如勧秦王伐斉。斉破、吾請以所得封子。斉破、秦畏晋之彊、秦必重子以取晋。晋国敝於斉而畏秦、晋必重子以取秦。是子破斉以為功、挟晋以為重。是子破斉定封、秦・晋交重子。若斉不破、呂礼復用、子必大窮。」於是穰侯言於秦昭王伐斉、而呂礼亡。

（『史記』孟嘗君列伝）

薛公為魏謂魏冄曰「文聞秦王欲以呂礼収斉、以済天下、君必軽矣。斉・秦相聚以臨三晋、礼必並相之、是君収斉以重呂礼也。斉免於天下之兵、其讎君必深。君不如勧秦王令弊邑卒攻斉之事。斉破、文請以所得封君。斉破晋強、秦王畏晋之強也、必重君以取晋。斉予晋弊（邑）[79]、而不能支秦、晋必重君以事秦。是君破斉以為功、操晋以為重也。破斉定封、而秦・晋皆重君。若斉不破、呂礼復用、子必大窮矣」。（『戦国策』秦策三・薛公為魏謂魏冄章）

これは第二節で引用した孟嘗君列伝の呂礼に関する記述、および対応する『戦国策』の説話である。両者の内容は相当の類似を呈するが、比較すれば秦策三の説話と孟嘗君列伝の記述には看過し得ない重要な異同がある。すなわち、孟嘗君列伝では「孟嘗君懼、乃遺秦相穰侯魏冄書曰……」とある部分が、『戦国策』では「薛公為魏謂魏冄曰……」となっており、『史記』に見えない「為魏」という文言が『戦国策』には記されている点である。『史記』と『戦国策』の両説話の類似、および「為魏」という文言が滅宋後に魏に赴いたとする『史記』の認識に整合しないことを考えれば、『史記』が原資料にあった魏との関連を示す文言を刪去した可能性が高いだろう。この見解に従えば、『史記』は孟嘗君が滅宋以前に魏に赴き、活動していたとする資料を参照したにもかかわらず、それらをあえて魏ではなく斉における活動に書き換えたということになる。

また、秦策三の説話においては、「為魏」とあることから窺われるように当時魏に仕えていたと思われる孟嘗君が、呂礼を媒介として斉と結んだ秦が三晋に迫ることを防ぐため、秦が斉を攻撃することで呂礼を失脚させ、また魏冄が魏を味方につけることで秦においても重きをなすことができると魏冄を説得した、という内容になっている。しかしながら、書信の内容はほぼ同じでありながら、『史記』では呂礼に憎まれていることを懼れた孟嘗君が、呂礼を斉から逐うためにかかる書信を魏冄に送ったとされている。つまり、『戦国策』では孟嘗君が自国（魏）の安全・利益を図って秦に斉攻撃を使嗾したのに対し、『史記』では孟嘗君が個人的な確執を解決するためだけに、秦に自国（斉）を攻撃するよう勧めたことになっているのである。

加えて、『史記』の意図的な改変を示唆する異同としては、書信中の斉への攻撃を勧める台詞が、孟嘗君列伝では「子不如勧秦王伐斉」とあるのに対し、『戦国策』では「君不如勧秦王令弊邑卒攻斉之事」となっていることが指摘できる。つまり、『戦国策』では攻斉の主体が弊邑（魏）であるのに対し、『史記』では秦となっているのである。これもまた、『史記』編纂段階で整合性を保つために加えた改変の例に数えることができるだろう。このことは、孟嘗君が書信を送った結果、魏冄が秦昭王に伐斉を進言したという文言も列伝段階で作為されたことを示唆する。

では、なぜ『史記』はあえて原資料を改変してまで、かかる構成にしたのであろうか。その理由を探るにはまず、太史公が孟嘗君列伝を著した意図を確認する必要がある。

太史公曰く、吾嘗て薛を過るに、其の俗閭里率多暴桀子弟にして、鄒・魯と殊なり。其の故を問うに、曰く「孟嘗君天下の任俠を招致し、姦人 薛中に入ること蓋し六万余家」と。世の孟嘗君 客を好みて自ら喜ぶと伝うるは、名虚ならず。[80]（『史記』孟嘗君列伝）

客を好み士を喜びて、士 薛に帰す。斉の為に楚・魏を扞《ふせ》ぐ。孟嘗君列伝第十五を作る。[81]（『史記』太史公自序）

孟嘗君列伝末尾の太史公曰では孟嘗君が客を好み、天下の任俠を招致したことが述べられており、この点は太史公自序の「好客喜士、士帰于薛」と認識を同じくする。また、実際に客に関する説話は孟嘗君全篇に散りばめられており、本列伝の主題の一つではある。ただ、編纂の視点からしてより重要な意味を持つのは、太史公自序に記された「斉の為に楚・魏を扞ぐ」という文言であり、ここからは孟嘗君が斉国の為に楚・魏と対抗したという認識が窺われる。とりわけ、「斉の為に魏を扞いだ」という認識は、『戦国策』や『戦国縦横家書』に見えるような、魏に仕えて斉の攻撃に積極的に関与したという記述と矛盾すること甚だしい。この点からすれば、列伝では孟嘗君の魏における活動がほぼ抹消されているのは、太史公自序の認識に沿った編集であったと考えられよう。

次いで問題となるのは、『史記』孟嘗君列伝がこのような孟嘗君像を作り上げた理由はどのようなものであったか、である。これについては、史料の僅少ゆえに確言することは難しいが、なおいくつかの可能性が考えられる。

まず、太史公が孟嘗君の再評価を試みたのではないか、ということがある。そもそも、『史記』以前においては、孟嘗君の評価は必ずしも芳しいものではなかった。『荀子』王霸篇には、

> 国を挈りて以て功利を呼し、其の義を張りて其の信を斉すに務めず、唯だ利をこれ求め、内は則ち其の民を詐りて小利を求むるを憚らず、外は則ち其の与を詐りて大利を求むるを憚らず。内は其の有つ所以を脩正せず、然も常に人の有を欲す。是の如くんば則ち臣下百姓 詐心を以て其の上に待せざるもの莫し。上 其の下を詐り、下 其の上を詐れば則ち是れ上下析《わ》かるるなり。是の如くんば則ち敵国は之を軽んじ、与国は之を疑い、権謀日々行われ、而して国は危削を免れず、之を綦《きわ》むれば而ち亡ぶ。斉閔・薛公是なり(82)。

とあり、民や与国を欺くことも憚らず利益を求めれば、上下離析した挙句、敵国に侮られ、与国に疑われて終には滅びることになるとし、その実例として斉湣王と薛公を挙げる。ここでは、孟嘗君のとった具体的な行動については言及されていないが、少なくとも斉湣王敗滅の責の一端が孟嘗君にあるとの認識が窺われる。また、臣道篇には次のようにある。

> 人臣の論、態臣なる者有り、簒臣なる者有り……内は民を一にせしむるに足らず、外は難を距がしむるに足らず、百姓親しまず、諸侯信ぜず。然り而して巧敏佞説して、善く寵を上に取る。是れ態臣なる者なり。上は君に忠ならず、下は善く誉を民に取り、公道通義を卹えず、朋党比周し、主を環《まど》わして私を図るを以て務めと為す。是れ簒臣なる者なり。

……簒臣を用いる者は危く、態臣を用いる者は亡ぶ。……故に斉の蘇秦、楚の州侯、秦の張禄は態臣と謂うべき者なり。韓の張去疾、趙の奉陽、斉の孟嘗は簒臣と謂うべきなり。……[83]

（『荀子』臣道）

ここでは簒臣、すなわち君に不忠、朋党比周して私利を図る人物の例として、韓の張去疾・趙の奉陽君に並んで斉の孟嘗君の名が挙がっている。

さらに、ここで注目されるのは、国家を害する態臣の例として蘇秦の名が見えることである。列伝末の太史公曰で明言されているように、蘇秦列伝は蘇秦の悪声を雪ぐことを目的として執筆されており[84]、実際に斉敗滅に関わる蘇秦の事績はわずかな痕跡を残してほとんど姿を消し、その一方で反秦の形象が大いに強調されている。確かに、本章で取り上げた孟嘗君については、悪声を雪ぐといったことに関して直接の言及は無いが、『荀子』によって簒臣とされた孟嘗君についてもやはり、斉の敗滅を図ったとする負の印象を払拭しようとする意図があったのではないだろうか。

第二に、先にも触れた蘇秦に関する認識に影響された可能性がある。前章でも述べたように、『史記』蘇秦列伝は複数の蘇秦説話を取捨選択し、改変を加えて編纂されたものである。そして『史記』の年代観では蘇秦は前三三〇～三二〇年代に活動したとされており、『戦国策』や『戦国縦横家書』に載るような、前二九〇～二八〇年代に攻斉の謀略に関与したとする情報は列伝にはほぼ反映されていない。しかし、『戦国縦横家書』によれば、燕の利を図って斉趙の関係悪化を目論む蘇秦は、直接間接に孟嘗君と接触している[85]。それゆえ、もし孟嘗君の魏における反斉の行動を記述しようとすれば、多かれ少なかれ蘇秦との関係に触れざるを得ず、蘇秦列伝で既に前三二〇年前後に蘇秦が死亡したとする以上、孟嘗君の魏における活動を詳述することは困難であったであろう。また、『戦国縦横家書』には孟嘗君と奉陽君との関係も記されているが、奉陽君もまた蘇秦列伝編纂の過程で、元来の前二九〇

～二八〇年代に趙で専権を振るい、当時の外交に大きな役割を果たした人物から、前三三〇年代以前に死亡した趙粛侯の弟・公子成なる人物へと改変を被っていることも(86)、やはり前二八〇年代における孟嘗君の活動の詳述を妨げる要因となったと思われる。

さて、本節では孟嘗君の魏における活動が孟嘗君列伝においてはほとんど記されていないことを確認し、かつその原因の一部に『史記』の戦国史像が関わっていると考察した。馮驩説話について、遊説対象を魏ではなく秦とする説話が採用されていることもやはり同様の意図に出るものだろう。しかし、『史記』は必ずしもその構想に拘泥して機械的に資料を取捨選択したのではなく、極力手元にある資料を記録・活用しようとした形跡がある。

孟嘗君列伝について言えば、魏における活動はほぼ記されていないが、列伝には孟嘗君の最後の活動として、斉の敗滅に関与していたことを示唆する記述がわずかながら残されている。

孟嘗君恐れ、迺ち魏に如《ゆ》く。魏昭王以て相と為し、西のかた秦・趙に合し、燕と共に伐ちて斉を破る。斉湣王亡げて莒に在り、遂に焉に死す(87)。

（『史記』孟嘗君列伝）

実のところ、この箇所を読む限りでは、魏昭王が孟嘗君を相として秦・趙と合し、燕と共に斉を破った、としか記されておらず、孟嘗君が攻斉に果たした役割どころか、どのように関与したかすら不明である。しかし、それでもなおこのような記述がなされたのは、孟嘗君が斉の為に楚・魏を扞いだという本列伝作成の基本方針にもかかわらず、やはり孟嘗君が魏に仕えて攻斉に参与したとする資料を看過しがたかったためであろう。

小結　矛盾無き列伝――潜在する仮構

本章では、第一節において馮驩説話から『史記』孟嘗君列伝の構成に関わる特徴を指摘し、第二節から第四節にわたって列伝の中心となる孟嘗君田文、および父・靖郭君田嬰に関する記述を検討した。その記述形式について言えば、田嬰の事績には紀年が多く、他方孟嘗君の部分には斉湣王二十五年を除き、紀年が記されておらず、一見すると田嬰については紀年資料が用いられ、他方孟嘗君については基本的に説話資料を用いて構成されているような印象を与える[88]。しかし、実際にその記述の特徴を見てみると、必ずしも田嬰の事績に関する記述が信憑性に富んでいるというわけでもない。

第二節で検討したように、孟嘗君列伝の載せる田嬰関連の記述のうち、例えば田忌の復召に関するものなどは、明らかに田世家で形成された認識を引き継いだものであって、確実な資料があったわけではない。また、田嬰に関する紀年についても、基本的に田世家の事件の紀年に齟齬しない形で田嬰の事績が付されているのであって、各史料の信憑性についてはやはり個別に検討する必要がある。その点、列伝中で孟嘗君に関して唯一明記されているのは斉湣王二十五年という紀年であるが、第三節で述べたように、この年次に関しては田世家で既に「（湣王）二十五年……孟嘗君薛文入秦、即相秦」とされ、かつ考古資料とも矛盾せず、比較的信憑性が高いと判断できる。

他方、斉湣王二十五年の紀年を明記する入秦を除けば、列伝の孟嘗君に関する事績には確かに紀年が皆無であるが、『史記』の他の箇所の記述に基づけば、入秦以後の出来事についての紀年は基本的に定めることができる。具体的には、前二九八年に秦から逃亡し、趙を経由して斉に帰還、その後斉相となって秦を攻撃し、前二九四年に田甲の叛乱に連累して斉から一時的に逃亡、その後前二九四～二八八年の間に呂礼との争いが生じ、前二八六年の滅宋後、前二八四年の斉敗滅以前に魏へと奔り、魏相となったとされている。これらの記述は、史実と見なすには種々の史料的問題があるものの、『史記』の年代観とは基本的に矛盾なく構成されている。

以上を総合すれば、孟嘗君列伝の編纂の特徴は次のように結論されよう。

まず、田嬰に関する記述が田世家の記述を前提として、それと齟齬しない形で記されていることから、田世家が先に編纂され、それを参照しつつ孟嘗君列伝が作成されたと推定できる。他方、孟嘗君については、涇陽君の入質と孟嘗君の入秦を関連付け、平原君と孟嘗君の接触を前二九八年に置くなど、本列伝編纂時に初めて形成されたと考えられる認識が散見する。このように、孟嘗君列伝は秦本紀を除き基本的に『史記』の他の箇所の紀年や記述と矛盾なく構成されているが、そのこと自体は孟嘗君列伝の各記述の信憑性を担保するわけではない。太史公自序の「為斉扞楚魏」という認識に沿う形で、孟嘗君の魏における活動がほぼ記録されていないことなどはその最たる例である。また、このような編纂方針が採用された理由としては、『史記』編纂段階において孟嘗君の魏関連の情報が少なかった、という資料的偏差を想定するよりは、むしろ孟嘗君の反秦の形象を強調する意図や、蘇秦に関する認識の影響を受けた可能性を考慮すべきであろう。

ただし、太史公は「為斉扞楚魏」の方針に従い機械的に魏関連の孟嘗君説話を排除したわけではなく、原資料の保存・活用に意を払っている点は極めて重要な特徴である。このことは、改変を加えつつも呂礼関連の説話を採録していることや、ごくわずかながら魏相となったことを記している点からも確認できる。このような編纂時における原資料への態度は、第一章で検討した蘇秦列伝の編纂についても同様に認められた。

その一方で、孟嘗君列伝の内容が基本的に『史記』の他箇所と矛盾しないという点は、前章で検討した蘇秦列伝との最大の相違と言えるだろう。これは一つには、蘇秦に関する確実な紀年が無く、比較的随意に活動時期を遡らせることができたがゆえに、反って個々の説話の内容と時代背景の間に顕著な矛盾を来してしまったのに対し、孟嘗君に関しては相秦などわずかに入手し得た確度の高い紀年が活動年代の枠組みを規定したがために、説話の内容についても時代背景とさほど齟齬が生じなかったことが挙げられる。また、孟嘗君列伝が『史記』戦国部分の中でも比較的晩くに編纂されたことで、戦国時代のとりわけ紀年についても既に比較的固定した認識を得ていたために、ほぼ他箇所の紀年と齟齬することなく編纂することができたのであろう。

さて、ここまで蘇秦と孟嘗君という主に六国に関わる人物の伝記を分析し、編纂上の共通する特徴と相異点を確認した。ついで次章では、秦に関わる人物を対象に取り上げて検討を進めよう。

〔付表〕『戦国策』斉策四・『史記』孟嘗君列伝の馮驩説話対照表

	『戦国策』斉策四・斉人有馮諼者章	『史記』孟嘗君列伝
①	斉人有馮諼者、貧乏不能自存、使人属孟嘗君、願寄食門下。	初、馮驩聞孟嘗君好客、躡蹻而見之。
②	孟嘗君曰「客何好。」曰「客無好也。」曰「客何能。」曰「客無能也。」孟嘗君笑而受之曰「諾。」	孟嘗君曰「先生遠辱、何以教文也。」馮驩曰「聞君好士、以貧身帰於君。」孟嘗君置伝舎十日、孟嘗君問伝舎長曰「客何所為。」
③	左右以君賤之也、食以草具。	
④	居有頃、倚柱弾其剣、歌曰「長鋏帰来乎、食無魚。」	答曰「馮先生甚貧、猶有一剣耳、又蒯緱。弾其剣

	⑤	⑥	⑦
左右以告。孟嘗君曰「食之、比門下之〔魚〕客。」居有頃、復弾其鋏、歌曰「長鋏帰来乎、出無車。」左右皆笑之、以告。孟嘗君曰「為之駕、比門下之車客。」於是乗其車、掲其剣、過其友曰「孟嘗君客我。」後有頃、復弾其剣鋏、歌曰「長鋏帰来乎、無以為家。」左右皆悪之、以為貪而不知足。	孟嘗君問「馮公有親乎。」対曰「有老母。」孟嘗君使人給其食用、無使乏。於是馮諼不復歌。	後孟嘗君出記、問門下諸客「誰習計会、能為文収責於薛者乎。」	馮諼署曰「能。」孟嘗君怪之、曰「此誰也。」左右曰「乃歌夫長鋏帰来者也。」孟嘗君笑曰「客果有能也、吾負之、未嘗見也。」請而見之、謝曰「文倦於事、憒於憂、而性懧愚、沈於国家之事、開罪於先生。先生不羞、乃有意欲為収責於薛乎。」馮諼曰「願之。」
而歌曰『長鋏帰来乎、食無魚』。」孟嘗君遷之幸舍、食有魚矣。五日、又問伝舍長。答曰「客復弾剣而歌曰『長鋏帰来乎、出無輿』。」孟嘗君遷之代舍、出入乗輿車矣。五日、孟嘗君復問伝舍長。舍長答曰「先生又嘗弾剣而歌曰『長鋏帰来乎、無以為家』。」孟嘗君不悦。	居朞年、馮驩無所言。	孟嘗君時相斉、封万戸於薛。其食客三千人。邑入不足以奉客、使人出銭於薛。歳余不入、貸銭者多不能与其息、客奉将不給。孟嘗君憂之、問左右「何人可使収債於薛者。」	伝舍長曰「代舍客馮公形容状貌甚辯、長者、無他伎能、宜可令収債。」孟嘗君乃進馮驩而請之曰「賓客不知文不肖、幸臨文者三千余人、邑入不足以奉賓客、故出息銭於薛。薛歳不入、民頗不与其息。今客食恐不給、願先生責之。」馮驩曰「諾。」

⑧	於是約車治装、載券契而行。辞曰「責畢収、以何市而反。」孟嘗君曰「視吾家所寡有者。」	
⑨	駆而之薛、使吏召諸民当償者悉来合券。券徧合。起、矯命以責賜諸民、因焼其券、民称万歳。	辞行、至薛、召取孟嘗君銭者皆会、得息銭十万。迺多醸酒、買肥牛、召諸取銭者、能与息者皆来、不能与息者亦来、皆持取銭之券書合之。斉為会、日殺牛置酒。酒酣、乃持券如前合之、能与息者、与為期。貧不能与息者、取其券而焼之。
⑩		曰「孟嘗君所以貸銭者、為民之無者以為本業也。所以求息者、為無以奉客也。今富給者以要期、貧窮者燔券書以捐之。諸君彊飲食。有君如此、豈可負哉。」坐者皆起、再拝。
⑪	長駆到斉、晨而求見。	孟嘗君聞馮驩焼券書、怒而使使召驩。
⑫	孟嘗君怪其疾也、衣冠而見之、曰「責畢収乎。来何疾也。」曰「収畢矣。」「以何市而反。」馮諼曰「君云『視吾家所寡有者』。臣窃計、君宮中積珍宝、狗馬実外廏、美人充下陳。君家所寡有者以義耳。窃以為君市義。」孟嘗君曰「市義奈何。」曰「今君	驩至、孟嘗君曰「文食客三千人、故貸銭於薛。文奉邑少、而民尚多不以時与其息、客食恐不足、故請先生収責之。聞先生得銭、即以多具牛酒而焼券書、何。」馮驩曰「然。不多具牛酒即不能畢会、無以知其有余不足。有余者、為要期。不足者、雖守

	有区区之薛、不拊愛子其民、因而賈利之。臣窃矯君命以責賜諸民、因焼其券、民称万歳。乃臣所以為君市義也。」	而責之十年、息愈多、急、即以逃亡自捐之。若急、終無以償、上則為君好利不愛士民、下則有離上抵負之名、非所以厲士民彰君声也。焚無用虚債之券、捐不可得之虚計、令薛民親君而彰君之善声也、君有何疑焉。」
⑬	孟嘗君不説、曰「諾、先生休矣。」	孟嘗君乃拊手而謝之。
⑭	後朞年、斉王謂孟嘗君曰「寡人不敢以先王之臣為臣。」	斉王惑於秦楚之毀、以為孟嘗君名高其主而擅斉国之権、遂廃孟嘗君。
⑮		諸客見孟嘗君廃、皆去。
⑯	孟嘗君就国於薛、未至百里、民扶老携幼、迎君道中。孟嘗君顧謂馮諼「先生所為文市義者、乃今日見之。」	
⑰	馮諼曰「狡兎有三窟、僅得免其死耳。今君有一窟、未得高枕而臥也。請為君復鑿二窟。」	馮驩曰「借臣車一乗、可以入秦者、必令君重於国而奉邑益広、可乎。」
⑱	孟嘗君予車五十乗・金五百斤・車百乗、	孟嘗君乃約車幣而遣之。
⑲	西遊於梁、謂恵王曰「斉放其大臣孟嘗君於諸侯、諸侯先迎之者〔国〕富而兵強。」於是梁王虚上位、	馮驩乃西説秦王曰「天下之游士馮軾結靷西入秦者、無不欲彊秦而弱斉。馮軾結靷東入斉者、無不欲彊

	⑳
以故相為上将軍、遣使者黄金千斤・車百乗・往聘孟嘗君。	馮諼先駆、誡孟嘗君曰「千金、重幣也。百乗、顕使也。斉其聞之矣。」
斉而弱秦。此雄雌之国也、勢不両立為雄、雄者得天下矣。」秦王跽而問之曰「何以使秦無為雌而可。」馮驩曰「王亦知斉之廃孟嘗君乎。」秦王曰「聞之。」馮驩曰「使斉重於天下者、孟嘗君也。今斉王以毀廃之、其心怨、必背斉。背斉入秦、則斉国之情、人事之誠、尽委之秦、斉地可得也、豈直為雄也。君急使使載幣陰迎孟嘗君、不可失時也。如有斉覚悟、復用孟嘗君、則雌雄之所在未可知也。」秦王大悦、迺遣車十乗黄金百鎰以迎孟嘗君。	馮驩辞以先行、至斉、説斉王曰「天下之游士馮軾結靷西入秦者、無不欲彊秦而弱斉者。馮軾結靷東入斉者、無不欲彊斉而弱秦者。夫秦斉雄雌之国、秦彊則斉弱矣、此勢不両雄。今臣窃聞秦遣使車十乗載黄金百鎰以迎孟嘗君。孟嘗君不西則已、西入相秦則天下帰之、秦為雄而斉為雌、雌則臨淄・即墨危矣。王何不先秦使之未到、復孟嘗君、而益与之邑以謝之。孟嘗君必喜而受之。秦雖彊国、豈可以請人相而迎之哉。折秦之謀、而絶其霸彊之略。」

		斉王曰「善。」
㉑	梁使三反、孟嘗君固辞不往也。斉王聞之、君臣恐懼、遣太傅齎黄金千斤・文車二駟・服剣一、封書謝孟嘗君曰「寡人不祥、被於宗廟之祟、沈於諂諛之臣、開罪於君、寡人不足為也。願君顧先王之宗廟、姑反国統万人乎。」	乃使人至境候秦使。秦使車適入斉境、使還馳告之、王召孟嘗君而復其相位、而与其故邑之地、又益以千戸。秦之使者聞孟嘗君復相斉、還車而去矣。
㉒		自斉王毀廃孟嘗君、諸客皆去。後召而復之、馮驩迎之。未到、孟嘗君太息歎曰「文常好客、遇客無所敢失、食客三千有余人、先生所知也。客見文一日廃、皆背文而去、莫顧文者。今頼先生得復其位、客亦有何面目復見文乎。如復見文者、必唾其面而大辱之。」
㉓	馮諼誡孟嘗君曰「願請先王之祭器、立宗廟於薛。」廟成、還報孟嘗君曰「三窟已就、君姑高枕為楽矣。」	
㉔		馮驩結轡下拝。孟嘗君下車接之、曰「先生為客謝乎。」馮驩曰「非為客謝也、為君之言失。夫物有必

		至、事有固然、君知之乎。」孟嘗君曰「愚不知所謂也。」曰「生者必有死、物之必至也。富貴多士、貧賤寡友、事之固然也。君独不見夫趣市朝者乎。明旦、側肩争門而入。日暮之後、過市朝者掉臂而不顧。非好朝而悪暮、所期物忘其中。今君失位、賓客皆去、不足以怨士而徒絶賓客之路。願君遇客如故。」
㉕	孟嘗君為相数十年、無纖介之禍者、馮諼之計也。	
㉖		孟嘗君再拝曰「敬従命矣。聞先生之言、敢不奉教焉。」

注

（1）併称の例として、『史記』平原君列伝「是時斉有孟嘗、魏有信陵、楚有春申、故争相傾以待士」、同・春申君列伝「春申君既相楚、是時斉有孟嘗君、趙有平原君、魏有信陵君、方争下士、招致賓客、以相傾奪、輔国持権」、同・呂不韋列伝「当是時、魏有信陵君、楚有春申君、趙有平原君、斉有孟嘗君、皆下士喜賓客以相傾」などが挙げられる。これは、賈誼の『過秦論』に見える「孝公既没、恵王・武王蒙故業……諸侯恐懼、会盟而謀弱秦……当是時、斉有孟嘗、趙有平原、楚有春申、魏有信陵」といった認識の影響を受けたものであろう。なお、平原君列伝に附された瀧川資言の考証に「愚按呂不韋伝亦云、当是時、魏有信陵君、楚有春申君、趙有平原君、斉有孟嘗君、皆下士喜賓客以相傾、不韋相秦、孟嘗君死後二十余年、史公以概説周末卿相気習耳」とあり、四君を併称するのは戦国期の卿相の風潮を概括して述べたものとする。

（2）藤田［二〇一一］、一八〇頁参照。

（3）増淵「漢代における民間秩序の構造と任侠的習俗」（増淵［一九九六］、第一篇第一章）参照。
（4）太田［二〇〇七］、第一篇第三章「田斉の崩壊」参照。
（5）鄭［一九七二］、二〇一－二〇四頁参照。
（6）梁玉縄『史記志疑』巻三十「案『国策』驩作煖、所説馮事亦異。『習学記言』云『史記蓋別有所本、其義為勝也。』然多有不合、如無家之歌、左右悪之耳、而此以為孟嘗不悦、削去給馮老母一段、則無以見孟嘗待客之周、一也。煖矯令焼券反斉求見、而此以為得息銭大会、不能与息者焼券、孟嘗聞之怒而召驩、情節全乖、二也。孟嘗去相、煖説梁得復位、而此以為説秦又説斉、三也。孟嘗復用、欲殺斉士大夫、譚拾子有趨市之喩、而此以為客背孟嘗、驩為客謝語、四也。其為仮撰無疑」。
（7）『史記会注考証』孟嘗君列伝の考証に「張照曰『自馮驩至此、亦褚先生続為之、与史文不類。』愚按復申此一段以収孟嘗馮驩、未必褚先生続為之」とあり、『殿本史記考証』巻七十五に見える張照の見解を駁している。
（8）葉適『習学記言』巻二十「馮驩事与『戦国策』馮煖稍殊、『史記』蓋別有所本、其義為勝」とある。また、方苞『望渓集』外文補遺巻二は「馮驩事見『国策』而語則異。蓋秦漢間論戦国権変者非一家。史公所録与今伝『国策』異耳」と述べる。
（9）鄭［一九七二］、二〇五－二〇六頁および任剛［二〇〇九］、三三〇－三三一頁は『史記』の馮驩説話の原資料が現行本『戦国策』の馮諼説話と異なると見なす。
（10）鄭［一九七二］、二〇〇－二〇六頁参照。
（11）康［二〇〇六］等。
（12）銭［一九五六］、考辨一二九・魏襄王十九年会薛侯於釜邱考では斉策四・斉人有馮諼者「斉王謂孟嘗君曰寡人不敢以先王之臣為臣、而孟嘗君就国於薛」を湣王初立の年（前三〇一年）の事としており、従うべきであろう。
（13）斉君の在位年代につき、『史記』は斉威王（前三七八～前三四三年）、宣王（前三四二～前三二四年）、湣王（前三二三～前二八四年）とするが、紀年の錯誤が著しく、研究により大幅に修正されている。まず紀年の修正可能な湣王以前の君主の在位年につき、宣王・湣王のそれは、銭［一九五六］、楊［二〇〇二］、吉本［一九九八a］等に従い、各々前三一九～前三〇一年、前三〇〇～前二八四年としてよい。ただし、威王については若干の見解の相違が見られる。威王元年については、各研究者により思考法は異なるものの、結論だけについて言えば、有力なものとして①前三五七年（銭［一九五六］、吉本［一九九八a］等）、②前三五六年（陳［一九五五］、楊［二〇〇二］等、熊［二〇一七］）、③前三五五年（白［二〇〇八］等）の三説がある。しかしながら、索隠の引用する古本『竹書紀年』が示す威王の年代が箇所によって齟齬し、かつ『史記』の版本によっても文字の異同が存在する等の理由から、いずれが是であるか現時点では決定しがたい。本書は紀年の問題解決を主眼としておらず、かつ威王の即位年に関する一、二年の誤差は本章の論旨に影響しないため、この問題については待考としておく。

(14) 銭［一九五六］、楊［二〇〇一］等参照。

(15)『史記』孟嘗君列伝「孟嘗君名文、姓田氏。文之父曰靖郭君田嬰。田嬰者、斉威王少子而斉宣王庶弟也」。

(16)『史記』孟嘗君列伝索隠「『戦国策』及諸書並無此言、蓋諸田之別子也」。

(17)『史記』孟嘗君列伝索隠は王劭の言を引いて「『戦国策』云斉貌辯謂宣王曰『王方為太子時、辯謂靖郭君、不若廃太子、更立郊師。靖郭君不忍。』宣王太息曰『寡人少、殊不知。』以此言之、嬰非宣王弟明也」とする。なお、王劭の引く説話は『戦国策』斉策一・靖郭君善斉貌辨章を節略した形となっている。

(18) 楊［二〇〇一］、周顕王二十七年条「田嬰者、斉威王少子而斉宣王庶弟也。田嬰自威王時任職用事、与成侯鄒忌及田忌将而救韓伐魏。」の案語に「余疑《史記》誤前威王宣王年世、田嬰乃桓公少子・威王庶弟、故得有廃立太子之権勢」とある。ただし、楊寛が少子・庶弟の関係を単純に一世代前に移すことに関しては、その是非を定めがたい。

(19) 本章注13参照。

(20)『史記』魏世家「桓子之孫曰文侯都」の索隠に「『系本』云桓子生文侯斯」とあり、この箇所について銭穆［一九五六］、考辨第三七は「是『史記』……誤子為孫也。考年表、魏桓子与韓康子趙襄子滅知伯、在周定王十六年、下去魏文侯元二十九年、其間不著桓子之子名字、及始立年歳。蓋桓子之子即文侯斯、『史記』誤移文侯之年於後、疑其相差過遠、因謂文侯乃桓子孫、然竟亦不能確指其子為何名也」と指摘する。

(21)『史記』魏世家「(恵王)三十六年……是歳、恵王卒」の索隠に「按紀年、恵成王三十六年改元称一年、未卒也」とある。なお、魏恵王・襄王の在位年代については、楊寛「論梁恵王的年世」および同「再論梁恵王的年世」(ともに楊［二〇〇三］所収)に拠り、魏恵王在位を前三六九年~前三一九年(前三三四年年内改元)、襄王在位を前三一八年~前二九六年とするのが妥当であろう。『史記』の記述は前三三四年の改元を襄王の即位と見なし、その前年を恵王の卒年と判断したことに由来する錯誤である。

(22) 梁玉縄『史記志疑』巻三十・孟嘗君列伝第十五「案表及魏与田完世家、会平阿南、非東阿也。而平阿之会、止魏斉二王、無韓昭侯」。

(23)『史記』田敬仲完世家「(宣王)二年、魏伐趙。趙与韓親、共撃魏。趙不利、戦於南梁……韓氏請救於斉……韓因恃斉、五戦不勝而東委国於斉。斉因起兵……救韓・趙以撃魏、大敗之馬陵、殺其将龐涓、虜魏太子申。其後三晋之王皆因田嬰朝斉王於博望、盟而去」。

(24)『戦国策』斉策一・南梁之難章「南梁之難、韓氏請救於斉……韓自以専有斉国、五戦五不勝、東愬於斉。斉因起兵撃魏、大破之馬陵。魏破韓弱、韓・魏之君因田嬰北面而朝田侯」。

(25)『史記』田敬仲完世家の「(宣王)二年……其後三晋之王皆因田嬰朝斉王於博望、盟而去」の集解に徐広を引いて「表曰三年与趙会博望伐魏」とあり、徐広所見のテキストでは六国斉表・宣王三年欄に博望に関する記述があったことになる。この場合、(一)元来斉表宣王三年欄には「三年与趙会伐魏」とのみ書かれていたが、徐広所見のテキストでは伝承の過程で後人の手により田世家を参照して「博望」と地名を書き加えられていた可能性、および(二)『史記』編纂時点で既に「博望」の地名が記されており、徐広もそのようなテキストを参照したが、後に伝写の過程で脱落、あるいは田世家との内容のズレ(田世家の「三晋之王……朝斉於博望」と斉表の「(斉)与趙会……」では表現に一定の距離がある)を考慮して刪去された可能性がある。後者の場合は、六国年表編纂に利用した「秦記」に、「博望」に関する記述があった可能性も排除できず、一定の根拠を認めるべきである。ただし、『史記』編纂段階で既に「与趙会博望」に言及する原資料が存在したとしても、先述した内容のズレから判断すれば、斉宣王三年に三晋の王が斉に朝したという記述は、田世家編纂段階で年表に利用された資料と、それとは異なる説話資料を結合してなされたものと考えられる。

(26)『史記』孟嘗君列伝索隠「『紀年』当恵王之後元十一年。彼文作平阿。又云十三年会斉威王于鄄、与此明年斉宣王与梁恵王会鄄文同。但斉之威宣二王、文舛互並不同」。

(27)銭[一九五六]、考辨一〇四・斉魏韓会平阿及斉魏会甄考では孟嘗君列伝の索隠に拠り「拠此知会平阿在恵王後元十一年、会甄在恵王後元十二年。知索隠十三年係後元者、索隠承上後元十一年言、故十三年不更著後元字。又云与此明年会甄文同、則知索隠十三年本係「十二」字誤也。時当斉威王三十四・三十五年、其年五国相王。史公既不知恵王有後元、故魏世家以会平阿会甄移帰恵王三十五・三十六年、而明年謂襄王元年、与諸侯会徐州相王也。魏年既誤、斉亦依之、而謂是宣王之七年矣」と述べる。

(28)一例として、元来威王の時の事件であった馬陵の戦が、実年代としては一致するが、『史記』では宣王の時のこととされていることなどが挙げられる。

(29)吉本[一九九八b]、六九頁参照。

(30)『史記』孟嘗君列伝「(1)田嬰自威王時任職用事、与成侯鄒忌及田忌将而救韓伐魏。(2)成侯与田忌争寵、成侯売田忌。田忌懼、襲斉之辺邑、不勝、亡走。会威王卒、宣王立、知成侯売田忌、乃復召田忌以為将。宣王二年、田忌与孫臏・田嬰俱伐魏、敗之馬陵、虜魏太子申而殺魏将龐涓」。

(31)梁玉縄『史記志疑』巻三十・与成侯鄒忌及田忌将而救韓伐魏条「案此指斉威王二十六年桂陵之役、是救趙非救韓也。且成侯不与田忌同将、田完世家甚明。当是田嬰与田忌将而救趙伐魏耳。此誤」。

（32）須山［二〇〇〇］は桂陵・馬陵の戦について、『史記』編纂当時に複数の異説が存在したことを指摘しており、この混同が『史記』編纂以前に既に生じていた可能性はある。

（33）呉師道は『戦国策校注』において巻四「史以公孫閈為鄒忌云云附戦桂陵之前、文小異。操十金卜市以下在威王三十五年、下云田忌聞之、率其徒襲攻臨淄、求成侯、不勝而奔。宣王召復位、遂有馬陵之戦。按策言忌伐魏三戦三勝、忌戦可見者桂陵馬陵二役。策併言之也。後章記忌係太子申、禽龐涓、孫子謂忌曰『若是則斉君可正、成侯可走』。忌不聴、遂不入斉。又記田忌亡斉之楚、楚封之江南、則忌之出奔在戦馬陵後宣王之世明矣。史載其奔在前、故謂召復位。忌既襲斉、豈得再復、成侯猶在、豈宜並列、而馬陵後忌無可書之事、知其必有誤也。以威王之明、成侯公孫閈之詐、豈能行其間。其為宣王無疑也。『大事記』謂桂陵馬陵二事多混、而書忌出奔在威王時、亦仍史之旧耳」と述べる。

（34）梁玉縄『史記志疑』巻二十四・田忌聞之因遂率其徒襲攻臨淄求成侯不勝而犇条「案田忌出奔在宣王二年戦馬陵之後、不在威王三十五年。無論威王賢明、成侯讒搆所不能行、而忌之戦功可見者桂陵馬陵二役、若威王時已出奔則安得馬陵之勝乎。此与孟嘗伝同誤。然其誤亦由『国策』也。『策』于威王時載鄒忌田忌不相説一章、有田忌遂走之語、史公謬以為拠、因撰出襲攻臨淄事。『索隠』謂斉都臨淄当依孟嘗伝作襲斉辺邑、而不知忌未嘗襲斉耳。『国策』戦馬陵後有田忌為斉将一章、言孫臏勧忌無解兵入斉、可正斉君而走成侯、忌不聴、以是観之、忌亦賢矣。奈何反以襲斉誣之耶」。

（35）楊［二〇〇二］、周顕王二十九年（公元前三四〇年）条按語参照。

（36）『史記』田世家「（威王）二十六年、魏恵王囲邯鄲、趙求救於斉。……其後成侯騶忌与田忌不善、公孫閱謂成侯忌曰公何不謀伐魏、田忌必将。戦勝有功、則公之謀中也。戦不勝、非前死則後北、而命在公矣。於是成侯言威王、使田忌南攻襄陵。十月、邯鄲拔、斉因起兵撃魏、大敗之桂陵。……三十五年、公孫閱又謂成侯忌曰公何不令人操十金卜於市、曰我田忌之人也。吾三戦而三勝、声威天下。欲為大事、亦吉乎不吉乎。卜者出、因令人捕為之卜者、験其辞於王之所。田忌聞之、因遂率其徒襲攻臨淄、求成侯、不勝而犇」。

（37）なお『会注考証』は「其後」に注して「帰有光曰其後二字疑有誤。中井積徳曰疑衍」とする。「其後」が衍字か否かは措くとして、かかる見解が提出されていることからもわかる通り、「其後」以下の話も威王二十六年の話と同一の事件を指しており、異なる二種類の原資料を用いたためにこのような記述となっているのであって、「其後」以下の説話が二十六年からさらに時間の経過した状況を指すわけではない。なお、「二十六年」以下の記述は『戦国策』斉策一・邯鄲之難章に類似するが、邯鄲之難章末尾の「乃起兵南攻襄陵。七月、邯鄲拔。斉因承魏之敝、大破之桂陵」が、『史記』では「其後」の説話の後に移されており、太史公が単純に原資料を配列しただけではないことがわかる。

（38）『戦国策』斉策一・成侯鄒忌為斉相章「成侯鄒忌為斉相、田忌為将、不相説。公孫閈謂鄒忌曰『公何不為王謀伐魏。勝則是君之謀

也、君可以有功。戦不勝、田忌不進戦而不死、曲撓而誅。』鄒忌以為然、乃説王而使田忌伐魏。田忌三戦三勝、鄒忌以告公孫閈、公孫閈乃使人操十金而往卜於市曰『我田忌之人也。吾三戦而三勝、声威天下。欲為大事、亦吉否。』卜者出、因令人捕為人卜者、亦験其辞於王前。田忌遂走」。なお、「田忌不進戦而不死」については、范［二〇〇六］、五一二頁に「……呉闓生云、当云『不進戦而死、必曲撓而誅。』按呉説為長。田完世家作『戦不勝、非前死則後北』、義亦相近。『不死』之『不』疑渉上『不』字而衍」とあるのに従い、本文では「不進戦而死」として訳した。

(39)『史記』田敬仲完世家索隠では『史記』の田忌出奔の顛末について、「『戦国策』田忌前敗魏於馬陵、因被構、不得入斉、非是居斉歴十年乃出奔也」として、『史記』と『戦国策』の異同を指摘している。

(40) 年次不明の事件を君主の卒年の前年に記す例があることについては吉本［一九九六］に指摘がある。

(41)『史記』孟嘗君列伝「秦昭王聞其賢、乃先使涇陽君為質於斉、以求見孟嘗君。孟嘗君将入秦、賓客莫欲其行、諫、不聴。蘇代謂曰……孟嘗君乃止。斉湣王二十五年、復卒使孟嘗君入秦、昭王即以孟嘗君為秦相。……囚孟嘗君、謀欲殺之。孟嘗君使人抵昭王幸姫求解。……幸姫為言昭王、昭王釈孟嘗君。孟嘗君得出、即馳去、更封伝、変名姓以出関。……秦昭王後悔出孟嘗君、求之已去。即使人馳伝逐之。……秦追果至関、已後孟嘗君出、乃還」。

(42)『史記』秦本紀「(秦昭王) 六年 (前三〇一年) ……涇陽君質於斉。……九年 (前二九八年) 孟嘗君薛文来相秦」。

(43)『史記』六国斉表「(斉湣王) 二十四 (前三〇〇年)、秦使涇陽君来為質。二十五 (前二九九年) 涇陽君復帰秦。薛文入相秦」。

(44)『史記』田敬仲完世家「(斉湣王) 二十四年、秦使涇陽君質於斉。二十五年、帰涇陽君于秦。孟嘗君薛文入秦、即相秦。文亡去」。

(45)『史記』穰侯列伝「昭王七年 (前三〇〇年)、樗里子死、而使涇陽君質於斉」。

(46) 王輝・尹夏清・王宏［二〇一二］参照。

(47)『戦国策』斉策三・孟嘗君将入秦章「孟嘗君将入秦、止者千数而弗聴。蘇秦欲止之、孟嘗君曰人事者、吾已尽知之矣。吾所未聞者、独鬼事耳。蘇秦曰臣之来也、固不敢言人事也、固且以鬼事見君。孟嘗君見之。謂孟嘗君曰今者臣来、過於淄上、有土偶人与桃梗相与語。桃梗謂土偶人曰子、西岸之土也、挻子以為人、至歳八月、降雨下、淄水至、則汝残矣。土偶曰不然。吾西岸之土也、土則復西岸耳。今子、東国之桃梗也、刻削子以為人、降雨下、淄水至、流子而去、則子漂漂者将何如耳。今秦四塞之国、譬若虎口、而君入之、則臣不知君所出矣。孟嘗君乃止」。

(48) 例えば、『史記』田敬仲完世家「威王元年、三晋因斉喪来伐我霊丘」を挙げることができる。『史記』は威王の先代の桓公の卒年を誤って二〇年ほど遡らせており、実際はこの時期に三晋が「斉の喪に因って」斉を攻撃することはあり得ないが、『史記』は自身の紀年によって仮構された斉喪と三晋伐斉を関連附けている。第一章注18参照。

（49）『史記』孟嘗君列伝「孟嘗君過趙……趙人聞孟嘗君賢、出観之、皆笑曰『始以薛公為魁然也、今視之、乃眇小丈夫耳』」および同「孟嘗君怨秦……与韓魏攻秦、而借兵食於西周。蘇代為西周謂曰『君……令敝邑以君之情謂秦昭王曰『薛公必不破秦以彊韓魏……』』」。なお、『史記』孟嘗君列伝「文卒、諡為孟嘗君」の索隠に「按孟嘗襲父封而号曰孟嘗君、此云諡、非也。孟、字也。嘗、邑名也」とあり、「孟嘗君」が実際に諡であったか否かについては議論の余地があるが、少なくとも太史公が諡と認識していたことは疑いないだろう。

（50）『史記』孟嘗君列伝「孟嘗君怨秦……与韓魏攻秦、而借兵食於西周。蘇代為西周謂曰……薛公曰『善』」。

（51）『史記会注考証』は注50に引用した「薛公」の部分に「文例、薛公当作孟嘗君、蓋襲『策』文」と注する。

（52）『戦国策』東周策・謂薛公曰章、西周策・薛公以斉為韓魏章、秦策三・薛公為魏謂魏冄章等参照。なお、『史記』孟嘗君列伝に見える、地の文で薛公が用いられている説話については『戦国策』西周策・薛公以斉為韓魏章が類似説話に該当するが、薛公以斉為韓魏章ではすべて「薛公」の称が用いられている。

（53）『戦国策』趙策一・蘇秦説李兌曰章「蘇秦説李兌曰「雒陽乗軒里蘇秦、家貧親老、無罷車駑馬、桑輪蓬篋、羸縢、負書担橐、触塵埃、蒙霜露、越漳河、足重繭、日百而舍、造外闕、願見於前、口道天下之事。」李兌曰「先生以鬼之言見我則可、若以人之事、兌尽知之矣。」蘇秦対曰「臣固以鬼之言見君、非以人之言也。」李兌見之。蘇秦曰「今日臣之来也暮、後郭門、藉席無所得、寄宿人田中、傍有大叢。夜半、土梗与木梗闘曰『汝不如我、我者乃土也。使我逢疾風淋雨壊沮、乃復帰土。今汝非木之根、則木之枝耳。汝逢疾風淋雨、漂入漳河、東流至海、氾濫無所止。』臣窃以為土梗勝也。今君殺主父而族之、君之立於天下、危於累卵。君聴臣計則生、不聴臣計則死。」李兌曰「先生就舍、明日復来見兌也。」蘇秦出。李兌舎人謂李兌曰「臣窃観君与蘇公談也、其辯過君、其博過君、君能聴蘇公之計乎。」李兌曰「不能。」舎人曰「君即不能、願君堅塞両耳、無聴其談也。」明日復見、終日談而去。舎人出送蘇君、蘇秦謂舎人曰「昨日我談粗而君動、今日精而君不動、何也。」舎人曰「先生之計大而規高、吾君不能用也。乃我請君塞両耳、無聴談者。雖然、先生明日復来、吾請資先生厚用。」明日来、抵掌而談。李兌送蘇秦明月之珠・和氏之璧・黒貂之裘・黄金百鎰。蘇秦得以為用、西入於秦」。

（54）『史記』孟嘗君列伝「孟嘗君過趙、趙平原君客之。趙人聞孟嘗君賢、出観之、皆笑曰『始以薛公為魁然也、今視之、乃眇小丈夫耳。』孟嘗君聞之怒。客与倶者下、斫撃殺数百人、遂滅一県以去」。

（55）楊［二〇〇二］、周赧王十七年（公元前二九八年）条の孟嘗君列伝の按語に「孟嘗君列伝謂孟嘗君出秦、『過趙、趙平原君客之、趙人聞孟嘗君賢、出観之、皆笑曰「始以薛公為魁然也、今視之、乃眇小丈夫耳。」孟嘗君聞之怒、客与倶者下、斫撃殺数百人、遂滅一県以去。』考平原君為趙恵文王同母弟、同為恵后所生、恵后納於趙武霊王十六年、至此纔十一年、平原君必尚稚幼、何能客孟嘗

君？ 孟嘗君出函谷関以後、不経韓・魏回斉而繞道『過趙』、随同孟嘗君逃出函谷関之賓客不能甚多、何能在趙『斫撃殺数百人、遂滅一県而去』？未可信」とある。趙世家を検するに、「(武霊王) 十六年、秦恵王卒。……呉広……内其女娃嬴。孟姚也。孟姚甚有寵於王、是為恵后」とあり、六国趙表には「(武霊王) 十六、呉広入女、生子何、立為恵王后」となっている。魏公子列伝に「趙恵文王弟平原君」とあることなどを勘案すると、楊寛の指摘は妥当であろう。

(56) 藤田［二〇一一］、一五二－一五四頁は、司馬遷が説話などの資料を組み合わせて列伝を編纂する際、当時の実際の交通路に即して合理的な復元を試みていたと指摘する。

(57) 楊［二〇〇一］、周赧王十七年（公元前二九八年）条・六国趙表「趙恵文王元年、以公子勝為相、封平原君」の案語には「《趙策四》第十四章諒毅曰『趙豹・平原君、親寡君之母弟也。』《魏公子列伝》又云『公子姉為趙恵文王弟平原君夫人。』平原君既為趙恵文王同母弟、同為恵后所生、恵后納於武霊王十六年、至此不過十二年。黄式三《周季編略》云『是時恵文王祇十三歳、勝為王之同母弟、年不過十一二歳、或寵而封之、難言必無此事。《年表》云以公子勝為相、封平原君、武靈王昏眊、不応至此。』考《趙世家》、恵文王初立、肥義為相国、恵文王四年肥義見殺、乃相公子成、其間固無勝為相事。《資治通鑑》記是年『趙王封其弟為平原君』、未言『為相』、惟言『平原君好士、食客常数千人、有公孫龍者』云云、又有『鄒衍過趙、平原君使公孫龍論白馬非馬之説』云云、当非此時事」とある。また銭［一九五六］、考辨一三三・平原君為相考は年齢の点から平原君が恵文王元年に相となったとは考えられず、おそらく孝成王元年に始めて相となったとする。ただし、魏一九九九は劉体智『小校経閣金文拓本』一〇・五七所載（『殷周金文集成』一一三九一）の「廿九年相邦肖（趙）□……」の銘を持つ趙国銅戈に拠り、趙恵文王二十九年に平原君が相であったと見なす。これには、呉［一九九八］が銘文中の「趙□」を「趙豹」と釈し、平陽君趙豹が相であったことを示すとするなど異論はあるものの、平原君が恵文王末年に相となり、『史記』編纂段階で平原君が恵文王の在位中に相となった、とする情報を獲得した可能性は排除できない。

(58) 吉本［一九九六］、二三五頁では「説話資料など本来的に年次のはっきりしない材料が、六国世家に採録されることで、結果的に年代を与えられ、その年代に従って六国年表に転載されたと判断される事例が少数ながら存在する」と述べられており、その例として韓世家昭侯二十四年の「秦来抜我宜陽」が説話資料から仮構された事件であり、次いで六国韓表に転載された可能性を指摘している。

(59) ただし、「以公子勝為相」を趙表の恵文王元年に繋けた理由については、二つの可能性を想定し得る。第一に、年次不明の場合であっても、「相になる」という内容をある国君の末年に置くことは不自然であり、仮に元年に繋けたのではないか、という可能性である。もう一つの可能性としては、『史記』編纂段階において、平原君が実際に趙恵文王元年に相になったと認識されていたということが考えられる。後者の可能性については、例えば魏公子列伝において「趙恵文王弟平原君」と明記するにもかかわらず、平原君列伝では「平原君趙勝者趙之諸公子也」となっており、その世系については明言していないことが、その認識を反映したものとも考え得る。ただし、例えば六国表・楚考烈王元年「黄歇為相」が春申君列伝「考烈王元年、以黄歇為相」に対応し、六国表・秦荘襄王楚元年「呂不韋相」が「荘襄王元年、以呂不韋為丞相」に対応すること、その一方で、趙表の恵文王元年と孝成王元年に平原君が相となったという記述には『史記』の他篇に明確に対応するものがなく、平原君列伝においても「平原君相趙恵文王及孝成王、三去相、三復位」と明瞭さを欠く記載になっていることから考えれば、やはり前者の可能性が高いだろう。

(60)『史記』孟嘗君列伝「孟嘗君怨秦、将以斉為韓・魏攻楚、因与韓・魏攻秦、而借兵食於西周。蘇代為西周謂曰「君以斉為韓・魏攻楚九年、取宛・葉以北以彊韓・魏、今復攻秦以益之。韓・魏南無楚憂、西無秦患、則斉危矣。韓・魏必軽斉畏秦、臣為君危之。君不如令敝邑深合於秦、而君無攻、又無借兵食。君臨函谷而無攻、令敝邑以君之情謂秦昭王曰『薛公必不破秦以彊韓・魏。其攻秦也、欲王之令楚王割東国以与斉、而秦出楚懐王以為和』。君令敝邑以此恵秦、秦得無破而以東国自免也、秦必欲之。楚王得出、必徳斉。斉得東国益彊、而薛世世無患矣。秦不大弱、而処三晋之西、三晋必重斉。」薛公曰「善。」因令韓・魏賀秦、使三国無攻、而不借兵食於西周矣。是時、楚懐王入秦、秦留之。故欲必出之。秦不果出楚懐王」。

(61)『戦国策』西周策・薛公以斉為韓魏章「薛公以斉為韓・魏攻楚、又与韓・魏攻秦、而藉兵乞食於西周。韓慶為西周謂薛公曰「君以斉為韓・魏攻楚、九年而取宛・葉以北以強韓・魏、今又攻秦以益之。韓・魏南無楚憂、西無秦患、則地広而益重、斉必軽矣。夫本末更盛、虚実有時、窃為君危之。君不如令弊邑陰合於秦而君無攻、又無藉兵乞食。君臨函谷而無攻、令弊邑以君之情謂秦王曰『薛公必〔不〕破秦以張韓・魏、所以進兵者、欲王令楚割東国以与斉也。』秦王出楚王以為和、君令弊邑以此恵秦、秦得無破、而以楚之東国自免也、必欲之。楚王出、必徳斉。斉得東国而益強、而薛世世無患。秦不大弱、而処之三晋之西、三晋必重斉。」薛公曰「善。」因令韓慶入秦、而使三国無攻秦、而使不藉兵乞食於西周」。

(62)秦本紀では楚懐王の入秦を秦昭王十年（前二九七年）に繋け、十一年に懐王の卒を記すが、入秦を昭王十年とする認識は他の箇所には認められず、この年次は『史記』戦国部分編纂の比較的早い段階で放棄されたと考えられる。

(63)孟嘗君列伝は斉・魏・韓の攻秦を前二九八年に繋けるが、『史記』秦本紀には昭襄王十一年（前二九六年）に「斉・韓・魏・趙・宋・中山五国共攻秦、至塩氏而還。秦与韓、魏河北及封陵以和」とある。また、六国年表には前二九八年（魏・韓・斉表）と前二九六年（韓表）に魏・韓・斉が秦を攻めたことが記されており、前二九六年の韓表の記述は秦本紀の記述を反映したものであろうが、六国年表を除き、該時期の三国攻秦を記す篇（秦本紀・魏世家・韓世家・田敬仲完世家、および孟嘗君列伝）がいずれか一つの攻秦の記述しか採用していないことからすれば、この二つの攻秦はおそらく元来一つの事件であったのが、『史記』編纂段階で異なる年次に繋けられたものと考えられる。ただし、本文では前二九八年の繋年が説話資料の内容に拠るものと推測したが、あるいは六国年表の作成に際して用いた「秦記」に由来する可能性もある。なお、秦本紀の紀年は『史記』の他処の紀年と齟齬する例が認められ、この攻秦に関しても、秦本紀編纂に際して拠った原資料が他篇の編纂に用いられた原資料と異なる認識を示していた可能性を指摘しておく。

(64)『史記』孟嘗君列伝「孟嘗君相斉、其舎人魏子為孟嘗君収邑入、三反而不致一入。孟嘗君問之、対曰『有賢者、窃仮与之、以故不致入』。孟嘗君怒而退魏子。居数年、人或毀孟嘗君於斉湣王曰『孟嘗君将為乱。』及田甲劫湣王、湣王意疑孟嘗君、孟嘗君迺奔。魏子所与粟賢者聞之、乃上書言孟嘗君不作乱、請以身為盟、遂自剄宮門以明孟嘗君。湣王乃驚、而蹤跡験問、孟嘗君果無反謀、乃復召孟嘗君。孟嘗君因謝病、帰老於薛。湣王許之」。

(65)『殿本史記考証』には「其舎人魏子為孟嘗君収邑入」につき、「唐順之曰『魏子・馮驩豈一事而伝聞異耶。』臣（張）照按晏子北郭騒事、与此亦大同小異。蓋戦国時習尚如此、則流言亦如此、挙不足信也」とある。

(66)孟嘗君列伝集解には「徐広曰湣王三十四年、田甲劫王、薛文走」とあるが、田敬仲完世家斉湣王二十九年条の集解には「徐広曰三十年、田甲劫王、相薛文走」とあり、孟嘗君列伝集解の「四」は衍字かと思われる。山本［一九九六］は「湣王三十四年」を別説と見なすが、集解・索隠が徐広を引いて異字を指摘する場合は基本的に「〇一作×」「〇一云×」あるいは「徐広云作×」等の形式を採るため（朱［二〇〇九］参照）、別説ではなく単なる衍字とするのが妥当であろう。

(67)『史記』孟嘗君列伝「(1)其後秦亡将呂礼相斉、欲困蘇代。代乃謂孟嘗君曰『周最於斉至厚也、而斉王逐之、而聴親弗相呂礼者、欲取秦也。斉・秦合、則親弗与呂礼重矣。有用斉、秦必軽君。君不如急北兵、趨趙以和秦・魏、収周最以厚行、且反斉王之信、又禁天下之変。斉無秦、則天下集斉、親弗必走、則斉王孰与為其国也。』於是孟嘗君従其計、而呂礼嫉害於孟嘗君。(2)孟嘗君懼、乃遺秦相穰侯魏冄書曰『吾聞秦欲以呂礼収斉、斉、天下之彊国也、子必軽矣。斉・秦相取以臨三晋、呂礼必并相矣、是子通斉以重呂礼也。若斉免於天下之兵、其讎子必深矣。子不如勧秦王伐斉。斉破、吾請以所得封子。斉破、秦畏晋之彊、秦必重子以取晋。晋国敝於斉而畏秦、晋必重子以取秦。是子破斉以為功、挟晋以為重。是子破斉定封、秦・晋交重子。若斉不破、呂礼復用、子必大窮。』於是穰侯言於秦昭王伐斉、而呂礼亡」。

(68)『戦国策』東周策・謂薛公曰章「謂薛公曰『周最於斉王至厚也而逐之、聴祝弗相呂礼者、欲取秦。秦・斉合、弗与礼重矣。有（周）〔用〕斉、秦必軽君。君弗如急北兵趨趙以和秦・魏、収周最以後行、且反斉王之信、又禁天下之率。斉無秦、天下（果）〔集〕、弗必走、斉王誰与為其国』」。

(69)『戦国策』秦策三・薛公為魏謂魏冄章「薛公為魏謂魏冄曰「文聞秦王欲以呂礼収斉、以済天下、君必軽矣。斉・秦相聚以臨三晋、礼必并相之、是君収斉以重呂礼也。斉免於天下之兵、其讎君必深。君不如勧秦王令弊邑卒攻斉之事。斉破、文請以所得封君。斉破晋強、秦王畏晋之強也、必重君以取晋。斉予晋弊（邑）、而不能支秦、晋必重君以事秦。是君破斉以為功、操晋以為重也。破斉定封、而秦・晋皆重君。若斉不破、呂礼復用、子必大窮矣」。

(70)『史記』秦本紀「（昭襄王）十三年……五大夫礼出亡奔魏」。

(71)『史記』穣侯列伝「昭王七年……魏冄相秦。欲誅呂礼、礼出奔斉。昭王十四年……」。

(72)楊寛［一九九八］、三七九頁注①では秦本紀の秦昭王十三年「五大夫礼出亡奔魏」および穣侯列伝の「魏冄相秦、欲誅呂礼、礼出奔斉」という記述を誤りとして斥け、斉が秦と好を結ぶために呂礼を取り立てて相としたとする。秦本紀の記述には何らかの拠所が有ったと想定され、楊寛の如く、他の記述と矛盾するという理由で直ちに誤りとすることはできないが、少なくとも孟嘗君列伝等の呂礼と秦本紀の五大夫礼との間に形象のズレが存在することは認めてよいだろう。

(73)例えば、『戦国策』東周策・斉聴祝弗章には「斉聴祝弗、外周最。謂斉王曰『逐周最、聴祝弗相呂礼者、欲深取秦也。秦得天下、則伐斉深矣。夫斉合、則趙恐伐、故急兵以示秦。秦以趙攻〔斉〕、与之斉伐趙、其実同理、必不処矣。故用祝弗、即天下之理也』」とあり、呂礼を相とするのは秦を味方とするためであるとされている。

(74)『史記』孟嘗君列伝「後斉湣王滅宋益驕、欲去孟嘗君。孟嘗君恐、廼如魏。……斉襄王立、而孟嘗君中立於諸侯、無所属。斉襄王新立、畏孟嘗君、与連和、復親薛公。文卒、諡為孟嘗君。諸子争立、而斉魏共滅薛。孟嘗絶嗣無後也」。

(75)滅宋の年次につき、『史記』秦本紀は「（昭襄王）十九年……斉破宋、宋王在魏、死温」とし、前二八八年に置くが、田敬仲完世家「（湣王）三十八年……斉遂伐宋、宋王出亡、死於温」、魏世家「（昭王）十年、斉滅宋、宋王死我温」、六国年表「（斉湣王）三十八年、斉滅宋」などについては前二八六年とされている。孟嘗君列伝においては、呂礼に関する年次が秦本紀と一致するのを除き、秦相となった時期などでは基本的に秦本紀の年次を採用せず、むしろ田敬仲完世家などと一致することから、滅宋に関しても前二八六年の年次を採っていたとして大過ないだろう。なお、吉本［一九九八ａ］では、秦本紀の年次は「『秦記』獲得以前に伝承された滅宋年次」であると指摘されている。

(76)『戦国策』趙策四・斉欲攻宋秦令起賈禁之章「斉欲攻宋、秦令起賈禁之。斉乃捄趙以伐宋。秦王怒、属怨於趙。李兌約五国以伐秦、無功、留天下之兵於成皋、而陰構於秦。又欲与秦攻魏、以解其怨而取封焉。魏王不説。之斉、謂斉王曰『臣為足下謂魏王曰『……今王又挟故薛公以為相、善韓徐以為上交、尊虞商以為大客……』……』」。

(77)『戦国策』魏策二・五国伐秦無功而還章「五国伐秦、無功而還。其後斉欲伐宋而秦禁之。斉令宋郭之秦、請合而以伐宋、秦王許之。魏王畏斉・秦之合也、欲講於秦。謂魏王曰「……臣又偏事三晋之吏・奉陽君・孟嘗君・韓呡・周㝡・韓余為徒従而下之。……」。

(78) 銭［一九五六］、考辨一二九〔附〕孟嘗君去斉相魏考参照。
(79) 関修齢『戦国策高注補正』に「恐衍邑字、雖魏敗斉而亦敝、故曰斉与晋敝、是以晋不能支秦」とあるのに従い、「邑」字を除く。
(80) 『史記』孟嘗君列伝「太史公曰吾嘗過薛、其俗閭里率多暴桀子弟、与鄒・魯殊。問其故、曰『孟嘗君招致天下任俠、姦人入薛中蓋六万余家矣。』世之伝孟嘗君好客自喜、名不虚矣」。
(81) 『史記』太史公自序「好客喜士、士帰于薛、為斉扞楚・魏。作孟嘗君列伝第十五」。
(82) 『荀子』王覇「挈国以呼功利、不務張其義、斉其信、唯利之求、内則不憚詐其民而求小利焉。外則不憚詐其与而求大利焉。内不脩正其所以有、然常欲人之有。如是則臣下百姓莫不以詐心待其上矣。上詐其下、下詐其上、則是上下析也。如是則敵国軽之、与国疑之、権謀日行、而国不免危削、綦之而亡。斉閔・薛公是也」。
(83) 『荀子』臣道「人臣之論、有態臣者、有簒臣者……内不足使一民、外不足使距難、百姓不親、諸侯不信。然而巧敏佞説、善取寵乎上、是態臣者也。上不忠乎君、下善取誉乎民、不卹公道通義、朋党比周、以環主図私為務、是簒臣者也。……用簒臣者危、用態臣者亡。……故斉之蘇秦、楚之州侯、秦之張〔儀〕〔禄〕、可謂態臣者也。韓之張去疾、趙之奉陽、斉之孟嘗、可謂簒臣也……」。
(84) 『史記』蘇秦列伝「太史公曰、蘇秦兄弟三人、皆游説諸侯以顕名、其術長於権変。而蘇秦被反間以死、天下共笑之、諱学其術。然世言蘇秦多異、異時事有類之者皆附之蘇秦。夫蘇秦起閭閻、連六国従親、此其智有過人者。吾故列其行事、次其時序、毋令独蒙悪声焉」。
(85) 蘇秦が燕王・斉王に宛てた書信という形をとる『戦国縦横家書』第三章、第四章、第六章、第七章、第八章、第十四章には薛公の名が見え、特に第六章には「薛公以告臣」とある臣が蘇秦とされていることからも、蘇秦と孟嘗君が前二九〇～前二八〇年代の外交において密接に関わっていたことが確認できる。
(86) 第一章第三節、および注65参照。
(87) 『史記』孟嘗君列伝「魏昭王以為相、西合於秦趙、与燕共伐破斉。斉湣王亡在莒、遂死焉」。
(88) 藤田［二〇一一］、二二〇頁には「戦国四君列伝は、基本的に『紀年資料＋記事資料』という編集パターンで構成されている。しかし孟嘗君列伝は、父の靖郭君にみえる紀年と、『斉湣王二十五年』の紀年以外は、戦国故事と説話で構成されている」とある。

第三章　張儀列伝の編纂

元至元二十五年彭寅翁崇道精舎刻本『史記』
張儀列伝第十
（画像出典：中国国家図書館蔵品）

はじめに

前章まで蘇秦列伝、および孟嘗君列伝を対象に、『史記』の編纂という点を中心に検討した。その過程で明らかになったのは、『史記』が種々の資料を自己の戦国史認識に整合するよう改変を加えながら戦国部分を叙述していた、ということである。ただし、蘇秦列伝では蘇秦の活動年代を『戦国策』や『戦国縦横家書』等に載録された他の説話史料の示す年代から五十年程遡上させて記述しており、かつ『史記』の他箇所の記述とも顕著に齟齬する一方、孟嘗君列伝の示す年代は原資料の示す年代観や『史記』の他篇の記述とさほどの齟齬は認められないことなど、紀年の特徴や改変の方法には差異も認められる。その意味において、『史記』戦国列伝の編纂方法を明らかにするためには、異なる特徴を備えた篇を比較検討することが効果的であるだろう。

蘇秦列伝と孟嘗君列伝について言えば、まず蘇秦の特徴として、『史記』編纂段階においては秦との関係を示す確実な紀年資料がおそらく全く存在しなかったであろうことが指摘できる。一方、秦相となった事績が示すように、孟嘗君については秦に由来する比較的信頼のおける紀年資料が若干数存在したと考えられる。蘇秦列伝が他史料の記述と著しく矛盾するのに対して、孟嘗君列伝の記述は確かに若干の齟齬や節略はあるものの、他史料の記す孟嘗君の活動年代と概ね整合的である。

さて、この秦との関係の深浅を基準とすれば、蘇秦・孟嘗君の検討を終えた今、次いで対象とすべきは秦国の人物である。『史記』において、戦国期の秦国の人物に関するものとしては、商君列伝・張儀列伝・樗里子甘茂列伝・穰侯列伝・白起王翦列伝・范睢蔡沢列伝・呂不韋列伝・李斯列伝・蒙恬列伝があるが、本章では特に張儀列伝を対象に取り上げる。

張儀列伝は、戦国中期に活躍し、主に秦と山東六国との間の外交に従事したとされる張儀の伝記である。『史記』張儀列伝に拠れば、張儀はかつて蘇秦とともに鬼谷先生の許で術を学び、その後諸侯へと遊説するが、楚国の相の酒宴に参加した際に、彼の璧を盗んだことを疑われ、拷問にかけられた末に解放された。一方、その頃既に合従を成立させ、趙国の顕貴となっていた蘇秦は、秦が合従を崩壊させることをおそれたため、策謀を用いて張儀を秦へと送り込み、秦へと入った張儀は恵文王によって客卿とされた。この時、蘇秦に陰ながら援助されていたことを知った張儀は、蘇秦の智略に感嘆したという。秦国において重用された張儀は、秦恵文王前元十年（前三二八年）に相となると、魏の討伐や斉・楚との会盟に従事し、また魏相となって、合従同盟に背いて秦との同盟を結ぶよう魏王を説得し、策略によって楚と斉を断交させる等、秦の利益を図って魏・楚で活動する様が記される。その後、秦の死を聞き知った張儀は楚・韓・斉・趙・燕に遊説して秦との連衡を成立させて秦へと帰還するが、群臣の讒言などを恐れて魏へと逃亡し、魏相となって一年の後に死亡した、とされる。

以上が『史記』張儀列伝の記す張儀の主な活動であるが、なかでも最も知られるのは、縦横家の祖とされる蘇秦の合従を打ち破り、秦と六国との連衡を成立させたという事績であろう。また、同時代において既に名声赫赫たる人物として広く知られていたと考えられ[1]、戦国史を通時的に記述した『史記』が、張儀のために立伝しているのは、至極妥当な人選であったと言うことができる。

数ある列伝の中でも特に張儀列伝を対象とするのは、序論でも述べた如く、張儀が戦国中期に活動した人物であることを重視したものである。『史記』の戦国紀年に種々の問題があることは知られているが、戦国前期〜中期の紀年については、若干の見解の分岐はあるものの修正がなされており、この修正された紀年と『史記』の紀年のズレは、『史記』の編纂方法を探る上で極めて貴重な手掛りとなり得る。しかし、紀年修正の重要な史料となる古本

『竹書紀年』には魏襄王二十年（前二九九年）までの記述しかなく、睡虎地秦簡「編年記」などによって一部修正可能であるのを除き、それ以降の『史記』の紀年については仮に錯誤が存在したとしても修正する術がない。[2]

その点、張儀については、戦国中期の人物であることに加え、紀年を含む青銅器銘文も残されており、年代に関する確実な情報を獲得できるという利点がある。また、蘇秦については既に詳細な検討を加えたが、『史記』の認識においては、張儀が合従連衡の両雄として蘇秦と密接に関連付けられている。第一章では主に蘇秦に焦点を当ててその認識の形成過程を辿ったが、張儀を検討することにより、この問題についてもさらに考を深めることができるであろう。

張儀列伝については、秦の人物であるということから、その紀年は基本的に信頼できるとする見解がある。[3]この点については次節で検討するが、張儀列伝の紀年は確かに少数の例を除き、『史記』の他の箇所の記述と矛盾しない。しかし、そのことを以て直ちに張儀列伝の記述の信憑性を過度に高く評価することには慎重であらねばならない。なぜならば、孟嘗君列伝の年代も『史記』の他の箇所と基本的には矛盾しないが、前章で明らかにしたように、その一致は『史記』の認識に沿う形で資料を配列したために、一見すると矛盾しないということに過ぎず、各記述の信憑性については必ずしも高く評価できない場合も認められたからである。すなわち、『史記』の他箇所の記述と整合する、ということ自体は必ずしも記述の信頼性を保証しない。

そこで、『史記』の戦国史認識と編纂の特徴をより多面的に把握することを目的として、本章では張儀列伝の検討を進めることとする。

第一節　張儀列伝の構成

張儀列伝は張儀の伝記を主とし、張儀の伝記の後には、張儀と対立した人物として陳軫・犀首の伝記が付されているが、本章では主に張儀に関する部分のみを検討する。以下では四項に分かち、列伝が記す張儀の生涯を関連史料に触れつつ詳述しよう。

一　張儀と蘇秦

列伝の冒頭では張儀が魏人であることが述べられる。[4] 張儀の出身については、集解が『呂氏春秋』報更を引いて「儀、魏氏余子」とするように、魏人とされていたようである。[5]

しかし、次いで記される、張儀が蘇秦とともに鬼谷先生に学んだとする情報は『史記』以前の文献には確認できず、蘇秦の思惑によって張儀が秦に赴いたという経緯も列伝独自の記述である。

始め嘗て蘇秦と倶に鬼谷先生に事えて術を学び、蘇秦自ら以《おも》えらく張儀に及ばずと。……蘇秦已に趙王に説き、相約して従親するを得。然れども秦の諸侯を攻め、約を敗り後に負くを恐れ、秦に用いしむ可き者莫しと念い、乃ち人をして微かに張儀を感ぜしむ……張儀是に於いて趙に之き、謁を上りて蘇秦に見えんことを求む。蘇秦乃ち門下の人を誡めて為に通ぜしめず、又去るを得ざらしむる者数日。已にして之を見、之を堂下に坐せしめて僕妾の食を賜い、因りて之を数譲し……謝して之を去らしむ。張儀の来るや、自ら以て故人と為し益を求むるも、反って辱められ、怒る。諸侯に事う可きもの莫く、独り秦のみ能く趙を苦しむと念い、乃ち遂に秦に入る。[6]

（『史記』張儀列伝）

ここでは張儀が蘇秦とともに鬼谷先生に学んだこと、および蘇秦が既に合従を成立させたものの、秦が諸侯を攻撃することで合従が崩壊することを懼れたため、張儀を故意に挑発して秦に送りこんだことが記されている。蘇秦列伝および六国年表の記述によれば、蘇秦が合従を成立させ、かつ合従が未だ崩壊していない時期は前三三四〜前三三二年の間に定められる[7]。ただし、これは『史記』編纂段階で前三一八年から十五年を遡上させて推算した年次であり、史実か否かという点から言えば、この記述に信憑性は無い[8]。さらに、この入秦に関しては、蘇秦が舎人を派遣して陰ながら張儀を援助したとされている。これについては『呂氏春秋』報更に粗筋としては一致する説話が残されているが、報更の説話では張儀を支援した人物が東周の昭文君とされており[9]、蘇秦が張儀を支援したという説話は『史記』張儀列伝のみに見える独自の記述である[10]。

また、この一段の結末は、自身の入秦が実は蘇秦の思惑と支援によるものであったことを知った張儀が、蘇秦の智略に感嘆して発した言葉で締めくくられている。

張儀曰く「嗟乎、此 吾 術中に在りて悟らず、吾が蘇君に及ばざるは明らかなり。吾又新たに用いられ、安んぞ能く趙を謀らんや。吾が為に蘇君に謝せ。蘇君の時、儀何をか敢えて言わん。且つ蘇君在せば、儀寧渠《あに》能くせんや」と[11]。

（『史記』張儀列伝）

「蘇君の時、儀何をか敢えて言わん。且つ蘇君在せば、儀寧渠能くせんや」という表現はやや曖昧ではあるが、全体として蘇秦の活動中、あるいは存命中にはその行動を妨害しない（できない）といったことを述べているのであろう。この言は、直接には張儀の才が蘇秦に及ばない、との認識を示すものであろうが、列伝全体として見れば、張儀列伝の編纂方針に密接に関わるものとなる。

二　秦相張儀

張儀は蘇秦の謀により入秦したとされるが、以下では張儀の秦における事績を検討しよう。入秦後の張儀の活動としては、まず、伐蜀に関する議論がある。

〈あらすじ〉

苴・蜀に争いが生じ、各々秦に急を告げる。恵王は蜀を攻撃しようとしたが、その時ちょうど韓が秦に侵攻してきたため、蜀と韓のいずれを先に攻撃するかで躊躇していた。そこで韓攻撃を主張する張儀と伐蜀を説く司馬錯の論争が繰り広げられるが、恵王は最終的に攻蜀を主張する司馬錯の言を聴きいれて蜀を攻撃し、十ヶ月後に蜀を平定する。

苴・蜀相攻撃し、各々来りて急を秦に告ぐ。秦恵王 兵を発して以て蜀を伐たんと欲するも、道険狭にして至り難しと以為《おも》う。而して韓又来りて秦を侵す。秦恵王先に韓を伐ち、後に蜀を伐たんと欲すれば、利あらざるを恐れ、先に蜀を伐たんと欲するも、韓の秦の敝を襲わんことを恐れ、猶豫して未だ決する能わず。司馬錯 張儀と恵王の前に争論し、司馬錯 蜀を伐たんと欲するも、張儀曰く「韓を伐つに如かず」と。……卒に兵を起こして蜀を伐ち、十月にして之を取り、遂に蜀を定め、蜀王を貶し号を更めて侯と為し、而して陳荘をして蜀に相たらしむ。蜀既に秦に属し、秦以て益々彊く富厚にして、諸侯を軽んず。[12]

（『史記』張儀列伝）

この説話には『戦国策』秦策一に類似する説話があり、司馬錯と張儀の論争部分より前の背景を説明する文（傍線部）が秦策一の説話には無いことを除き、ほぼ同文である。[13]

しかし、この伐蜀は秦本紀や六国年表に従えば秦恵文王後元九年（前三一六年）の事件であるはずだが、張儀列伝では秦恵王前元十年（前三二八年）の前に置かれている。この錯誤について、銭大昕などは列伝編纂段階で本来の年次である後元九年を前元九年に誤ったためであると指摘する。[14]

この箇所で問題となるのは、冒頭に記される韓の秦への侵攻の記述である。先述の如く、『戦国策』秦策一の説話には韓による攻秦は記されておらず、かつ『史記』の他の箇所にも前三二九年頃に韓が秦を攻めたという記載は無い。ここで、張儀と司馬錯の論争の内容に目を向けよう。

> （張）儀曰く「魏に親しみ楚に善くし、兵を三川に下して、什谷の口を塞ぎ、屯留の道に当り、魏 南陽を絶ち、楚 南鄭に臨み、秦 新城・宜陽を攻めて以て二周の郊に臨み、周王の罪を誅し、楚・魏の地を侵し、周 救う能わざるを知れば、九鼎の宝器必ずや出でん。九鼎に拠り、図籍を案じ、天子を挟みて以て天下に令せば、天下敢えて聴かざるもの莫し。此れ王業なり。……臣聞く名を争う者は朝に於いてし、利を争う者は市に於いてす、と。今三川・周室は天下の朝市なり……」司馬錯曰く「然らず……今 韓を攻め、天子を劫やかすは、悪名なり……」[15]
> （『史記』張儀列伝）

張儀の言には、楚・魏も攻撃の対象として見えるが、周の屈服が第一の目的となっていることが窺われ、それに関連して韓の攻取に言及されている。これらの点を勘案すれば、張儀列伝に記された前三二九年頃の韓の秦攻撃は、会話部分に見える「張儀曰、不如伐韓」「攻韓」などといった文言と整合性を保つために仮構された事件であるとするのが妥当であろう。ただし、「韓又来りて秦を侵す」といった文言が『史記』編纂段階における付加であるのか、それとも『史記』の利用した原資料の段階で既に存在したのかは確言できない。伐蜀の背景を説明する部分が『戦国策』の載せる類似説話に見えないことからすれば『史記』編纂段階での付加と考えることも可能であるが、伐蜀の繫年の問題を考慮すれば、あるいは原資料の段階で既に付加されていた可能性も排除しがたい（後述）。

伐蜀の記事に次いで、列伝は秦恵王前十年（前三二八年）における張儀の魏攻撃について記す。

秦恵王十年、公子華をして張儀と蒲陽を囲ましめ、之を降す。儀因りて秦に言いて復た魏に与えしめ、而して公子繇をして魏に質たらしむ。儀因りて魏王に説いて曰く「秦王の魏を遇するや甚だ厚し。魏以て礼無かるべからず」と。魏因りて上郡・少梁を入れて秦恵王に謝す。恵王乃ち張儀を以て相と為し、更めて少梁を名づけて夏陽と曰う。(16)

（『史記』張儀列伝）

ここでは公子華が張儀とともに蒲陽を降したこと、張儀の進言により蒲陽を魏に返還し、公子繇を魏に質とすること、張儀の説得により魏が上郡・少梁を秦に納れたこと、および恵王が張儀を相とし、少梁の名を夏陽に改めたことが記されている。

ただし、恵文王十年に魏が少梁を秦に納れたとする記述には問題がある。この点につき、秦本紀・六国年表、および魏世家は次のように記す。

（恵文王前）八年、魏 河西の地を納る。……十年、張儀 秦に相たり。魏 上郡十五県を納る。十一年、義渠を県とす。魏焦・曲沃を帰す。義渠君 臣と為る。更めて少梁に名づけて夏陽と曰う。(17)

（『史記』秦本紀）

（秦恵文王）八、魏 少梁・河西の地を秦に入る。……十年、張儀相たり。公子桑 蒲陽を囲み、之を降す。魏 上郡を納る。(18)

（『史記』六国秦表）

（魏襄王）五年、秦 我が龍賈の軍四万五千を雕陰に敗り、我が焦・曲沃を囲む。秦に河西の地を予う。六年、秦と応に会す。秦 我が汾陰・皮氏・焦を取る。……七年、魏尽く上郡を秦に入る。秦 我が蒲陽を降す。八年、秦 我に焦・曲沃を帰す。[19]

（『史記』魏世家）

これらを比較すれば、魏が上郡を秦に納れた年次（傍線部）は全て前三二八年（秦恵文王前十年・魏襄王七年）として一致するのに対し、少梁が秦に入った年次には異同があることがわかる。

秦本紀に拠れば、秦恵文王前元十一年の時点で既に少梁が秦の領土となっていたことは判明するが、どの時点で魏が秦に納れたかは記されていない。他方、六国年表（波線部）では魏が少梁を秦に納れたことを記すが、秦恵文王前元八年に繋けており、張儀列伝の秦恵文王前元十年と齟齬する。なお、魏世家にはこの時期の少梁の帰属に関する記述はない。

ここで注目すべきは、秦本紀の戦国部分には少梁の帰属が魏から秦に移った年次が記されておらず、一方で、六国秦表には秦孝公八年（前三五四年）に「与魏戦元里、斬首七千、取少梁」とあり[20]、恵文王前元八年（前三三〇年）に「魏入少梁河西地于秦」とあることである。これらの記述を勘案すれば、少なくとも秦本紀編纂段階においては少梁が秦に帰属した年次についての情報が無かったと想定できよう。ただし、年表で両年に少梁編入の記述があることはいささか問題となる。孝公八年に一度秦に編入され、それ以降、恵文王前元八年までに魏に返還（あるいは奪取）された可能性は否定できないものの[21]、八年という紀年の類似を考えればいずれかの繋年の錯誤も考慮する必要がある[22]。つまり、六国年表作成の段階においてもなお、少梁の編入に関する正確な情報が獲得されていなかった可能性は存在するのである。

ただ、六国年表編纂段階で、少梁について孝公、若しくは恵文王の「八年」という紀年を入手していたとすれば、少なくとも張儀列伝編纂段階で獲得していた情報量は六国年表作成時のそれよりも劣っていたことは首肯できるだろう。つまり、張儀列伝編纂段階においては少梁編入の年次が不明であり、その後六国年表を編纂するまでに何らかの新たな資料が増加したと想定できる。この出来事が列伝において恵文王前元十年に繫年されている点については、秦恵文王前元十一年に少梁を夏陽に改名したという情報に基づき、ひとまずその前年に配したためと考えられるのではないだろうか(23)。

ここで指摘すべきは、秦本紀には孝公八年・恵文王前元八年のいずれにも少梁獲得に関する記述が無く、夏陽への改名のみが記されていることから、孝公～恵文王期の少梁の帰属に関する情報量は張儀列伝と秦本紀の編纂段階で大差無かったと想定される一方、秦本紀は司馬錯の伐蜀に関して前元・後元を正しく記載している点である。これは一見すると、張儀列伝がまず編纂され、その後に伐蜀に関する正確な紀年資料が獲得され、それに基づいて秦本紀が編纂されたことを意味するかのようである。しかしながら、六国年表には秦本紀と矛盾する一方で、秦系列伝と一致する記述が認められること、および秦系列伝と六国年表の情報量の差を念頭に置けば、主な編纂過程としては秦本紀が先ず作成され、次いで秦系列伝、その後に六国年表が作成されたとの想定が妥当である(24)。当然ながら個々の篇について言えば、一度成書した後、さらに修正の手が加えられた可能性は充分考えられるが、全体的な編纂過程として秦系列伝→秦本紀→六国年表という順序を想定することは蓋然性に欠ける。

では、張儀列伝の伐蜀の年代の齟齬についてはいかに解釈すべきであろうか。この問題については二つの説明が可能である。

まず想定できるのは、秦本紀が成書後に再び修改された可能性である。この場合、六国年表編纂段階で伐蜀に関する正確な紀年を入手し、その認識に基づいて秦本紀の記述を書き改めたことになる。これについては、秦本紀・年表が秦恵文王の在位を前元十四年（前三三七～三二四年）・後元十四年（前三二四～三一一年）とするのに対し、樗里子甘茂列伝が秦恵文王後元十二年（前三一三年）を秦恵文王二十五年と記している点が示唆的である。この記述は、樗里子甘茂列伝編纂時には秦恵文王の改元が認識されておらず、あるいは秦恵文王の在位を「元年～二十七年」とする資料に拠ったことを示しているかとも考えられる。[25] 樗里子甘茂列伝が『史記』編纂過程のどの段階で作成されたかについては別に分析を要するが、先述の秦本紀→秦系列伝→六国年表という一般的編纂過程を考慮すれば、恵文王の紀年について秦本紀と六国年表が一致し、秦系列伝のみが独自の認識を示す点にはやや疑念が残る。すなわちつまり、秦本紀・秦系列伝編纂後に秦恵文王の改元についての情報を獲得し、それに拠って秦本紀の紀年を修正したと想定することが可能である。

しかしその場合、なぜ修改の手が秦本紀にのみ加えられ、張儀列伝や樗里子甘茂列伝に及ばなかったのかという説明がやや困難となる。

そこで考えられるのが第二の可能性である。本項冒頭でも引用した通り、張儀列伝は伐蜀について司馬錯と張儀の論争を記した説話資料を引用しているが、ここで着目すべきは、伐蜀説話の中に「韓又来りて秦を侵す」「韓を伐つに如かず」「韓を攻め、天子を劫かす」等と言った文言が見えることである。先にも述べたように、張儀列伝に記された前三二九年頃の韓による秦侵攻は、説話資料に基づくものであると考えられる。しかし、仮にもし、この説話資料を秦本紀や六国年表と同じく秦恵文王後元九年（前三一六年）に繋げたとすれば、上記の文言、なかんずくとりわけ「韓又来りて秦を侵す」といった文言が、その前年（前三一七年）にある「秦……敗韓申差軍、斬首八万、諸侯震恐」という記述と著しく整合を欠くこととなる。また、紀年等に若干の異同はあるものの、この秦と韓の戦争につき、秦本紀の「韓・趙・魏・燕・斉帥匈奴共攻秦。秦使庶長疾与戦修魚、虜其将申差、敗趙公子渴・韓太子奐、斬首八万二千」との記述からは、韓が太子すら捕虜となる大敗を喫したことがわかる。

以上の考察に拠れば、伐蜀は秦本紀編纂段階において既に正しく恵文王後九年と認識されており、六国年表にも同じ紀年が採用されたが、張儀列伝の編纂に際してのみ、叙述の齟齬を避けるため、敢えて後九年ではなく前九年に繋けた、という編纂過程を想定することも可能であろう[26]。

さて、張儀は秦恵文王前十年に秦相に任ぜられるが、それ以降の秦における活動では、秦の君主の紀年ではなく、「〜歳」「〜年」といった形式で年代が記される。例を挙げる。

儀 秦に相たること四歳、恵王を立てて王と為す。居ること一歳、秦将と為りて、陝を取る。上郡の塞を築く[27]。

（『史記』張儀列伝）

列伝は張儀が秦相となって四年目、すなわち恵文王前十三年（前三二五年）のこととして、秦君の称王を記し、翌十四年（前三二四年）に張儀が陝を奪取したとする。この箇所の記述を秦本紀および六国年表と比較すると以下のようになる。

（秦恵文王）十三年四月戊午、君 王と為り、韓も亦た王と為る。張儀をして伐ちて陝を取らしめ、其の人を出だして魏に与う。十四年、更めて元年と為す[28]。

（『史記』秦本紀）

（秦恵文王）十三年四月戊午、君 王と為る。（秦恵文王後元元年）相張儀 兵を将いて陝を取る。初更元年[29]。

（『史記』六国秦表）

一見して明らかなように、列伝のこの箇所の記述は、六国年表とは一致し、秦本紀とは齟齬しており、六国年表が列伝により近い関係にあることがわかる[30]。なお、上郡に塞を築くことに関しては他の箇所に見えず、張儀列伝独自の記述となっている。

列伝では続いて魏・楚における張儀の活動を記すが、それについては次項以下で検討することとし、本項では先に張儀の最晩年の活動を検討しよう。楚王に赦された張儀は、蘇秦が死亡したことを聞きつけ、合従を打ち破り、連衡を成立させるために諸侯に遊説したとされる。ここでは遊説した諸国の君主各々に説いたとされる長編の説辞が載録されているが、この説辞群（以下、六国説辞と称する）についても第二節において検討することとし、ここでは詳述しない。

張儀が諸国遊説を終えて連衡を成立させ、秦に帰還した後には、張儀の死に至るまでの行動が記される。

〈あらすじ〉

武王は太子であった時より張儀を好まず、秦では張儀を讒言する者が多かった。また武王と張儀が不和であることを知った諸侯は秦に背いて連衡を止め、再び合従策を採用した。このような状況を背景として、秦の武王元年、秦の群臣が張儀を誹謗し、斉の国からの非難の言も届いたために、張儀は誅を懼れて魏に赴くことを請い、許される。張儀が魏へ赴くと、張儀を憎む斉は魏を攻撃したため、魏哀王は懼れたが、張儀が舎人を派遣して斉王を説得し、最終的に斉の攻撃を阻止する。

秦武王元年、羣臣日夜張儀を悪《そし》りて未だ已まず、而して斉譲又至る。張儀 誅を懼れ、乃ち因りて秦武王に謂いて曰く「儀に愚計有り、願わくは之を効さん」と。……秦王以て然りと為し、乃ち革車三十乗を具え、之を梁に入る。斉果たして師を興して之を伐ち、梁哀王恐る。張儀曰く「王患うる勿れ。請う斉兵を罷めしめん」と。乃ち其の舎人馮喜をして楚に之き、使を借りて斉に之かしめ、斉王に謂う……斉王曰く「善し」と。乃ち兵を解かしむ。張儀 魏に相たること一歳にして魏に卒するなり。[31]

（『史記』張儀列伝）

引用文では張儀の献策の部分を省略したが、そこでは自身が魏に赴けば斉は必ず魏を攻撃するので、その隙に乗じて三川、および周の祭器を得ることができると説いたことが記されている。この説話は『戦国策』斉策二にほぼ同文の説話がある。(32)ただし、傍線部の張儀の死については斉策二の説話には記されておらず、『史記』編纂段階で別の資料に基づいて記載したのだろう。

この張儀の死については、六国魏表の哀王十年（前三〇九年）条に「張儀死」とあり、本紀・張儀列伝においても認識を同じくする。(33)しかし、索隠には「年表張儀安釐王十年卒、紀年云梁安僖王九年五月卒」とあり、(34)『竹書紀年』は張儀の死を哀王九年、すなわち武王元年としていたようであり、『史記』の記す張儀の卒と齟齬する。(35)

また張儀が魏相となったとする記述にも問題がある。魏世家には以下のようにある。

（魏哀王）九年、秦王と臨晋に会す。張儀・魏章皆魏に帰す。魏相田需死し、楚 張儀・犀首・薛公を害《にく》む。楚相昭魚蘇代に謂いて曰く「田需死す。吾 張儀・犀首・薛公に一人の魏に相たる者有るを恐るるなり」と。代曰く「然らば相たる者誰を欲して君 之を便とするか」と。昭魚曰く「吾 太子の自ら相たるを欲するなり」と。代曰く「君の為に北せんことを請う。必ずや之を相とせん」と。……遂に北して梁王に見ゆ……太子果たして魏に相たり。十年、張儀死す。(36)

（『史記』魏世家）

ここでは、哀王九年に田需が死亡すると、魏の太子が魏相となったと記されている。この説話の下線部は『戦国策』魏策二にほぼ同文の説話（田需死章）があり、説話自体には元来紀年は無いものの、恵文王が死に、武王が立った時の事として記されているため、列伝がこの箇所に繋年したこと自体は妥当である。ただ、この太子が魏相となったとする説話を哀王九年に置いたことを考慮して、翌十年には「張儀死」とのみ記し、張儀が魏相となったことには言及しなかったと考えられるが、これはつまり張儀がこの年に魏相となったとする確実な資料が存在しなかったことを示唆する。[37]それゆえに、張儀が魏哀王九・十年に魏相となったとする、張儀列伝の記述は信憑性に欠けるものと言えるだろう。

三　魏相張儀

本項では張儀の魏における活動を検討する。列伝に拠れば、張儀が魏相として活動したのは秦恵文王後元三年（前三二二年）から後元八年（前三一七年）のこととなる。

〈あらすじ〉
陝を取った二年後、張儀が齧桑の会から帰還すると秦相を罷免され、魏相となる。しかし、思惑通りに魏王が動かないことに怒った秦王は魏の曲沃・平周を伐つ。このことで慚愧の念を抱いた張儀は秦に報命することができなかった。

其の後二年、使いして斉・楚の相と齧桑に会し、東より還るに相を免ぜられ、魏に相たりて以て秦の為にせんとす。魏をして先ず秦に事えしめ、諸侯をして之を效《なら》わしめんと欲するも、魏王肯えて儀を聴かず。秦王怒り、伐ちて魏の曲沃・平周を取り、復た陰かに張儀に厚くすること益々甚だし。張儀慙じ、以て帰報する無し。[38]（『史記』張儀列伝）

この箇所について、張儀が魏相となったこと、および曲沃・平周を取ったことは六国年表・魏世家の年次と一致する。[39]また、秦本紀には曲沃・平周に関する記述は無いが、魏相となったことが記され、[40]年次の上でも一致しており、『史記』の他箇所と比較しても紀年上の矛盾は特に認められない。ただ、齧桑の会は秦本紀・六国年表・楚世家・魏世家・田世家ともに恵文王後元二年（前三二三年）に繋けられており、列伝の「其後二年」が恵文王後元三年（前三二二年）を指すため、一見すると紀年が一年のズレを呈しているように見えるが[41]、実際は齧桑の会から帰還した張儀が秦相を免ぜられて魏相となった、という一連の流れを説明するためにこのような記述になったのであって、張儀列伝が齧桑の会の年次を一年錯誤したということではないであろう。

列伝はさらに張儀の魏相としての活動を以下のように記す。

〈あらすじ〉

張儀が魏に滞在して四年になるころ、魏襄王が卒し、哀王が即位する。張儀はまた哀王を説得しようとするが、哀王は聴く耳を持たなかった。そこで張儀は秦に魏を攻撃させ、その結果、魏は秦に敗北を喫する。

魏に留まること四歳にして魏襄王卒し、哀王立つ。張儀復た哀王に説くも哀王聴かず。是に於いて張儀陰かに秦をして魏を伐たしめ、魏 秦と戦いて敗る[42]。（『史記』張儀列伝）

魏襄王の卒は『史記』では前三一九年に置かれるが、秦による魏攻撃の直後に記される「明年斉又来敗魏於観津」は六国年表によれば魏哀王二年（前三一七年）のことであるため[43]、この度の攻魏は前三一八年の事となる。次いで、張儀が魏王を説得し、秦との連衡を勧める場面が記される。

〈あらすじ〉

秦が魏を破った翌年、斉も魏を攻撃する。その後、再び魏を攻めようとする秦は、それに先んじてまず韓を打ち破り、斬首八万の戦果を挙げる。そこで張儀は魏王に秦に帰服することを勧め、その言を聴き入れた魏は合従から離脱して秦と和平を結ぶ。しかし、三年後、魏は秦に背いて合従に与したため、秦は魏を攻撃し、その結果魏は再び秦に服従する。

明年、斉又来りて魏を観津に敗る。秦復た魏を攻めんと欲し、先ず韓の申差の軍を敗り、首を斬ること八万、諸侯震恐す。而して張儀復た魏王に説いて曰く……哀王是に於いて乃ち従約に倍き、儀に因りて成《たいらぎ》を秦に請う。張儀帰り、復た秦に相たり。三歳にして魏復た秦に背きて従を為す。秦 魏を攻めて曲沃を取る。明年、魏復た秦に事う。(44)

（『史記』張儀列伝）

斉が魏を観沢（観津）に破ったのは前三一七年であり(45)、秦が韓の申差の軍を破ったのも同年に繋けられている(46)。ただし、秦本紀では秦恵文王後七年（前三一八年）に「韓・趙・魏・燕・斉……共に秦を攻め、秦 庶長疾をして与に修魚に戦わしめ、其の将申差を虜とし、趙公子渇・韓太子奐を敗り、斬首すること八万二千」とあり、一年のズレが認められる。また、列伝・年表ともに八万とする斬首数を本紀は八万二千としており、列伝・年表の間により近い関係が認められる。

この箇所で注目すべきは「秦復た魏を攻めんと欲し、先ず韓の申差の軍を敗る」という記述である。そのうち、「復」とあるのは上述の「是に於いて張儀陰かに秦をして魏を伐たしめ、魏 秦と戦いて敗る」を承けたものであろうが、秦が魏を攻撃することを欲し、それに先んじて韓を攻撃した、というのは張儀列伝に独自の認識である。このような記述となった原因はおそらく張儀の説辞にある。ただし、張儀の遊説辞の分析は次節で行うため、ここでは必要な部分にのみ触れる。

なお、上記の引用で省略した張儀の遊説辞は『戦国策』魏策一・張儀為秦連衡説魏王章がほぼ同文であり、同様の説話資料が原資料であったと見なして問題ないだろう。ただし、『戦国策』には下線の部分は無く、『史記』編纂段階で付加された記述であると考えられる。

張儀の魏王に対する遊説辞の中には、「秦折韓而攻梁、韓怯於秦、秦韓為一、梁之亡可立而須也」といった文言が見えており、『史記』ではおそらくこういった発言を踏まえて、「秦復欲攻魏、先敗韓申差軍」と記したと思われる。また張儀列伝の遊説辞には「従鄭至梁二百余里、車馳人走、不待力而至」という文言が見えるが、『戦国策』では「従鄭至梁不過百里、従陳至梁二百余里」となっており、韓と梁の距離のみを特筆しているわけではない。つまり、『戦国策』では背景とする状況がやや不明瞭だが、少なくとも排他的に韓・魏の間の距離を述べているわけではないのに対して、張儀列伝では韓が既に秦に敗れたことを承けて、魏の危機的状況を指摘しているかのように書かれているのである。

また、列伝に拠れば、魏哀王は張儀の遊説を聴き入れ、合従に背いて秦との講和を求めたことになっているが、この講和に関しても問題がないわけではない。そもそも、この講和は秦本紀や六国年表、魏世家など『史記』の他の箇所に確認できず、張儀列伝に独自の情報である。それに加えて、太史公は『史記』編纂のある段階において、この前三一七年を蘇秦の従約が崩壊する時期に当たると認識していたようである(47)。

これらの事を考慮すれば、以上の張儀列伝の記述は次のようにしてなされたと考えられる。まず、前三一七年前後に合従が崩壊するという認識から、原資料にあった魏王に連衡を説く説辞をこの年次に配する。その際、説辞の中に「韓が既に秦に敗れた」と読みうる一節があることを承け、それを前三一七年に秦が韓将申差を破ったことと関連付けて「秦復た魏を攻めんと欲し、先ず韓の申差の軍を敗る」と書く。さらに張儀の説辞は連衡を説くものであるから、その説得の結果として、魏が秦と結ぶことが想定されるので、「哀王 是に於いて乃ち従約に倍き、儀に因りて成を秦に請う」と記した。この講和が三年間続いたとされるのは、『史記』においては、前三一七年から前三一四年の秦による曲沃攻撃までに、秦が魏を攻撃した記録が存在しないことから算出した期間であって、別に秦・魏の講和が三年続いたことを記した資料が存在したわけではないだろう。なお、「明年、魏復た秦に事う」は年次から考えて前三一三年に秦と魏が臨晋で会したことを指すと思われるが(48)、ここでも「復事」という、張儀列伝の文脈により適合した表現が用いられている。

さらに、張儀が魏相であった時期についても疑念がある。というのも、張儀に関しては「王四年相邦張義」の銘文を持つ戟が残されており、恵文王後四年（前三二一年）に秦の相邦であったことを示すものとされるが、これは恵文王後三年に秦相を免ぜられて魏相となったとする『史記』の記述と抵触する可能性がある(49)。また、襄王（『史記』では哀王）二年に張儀が初めて魏を去ったとする『史記』の記述にも問題があり、あるいは襄王初年には既に魏を去っていたのではないか、とする見解もある(50)。すなわち、張儀が魏相であった期間を前三二二〜三一七年とする『史記』の記述の信憑性の評価には慎重を期する必要があるのである。前項で触れた、張儀が末年に魏相となったとする列伝の記述もやはり信頼しがたいことを考えれば、張儀の魏に関する事績について、『史記』は確実な資料を有していなかった可能性が高い。

四　張儀と楚

前三一三年に魏が秦に「復事」して以後、列伝では張儀の楚における活動が記される。この部分では、張儀が秦の利益を図って楚を欺く、いわゆる商於六百里の故事を中心に叙述が展開する。

〈あらすじ〉

秦は斉を攻撃しようとするも、斉と楚は当時友好関係にあった。そこで張儀は楚に赴き、斉と断交すれば商於の土地六百里を献上すると説得し、楚王は斉と断交。しかし、張儀が約束を履行せぬため、楚王は斉と決定的に断行するが、それに怒った斉は秦に与することを選ぶ。その後も張儀は約束の土地を献上しなかったため、激怒した楚王は兵を興して秦を攻撃することになるが、秦の反撃に遇い、大敗を喫する。

秦 斉を伐たんと欲するも、斉・楚従親す。是に於いて張儀往きて楚に相たらんとす……儀 楚王に説いて曰く「大王誠し能く臣を聴き、関を閉じて約を斉に絶てば、臣請う商於の地六百里を献ぜん……」と。……楚王大いに説びて之を許し……相印を以て張儀に授け、厚く之に賂る。是に於いて遂に関を閉じて約を斉に絶ち、一将軍をして張儀に随わしむ。張儀 秦に至るや、詳りて綏を失して車より墮ち、朝せざること三月。楚王 之を聞きて曰く「儀 寡人の斉を絶つこと未だ甚しからずと以えるか」と。乃ち勇士をして宋に至り、宋の符を借り、北して斉王を罵らしむ。斉王大いに怒り、節を折りて秦に下る。秦・斉の交合して、張儀乃ち朝し、楚の使者に謂いて曰く「臣に奉邑六里有り、願わくは以て大王の左右に献ぜん」と。楚の使者曰く「臣 令を王より受くるに、商於の地六百里を以てし、六里を聞かず」と。還りて楚王に報じ、楚王大いに怒る……卒に兵を発し、将軍屈匄をして秦を撃たしむ。秦・斉共に楚を攻め、首を斬ること八万、屈匄を殺し、遂に丹陽・漢中の地を取る。楚又復た兵を益発して秦を襲い、藍田に至りて大いに戦い、楚大敗す[51]。

（『史記』張儀列伝）

この説話は、先述のように楚世家・屈原列伝および『戦国策』秦策二に類似説話が載る。ただし、楚世家と張儀列伝は細かな字句の異同を除き、内容の点では基本的に一致するものの、両者と『戦国策』の説話との間には特に説話の背景に関して相違が認められる。

まず、『戦国策』では、斉が楚を助けて曲沃を奪取し、その後秦が斉を伐とうとしている、という情勢であるとされている。[52] また、もう一つの差異として、楚が秦に大敗する経緯が異なる。次に張儀列伝・楚世家および『戦国策』の関連箇所を比較しよう。

〔表三―二〕秦楚戦『史記』『戦国策』対照表

『戦国策』	『史記』楚世家	『史記』張儀列伝
楚王不聴、遂挙兵伐秦。秦与斉合、韓氏従之。楚兵大敗於杜陵。故楚之土壌士民非削弱、僅以救亡者、計失於陳軫、過聴於張儀。（秦策二・斉助楚攻秦章）	十七年春、与秦戦丹陽、秦大敗我軍、斬甲士八万、虜我大将軍屈匄、裨将軍逢侯丑等七十余人、遂取漢中之郡。楚懐王大怒、乃悉国兵復襲秦、戦於藍田、大敗楚軍。韓魏聞楚之困、乃南襲楚、至於鄧。楚聞、乃引兵帰。	楚王不聴、卒発兵而使将軍屈匄撃秦。秦斉共攻楚、斬首八万、殺屈匄、遂取丹陽・漢中之地。楚又復益発兵而襲秦、至藍田、大戦、楚大敗、於是楚割両城以与秦平。

三者を比べると、張儀列伝・楚世家が共に秦の丹陽における楚軍の撃破、八万人の斬首、漢中奪取、屈丐の殺害（あるいは捕虜）、および藍田における楚軍の大敗を記しているのに対し、『戦国策』では楚が杜陵で大敗したことのみを記している点が異なっている。また、『史記』では秦楚の攻防の経過を詳しく記述している点が異なる。このように、『戦国策』と『史記』では、説話の背景、特に結末の部分に大きな差異が存する。

ここで問題となるのは、列伝の原資料となった説話資料の時点で、既に『史記』のように丹陽・藍田の戦の詳細な経緯が記されていたのか否か、という点である。というのも、もし原資料の時点で既に丹陽や藍田の戦に関する記述が付されていたとすれば、この戦闘に関する記述および繋年は説話資料に由来するものとして、信憑性の評価により慎重を期する必要があるからである。

しかし、結論から言えば、張儀が楚王を欺く商於六百里の説話と、秦恵王後十三年の丹陽・藍田における一連の戦闘に関する記述とはおそらく原資料を異にすると思われる。何となれば、この戦闘に関して秦本紀では「（秦恵王後十三年）庶長章撃楚於丹陽、虜其将屈丐、斬首八万。又攻楚漢中、取地六百里、置漢中郡」と庶長章の名が見え、また先引の楚世家では「十七年春」と季節を記し、また裨将軍逢侯丑といった固有名詞が見えており、少なくとも前三一二年に丹陽の戦・秦による漢中の奪取、および藍田の戦が生じたことを示す紀年資料が存在したのではないかと推測されるからである(53)。また、この時期の秦楚の戦闘に参与した国について、張儀列伝が「秦斉共攻楚」とし、韓世家宣恵王二十一年条に「（韓）与秦共攻楚、敗楚将屈丐、斬首八万於丹陽」とあるのは、各篇を編纂する際に『戦国策』秦策二に見える「秦与斉合、韓氏従之」といったような記述を別個に解釈した結果であると考えられるが(54)、そのような異同があるにも関わらず、丹陽・藍田の戦や漢中奪取についての記述（傍線部）は基本的に一致していることも、両者が別の原資料に由来することを支持する(55)。

以上の考察によれば、商於六百里の故事に続く前三一二年の秦楚の攻防に関する記述については、『史記』の各篇で基本的に記述の一致する丹陽・漢中・藍田に関する記述以外の部分には、『史記』段階でなされた記述が含まれていると想定できる。そして、この考が大過ないとすれば、張儀列伝に見える孤立した情報について、必ずしも確実な資料があった想定する必然性はなくなる。そこで問題となるのは以下の記述であろう。

楚又復た兵を益発して秦を襲い、藍田に至りて大いに戦い、楚大いに敗る。是において楚両城を割きて以て秦と平ぐ。(56)
（『史記』張儀列伝）

下線部には、藍田での大敗後、楚が秦に両城を割譲して秦と和平したことが記されている。しかし、藍田の戦に関して二城を割譲したという記述は他の箇所に見えず(57)、特に秦本紀・楚世家いずれにも言及が無い点は不審とすべきである。そこで、張儀列伝の他の箇所を参照すれば、次の記述が注目される。

張儀既に秦に相たるや、文檄を為し楚相に告げて曰く「始め吾若に従いて飲みしに、我而《なんじ》の璧を盗まざるも、若我を笞《むち》つ。若善く汝の国を守れ。我顧って且に而《なんじ》の城を盗まんとす」と。(58)
（『史記』張儀列伝）

張儀列伝の冒頭部では、張儀が冤罪により拷問されたことが記されており(59)、引用部は張儀が秦相となって以後、かつて冤罪によって自身を笞打った楚相にむけて、楚の城を奪い取るつもりであると述べ、嘗ての仕打ちに対する報復の意を伝えた場面である。しかし、実のところ張儀列伝には、藍田の戦後の両城割譲以外には、秦が楚の城を得たという記述は無い。このことを、他箇所に関連する記述が無いことと考えあわせれば、張儀列伝の両城割譲の記述は、確実な資料があったというよりもむしろ、張儀の楚相に対する檄文の内容との対応を重視して仮構されたものと考えられるのである(60)。

なお、秦楚の和平の後には、楚王が黔中の地と交換に張儀を得ようとしたが、楚王夫人鄭袖のとりなしによって張儀を赦したことが記される。この説話は楚世家・屈原列伝にも同様の話が載っており、そこでは黔中を漢中に作るなど若干の差異が認められるが、内容は基本的に一致する。また、『戦国策』楚策二・楚懐王拘張儀章にも夫人鄭袖の説得により、張儀が解放されたことが記されている。ただ、『戦国策』の説話では楚王が張儀を捕えた背景については記述が無く、上記の商於六百里の説話と元来は別個のものであったのが、列伝編纂段階で結合されたと推測することが可能である。

第二節　張儀の六国遊説辞

張儀列伝の記述には、伐蜀の繋年の錯置、および張儀列伝編纂段階で作為・付加されたと思われる記述が認められ、必ずしも秦系列伝であることが記述の信憑性を保証するわけではない。張儀列伝に採録された六国遊説辞はこの問題を象徴するものであるため、その分析を避けることはできない。六国遊説辞とは、張儀列伝に採録された、張儀が魏・楚・韓・斉・趙・燕六国の君主に説いたとされる遊説辞とその応答である。

この六つの遊説辞については、それぞれ『戦国策』斉策一・張儀為秦連横説斉王章、楚策一・張儀為秦破従連横説楚王章、趙策二・張儀為秦連横説趙王章、魏策一・張儀為秦連横説魏王章、韓策一・張儀為秦連横説韓王章、燕策一・張儀為秦破従連横謂燕王章がほぼ同文の説辞である。ただ、『戦国策』では遊説の背景が不明瞭であること、および『史記』では一部を除き、『戦国策』の各篇末にある遊説対象たる君主の返答が削られている点が異なる。

張儀列伝と『戦国策』を比較してまず気付くのは、六国遊説辞が『戦国策』ではほぼ同時のこととされているのに対して、『史記』では魏王への遊説のみが前三一七年の事とされ、他の五国への遊説は前三一一年頃のこととして記述されていることである。

この六国説辞が元来同時のものとして記されたことは、『戦国策』の各章の記述を対照すれば直ちに明らかとなる。

張儀 秦の為に従を破りて連横せんとし、楚王に説いて曰く「……大王誠し能く臣を聴かば……請う秦女を以て大王の箕箒の妾と為し……長く昆弟の国と為り、身を終うるまで相い攻撃すること無からんことを。臣以為らく計 此より便なる者無し……」と。楚王曰く「……今上客幸いにして教うるに明制を以てす。寡人 之を聞き、敬んで国を以て従わん」と。……[61]

（『戦国策』楚策一・張儀為秦破従連横説楚王章）

張儀 秦の為に連横せんとし、魏王に説く……魏王曰く「寡人惷愚にして前計 之を失す。請う東藩を称し、帝宮を築き、冠帯を受け、春秋に祠り、河外を效さんことを」[62]と。

（『戦国策』魏策一・張儀為秦連横説魏王章）

張儀 秦の為に連横せんとし、韓王に説く……韓王曰く「客幸いにして之を教う。請う郡県に比して、帝宮を築き、春秋に祠り、東藩を称し、宜陽を效さんことを」[63]と。

（『戦国策』韓策一・張儀為秦連横説韓王章）

張儀 秦の為に連横せんとし、趙王に説く……趙王……是において乃ち車三百乗を以て澠池に入朝し、河間を割きて以て秦に事う[64]。

（『戦国策』趙策二・張儀為秦連横説趙王章）

張儀 秦の為に連横せんとし、斉王に説いて曰く「……今秦・楚 子を嫁し婦を取りて、昆弟の国と為り、韓は宜陽を献じ、魏は河外を效し、趙人は黽池に朝し、河間を割きて以て秦に事う……」と。……[65]

（『戦国策』斉策一・張儀為秦連横説斉王章）

張儀 秦の為に従を破りて連横せんとし、燕王に謂いて曰く「……今趙王已に澠池に入朝し、河間を效して以て秦に事う……」と。……[66]

（『戦国策』燕策一・張儀為秦破従連横謂燕王章）

例えば張儀の斉王に対する遊説説辞には、秦・楚が通婚し、韓が宜陽を献じ、魏が河外を入れ、趙が河間を秦に割譲したことが述べられ、また燕策では同じく趙の河間割譲に言及されている。これらを比較すれば、六国説辞が元来はほぼ同時のこととして著されたことがわかり、『史記』のように魏王への遊説のみを分離させているのは、原資料の認識と明らかに齟齬する。

では、『史記』においては、なぜ魏への遊説のみを他の説辞とは異なる年次のこととしているのか。そしてまた、『史記』はこのような構成を取るためにいかなる方法を取っているのだろうか。以下ではそれらの点について述べよう。

まず、魏王への遊説が前三一七年に置かれている理由としては、先に述べたように、この年次が、『史記』においては蘇秦の主導する合従の影響が消滅した時期と認識されていたことが挙げられる。『史記』の記述に従えば、蘇秦の合従成立年次は前三三四年から前三三二年の間のこととなるが、蘇秦列伝に拠れば、合従成立後十五年の間、秦は函谷関以東に進出しなかったとされる。

蘇秦既に六国を約して従親せしめ、趙に帰るに、趙粛侯封じて武安君と為し、乃ち従約の書を秦に投ず。秦兵敢えて函谷関を闚わざること十五年。(67)

（『史記』蘇秦列伝）

第一章でも述べたように、蘇秦の合従自体は史実とは認めがたいが、蘇秦列伝では少なくとも蘇秦の合従の結果として、秦兵が函谷関以東に十五年の間進出しなかったとされている。この十五年という期間は張儀の説辞に由来するものと考えられる。

張儀 秦の為に連横せんとし、趙王に説いて曰く「……大王 天下を収率して以て秦を儐《しりぞ》け、(68)秦兵 敢えて函谷関を出でざること十五年。……凡そ大王の信じて以て従を為す所の者は、蘇秦の計を恃むなり……」

（『戦国策』趙策二・張儀為秦連横説趙王章）

右に示した、張儀のものとされる説辞からは、趙の主導下に秦を擯けた期間が十五年であり、かつ趙王が蘇秦の計によって合従策を実行した、という認識が窺われ、蘇秦列伝の十五年という記述はこれらの説話資料によるものであると考えられる。これらを勘案すれば、まず張儀の説辞に基づいて蘇秦の合従の期間が十五年であると認識され、前三一八年の楚懐王を従長とする合従から十五年遡った前三三三年頃に蘇秦の合従開始を置き、それが蘇秦の活動年代の基本的な枠組みとなる。次いで、十五年という期間に基づき、蘇秦による合従の影響が最終的に消滅する時期を前三一七年前後に置き、張儀の連衡開始をこの時期に置いた。この時、他の五国ではなく、魏王への説辞が採用されたのは、第一に『史記』では張儀が前三二二〜前三一七年にかけて魏で活動していたとされていること、そして第二に、魏王に対する説辞の中にある「秦折韓而攻梁、韓怯於秦、秦韓為一、梁之亡可立而須也。」といった記述が同年の秦の韓に対する戦勝という情勢と符合するためであると思われる。

次いで問題となるのは、他の五国への遊説が、この前三一七年の魏王への遊説に続けてではなく、前三一一年頃のこととして記されている点であるが、この点についても同じく遊説辞の内容から説明が可能である。

この五国の遊説辞については、特に楚王に対するそれが繋年に決定的な意味を持ったと考えられる。

張儀既に出づるも、未だ去らずして蘇秦の死するを聞き、乃ち楚王に説きて曰く「……楚嘗て秦と難を構じ、漢中に戦うも楚人勝たず……遂に漢中を亡う。楚王大いに怒り、兵を興して秦を襲い、藍田に戦う。……」と。(69)

(『史記』張儀列伝)

ここでは、張儀が楚王に説いたとされる言のなかに、楚が秦と戦って敗北し、漢中を喪失したこと、および藍田において秦と交戦したことが見える。秦の漢中奪取と藍田の戦が前三一二年の事であり、かつこの戦闘についての『史記』の記述は説話資料より年次を推算したものではなく、より確実な年代記的資料に拠った可能性が高いことは前節で既に指摘した。また、この説辞中に見える漢中および藍田に関しては、原資料である楚策一・張儀為秦破従連横説楚王章にもほぼ同文の記述が確認でき、『史記』編纂段階の付加ではないと思われる。さらに、張儀は武王元年（前三一〇年）には秦を離れて魏に赴いたとされており、これら諸条件を考慮すれば、楚王への説辞は必然的に前三一一年頃に置かざるを得なかったと考えられる。そして、楚王への遊説が前三一一年に置かれたことによって、斉王・趙王への遊説もこの時期にまとめて配されたのであろう。

張儀既に出づるも未だ去らざるに、蘇秦の死するを聞き、乃ち楚王に説いて曰く「……大王誠し能く臣を聴けば……請う秦女を以て大王の箕帚の妾と為し……長く昆弟の国と為らん……」……卒に張儀を許し、秦と親しむ。[70]

（『史記』張儀列伝）

張儀東して斉湣王に説いて曰く「……今秦・楚 女を嫁し婦を娶りて、昆弟の国と為る……」……[71]

（『史記』張儀列伝）

張儀去りて西のかた趙王に説いて曰く「……今楚と秦と昆弟の国と為る……」……[72]

（『史記』張儀列伝）

斉湣王および趙王に説いた言それぞれに見える、秦と楚が昆弟の国となった、という記述は楚王に対する「長く昆弟の国と為らん」との言に対応するものであって、楚王への遊説と同時期のこととして記述するのが最も自然であることは明らかである。また、『史記』においては、上述の理由により、魏王への遊説のみ別の年次に繋げたものの、原資料たる『戦国策』の六国説辞は元来同時期のものとして認識されていたはずである。そして、張儀列伝においては楚王への遊説を前三一一年頃に置かざるを得なかったことを承けて、他の四国の記述も併せて同時期に記すこととなったのだろう。

なお、元来相互に関連したはずの六国説辞に対して、『史記』は魏王への説辞の分離以外にも重要な改変を行っている。

張儀復説魏王曰『……臣聞之、積羽沈舟、羣軽折軸、衆口鑠金、積毀銷骨、故願大王審定計議、且賜骸骨辟魏。』哀王於是乃倍従約而因儀請成於秦。（『史記』張儀列伝）

張儀為秦連横説魏王曰『……臣聞積羽沈舟、羣軽折軸、衆口鑠金、故願大王之熟計之也。』魏王曰『寡人惷愚、前計失之。請称東藩、築帝宮、受冠帯、祠春秋、效河外。』（『戦国策』魏策一・張儀為秦連横説魏王）

これは『史記』張儀列伝中の魏王に対する説辞、およびその原資料と思われる『戦国策』の文であるが、両者には重要な異同がある。それは『史記』にのみ「賜骸骨辟魏」（波線部）とあること、および『戦国策』にのみ「請称東藩、築帝宮、受冠帯、祠春秋、效河外」（傍線部）という魏王の返答があること、の二点である。結論から言えばこれらはいずれも『史記』の改変に係ると考えられる。順に見ていこう。

第一に、「骸骨を賜りて魏を辟《さ》けん」という表現は『戦国策』には見えず、『会注考証』の指摘するごとく『史記』の補筆と見てよい(73)。つまり、張儀が当時魏にいたとする『史記』の認識に基づき、張儀列伝編纂段階で付加された文言であると考えられる。このことは、原資料の時点では、張儀が魏に仕えているといった事態は想定されていなかったことを示唆する。

第二の点は、魏のみならず、他の五国にも関わる問題である。**表三－二**は比較の便のために、『戦国策』と『史記』における張儀の遊説に対する六国の君主の返答部分を対応させたものである。

〔表三－二〕六国説辞への返答

『戦国策』	『史記』張儀列伝
魏王曰「寡人惷愚、前計失之。請称東藩、築帝宮、受冠帯、祠春秋、效河外。」（『戦国策』魏策一・張儀為秦連横説魏王章）	哀王於是乃倍従約而因儀請成於秦。
楚王曰「楚国僻陋、託東海之上。寡人年幼、不習国家之長計。今上客幸教以明制、寡人聞之、敬以国従。」乃遣（使）車百乗、献駭雞之犀、夜光之璧於秦王。（『戦国策』楚策一・張儀為秦破従連横説楚王章）	於是楚王已得張儀而重出黔中地与秦、欲許之。屈原曰「前大王見欺於張儀、張儀至、臣以為大王烹之。今縦弗忍殺之、又聴其邪説、不可。」懐王曰「許儀而得黔中、美利也。後而倍之、不可。」故卒許張儀、与秦親。
韓王曰「客幸而教之、請比郡県、築帝宮、祠春秋、称東藩、效宜陽。」（『戦国策』韓策一・張儀為秦連横説韓王章）	韓王聴儀計。
斉王曰「斉僻陋隠居、託於東海之上、未嘗聞社稷之長利。今大客幸而教之、請奉社稷以事秦。」献魚塩之地三百里於秦也。（『戦国策』斉策一・張儀為秦連横説斉王章）	王曰「斉僻陋、隠居東海之上、未嘗聞社稷之長利也。」乃許張儀。

『戦国策』	『史記』
趙王曰「先王之時、奉陽君相、専権擅勢、蔽晦先王、独制官事。寡人宮居、属於師傅、不能与国謀。先王棄群臣、寡人年少、奉祠祭之日浅、私心固窃疑焉。以為一従不事秦、非国之長利也。乃且願変心易慮、剖地謝前過以事秦。方将約車趨行、而適聞使者之明詔。」於是乃以車三百乗入朝澠池、割河間以事秦。（『戦国策』趙策二・張儀為秦連横説趙王章）	趙王曰「先王之時、奉陽君専権擅勢、蔽欺先王、独擅綰事、寡人居属師傅、不与国謀計。先王弃群臣、寡人年幼、奉祀之日新、心固窃疑焉、以為一従不事秦、非国之長利也。乃且願変心易慮、割地謝前過以事秦。方将約車趨行、適聞使者之明詔。」趙王許張儀、張儀乃去。
燕王曰「寡人蛮夷辟処、雖大男子、裁如嬰児、言不足以求正、謀不足以決事。今大客幸而教之、請奉社稷西面而事秦、献常山之尾五城。」（『戦国策』燕策一・張儀為秦破従連横謂燕王章）	燕王曰「寡人蠻夷僻処、雖大男子裁如嬰兒、言不足以采正計。今上客幸教之、請西面而事秦、献恒山之尾五城。」燕王聴儀。

これに拠れば、『史記』と比較した際の『戦国策』の異同のパターンを四種に大別することができる。すなわち、①内容が全く異なる（楚王）、②君主の返答部分が全く無い（魏王・韓王）、③ほぼ同じだが、秦への入朝・土地の割譲の部分のみが無い（斉王・趙王）、④『史記』とほぼ同じ（燕王）、である。

これらの異同については、次の理由によると考えられよう。まず、①については、張儀列伝が商於六百里の故事によって楚王の張儀に対する激烈な憎悪の念を記している以上、「上客幸教以明制」云々といった楚王の発言を存置すれば構成上の齟齬は免れない。『史記』が、楚策には見えない屈原を登場させてまで、懐王の口から張儀を許す理由をわざわざ語らせているのも、やはり張儀列伝の文脈を考慮した付加であろうか。[74] 一方、②の例については、張儀列伝の構成というよりも、むしろ『史記』の戦国史認識との整合を図った刪改と考えられる。すなわち、魏策・韓策に共通する「築帝宮」「祠春秋」「称東藩」といった台詞、なかんずく特に「築帝宮」との表現が、東西称帝を秦昭襄王十九年（前二八八年）とする『史記』の認識と明白に齟齬するため削除されたものであろう。また、③では張儀の趙王の遊説に先行する斉王への説辞中に「今……趙入朝澠池、割河間以事秦」とあり、後の趙への遊説後に初めて趙王が「於是乃以車三百乗入朝澠池、割河間以事秦」（趙策）という行動をとったとすれば、文脈上齟齬する。①②③は以上の理由によって改変がなされたと考えられるだろう。[75] なお、④については、『戦国策』『史記』ともに燕王の返答があることを考慮すれば、『史記』の拠った原資料の時点で他の五国の君主の返答が無かった可能性は低い。

また、張儀列伝では前三一一年頃の諸国遊説の経路を楚→韓→斉→趙→燕とし、韓から斉への遊説の間に、秦へと一時帰還したことが記されている。

> 韓王 儀の計を聴く。張儀帰りて報じ、秦恵王 儀を五邑に封じ、号して武信君と曰う。張儀をして東のかた斉湣王に説かしめ……。[76]
> （『史記』張儀列伝）

ここでは張儀が韓への遊説を終え、秦へ報命すると、秦恵文王によって封ぜられて武信君と号し、その後斉への遊説に向かったとする。この時期に張儀が封ぜられたという記述については、史料の不足から是非を定めがたいが、少なくとも韓への遊説後に秦に一時帰国したという記述自体は、楚→韓→斉→趙→燕の行程において、韓が秦に最も接近するということから挿入した記述に過ぎず、何らかの根拠があったわけではないだろう。[77]

張儀の連衡については従来疑念がもたれてきたが、[78] 張儀列伝におけるこれらの作為を念頭に置けば、『史記』の記す張儀の連衡が史実ではあり得ないことは、より一層明らかとなったと思われる。そもそも、張儀列伝が記す前三一七年の秦魏の和平は、前三一八年の五国伐秦の挫敗に魏王への遊説説辞を付会したことから作為された記述であると考えられる。さらに、魏に対する説辞のみを分置したことから、元来六国との連衡策の一環と想定されていたはずの魏王への遊説が、単に秦・魏間の和平に矮小化されている。

また、前三一一年の連衡策は原資料と『史記』の記述の整合を図って仮構されたものであり、やはり史実とは認めがたい。

儀帰りて報ぜんとするも、未だ咸陽に至らずして秦恵王卒し、武王立つ。武王太子たりし時より張儀を説ばず……諸侯張儀の武王に郤あるを聞き、皆衡に畔して復た合従す。[79]（『史記』張儀列伝）

張儀列伝はこのように、前三一一年の連衡につき、秦武王と張儀の不和のために、成立後程無くして崩壊したことを記している。『史記』では仮構された事件について、その首尾を短期間の内に終わったように記述する場合があるが、[80]この記述もその例に加えることができるだろう。

第三節　張儀像の変遷

ここまで、第一節・第二節を通じて、張儀列伝がどのような資料を用い、いかなる改変が加えられて編纂されたかを明らかにしてきた。本節では、張儀がどのような人物として捉えられてきたのか、ということに目を転じ、戦国～前漢期の関連史料を検討していきたい。

まず指摘すべきは、張儀が蘇秦と相対立する縦横家として捉えられるようになったと確言できるのは武帝初年（前一四〇年）頃、という点である。(81) これはまた、この時期以前における張儀と蘇秦の関係がいかなるものであったのかはっきりとはわからないということを意味している。実際、漢初以前の文献において両者の関連を窺わせる史料はほとんど存在しない。(82)

では、漢初以前の文献は張儀をどのような人物として記しているのか。この点につき、まず秦相・呂不韋の名を冠する『呂氏春秋』から関連する記述を見てみよう。

張儀は魏氏の余子なり。将に西のかた秦に遊ばんとして東周を過《よぎ》る……張儀行《さ》らんとし、昭文君送りて之に資す。秦に至りて、留むること間有り、恵王説びて之を相とす。(83)（『呂氏春秋』報更）

報更の説話に拠れば、張儀は東周の昭文君の助けにより入秦し、秦恵王から相に任命されており、張儀が秦恵王に仕えたとの認識を示している。

また、『韓非子』には、張儀が秦に加えて韓・魏と深い関係にあったことが記されている。

孝公・商君死し、恵王の位に即くに及びて、秦法未だ敗れざるなり。而して張儀 秦を以て韓・魏に殉《したが》う。(84)（『韓非子』定法）

張儀は秦を犠牲にして韓・魏の利を図ったとされるが、やはり同様に秦恵王に仕えたとする認識を『韓非子』は示しているようである。入秦の年次は確定が難しいが、張儀が恵文王期に秦に仕えたこと自体は、該時期に張儀の名を含む青銅器銘文が存在することからも、疑う余地はない。(85)

ただし、ここで問題となるのは、これら戦国末に成立したとされる文献において、張儀と、いわゆる連衡との繋がりには一切触れられていない点である。実のところ、張儀を秦のために連衡策を推し進めた縦横家とする認識の存在を確言できるのは、張儀が蘇秦と結びつけられたことと同様に、やはり武帝即位前後まで下る。[86] また、秦国の人物と連衡策を関連付ける例自体は文帝期に既に確認できるものの、そこでは秦孝公期に商鞅を補佐とし、連衡策を用いて山東の諸侯を相い攻伐せしめたとされており、張儀と連衡との関連は依然として認められない。[87]

ではなぜ、張儀が連衡と結びつけられるようになったのか。この問題については、『史記』李斯列伝に載る、秦始皇の逐客を諫めたとされる上書中の一節が手掛りとなろう。

恵王 張儀の計を用い、三川の地を抜き、西は巴蜀を并せ、北は上郡を収め、南は漢中を取り、九夷を包みて鄢・郢を制し、東は成皋の険に拠り、膏腴の壌を割き、遂に六国の従を散じ、之をして西面して秦に事えしめ、功施《の》びて今に至る。[88]

（『史記』李斯列伝）

列伝によれば、この上書は李斯の手になるものとされているが、武王期の三川進出や、白起の功を指すかと思われる「制鄢郢」が皆張儀の計とされているなど、秦国の人物が書いたとするには疑念とすべき錯誤が多く、そのまま李斯の作とは認めがたい。おそらくは後世李斯に仮託して作られたものと推測される。[89] ただ、この上書で注目すべきは、別人の事績であってもみな張儀に付せられているという点であって、「六国の従を散じ」たという事績もそれらと同様に張儀に仮託されたものであろう。そもそも、前節で指摘したように、張儀列伝の記す前三一七年と前三一一年頃の連衡は史実とは認めがたく、また先引の資料のように連衡策は商鞅と関連付けられている場合もある。これらの例に基づけば、後世において、連衡という用語がその時代性や実態を考慮せぬまま、秦国の著名な人物の事績を示すものとして付会されていたことが推測されるだろう。

ただ、『史記』は数ある秦国の人物の中でも、特に張儀を取り上げ、連衡策を主する中心人物として描いている。

張儀列伝がこのような叙述となったのはなぜであろうか。最後にこの点に触れておこう。まず、張儀に関する太史公の認識を示したものとして、次の二例が挙げられる。

太史公曰く、三晋 権変の士多し、夫の従衡彊秦を言う者は大抵皆三晋の人なり。夫れ張儀の行事は蘇秦より甚だし、然して世 蘇秦を悪る者は其の先に死し、而して儀其の短を振暴して以て其の説を扶け、其の衡道を成すを以てなり。之を要すれば、此の両人真に傾危の士なるかな。(90)

（『史記』張儀列伝）

六国既に従親するも、張儀能く其の説を明らかにして復た諸侯を散解す。張儀列伝第十を作る。(91)

（『史記』太史公自序）

列伝の太史公曰では、張儀の所業は蘇秦よりも甚だしいものであったのに、世間では却って蘇秦を悪し様に言うのは、張儀が蘇秦の死後にその短所を暴いて自説を擁護し、連衡を成立させたためであるとする。また、太史公自序では六国の合従を打ち破ったことが、張儀の功績として特筆されている。これらに共通するのは、蘇秦の合従を打ち破り、連衡を成立させたことが張儀の最大の事績であるとの認識である。

この、蘇秦が張儀に先行するという認識は、張儀列伝の原資料となった六国説辞に明確に反映されている。

凡そ天下の信じて従親を約して堅き所の者は蘇秦なり。封ぜられて武安君と為り、而して燕に相たり。即ち陰かに燕王と斉を破りて共に其の地を分かたんことを謀り、乃ち罪有りと佯りて、出で走りて斉に入り、斉王因りて受けて之を相とす。居ること二年にして覚われ、斉王大いに怒り、蘇秦を市に車裂にす。夫れ一詐偽反覆の蘇秦を以てして天下を経営し、諸侯を混一せんと欲するも、其の成るべからざるや亦た明らけし。(92)

（『戦国策』楚策一・張儀為秦破従連横章）

凡そ大王の信じて以て従を為す所の者は蘇秦の計を恃むなり。諸侯を熒惑し、是を以て非と為し、非を以て是と為し、

斉国を反覆せんと欲するも能わず、自らをして斉の市に車裂せしむ。夫れ天下の一にすべからざるは亦た明らけし。(93)

（『戦国策』趙策二・張儀為秦連横説趙王章）

張儀の発言の中では、蘇秦を反覆詐欺の人物と称しており、この点は太史公曰の「儀振暴其短以扶其説、成其衡道」とする理解と一致する。『史記』編纂段階において、張儀が秦恵王期に活動したとの認識を主軸に、六国遊説辞が反映する蘇秦が張儀に先行するという認識を採用したことなどに因り、最終的に現行の張儀列伝の如き叙述に至ったのであろう。

ただし、先に述べたように、武帝期には蘇秦と張儀が相対立する縦横家として認識されていたことはわかるが、それ以前の文献においては、蘇秦と張儀の先後関係について明言するものは無い。このことから、太史公は『史記』戦国列伝の編纂に際して、多く彼の同時代に成立した認識・資料に拠ったことが窺われる。

小結　記録と伝説の結合――縦横家の衣をまとう秦人

張儀列伝の検討により得られた知見を以下に述べる。

張儀列伝の紀年について言えば、恵文王後九年の伐蜀を列伝が前九年頃に繫年していること以外は、『史記』の他処の紀年と概ね一致する（秦本紀を除く）。しかし、『史記』の他の記述と矛盾しないということ自体は、前章で検討した孟嘗君列伝においても同様であり、この整合性自体が直ちに紀年・記述の信頼性を保証するわけではない。実際、これまでの検討を通じて明らかにしたように、張儀列伝の個々の記述には必ずしも史実と認められず、説話資料などに拠って作為したと思われる記述が散見される。

また、張儀列伝の編纂に際して、太史公の蘇秦に関する認識が最も大きな影響を与えていたことは明白である。前三一七年頃の連衡については、蘇秦の合従により秦が十五年の間、函谷関以東に進出しなかったという認識に基づいて仮構されたものであろう。また、蘇秦の合従を前三三四〜三三二年の間に置いたため、張儀列伝に拠れば、張儀の入秦もそれに伴い同時期の事と理解せざるを得ないが、この入秦の年次についても、史料的な根拠に乏しい。

魏以外の五国への遊説を前三一一年頃に配している点も同様である。この楚王に対する説辞中の丹陽や藍田の戦・漢中奪取の記述を重視した結果と思われるが、元来同時のものと想定されていたはずの原資料を別の時期に分割する時点で既に、張儀列伝の連衡に関する記述を史実と認めることはできない。

しかしその一方で、六国への遊説辞を分割した結果、前三一一年頃の諸国遊説には魏王への説辞が欠けることとなったにもかかわらず、張儀列伝編纂段階で魏王への説辞を新たに創作することは無かった。つまり、文言の一部を付加刪削するといった改変は随所に見られる一方で、六国説辞のような比較的長文の内容については、六説辞の一部を分割することで、原資料元来の認識に変更を加えることはあっても、その結果生まれた空隙を創作によって埋めるといったことはなかったのである。この事実は、『史記』編纂段階における太史公の編纂に対する態度を示すものとして重要であり、『史記』編纂段階における改変の程度を判断する上で一つの指標となろう。

本章の検討結果が意味するものは何か。それは、『史記』の戦国史に関わる記述を利用する際、秦の人物に関する記述か否か、というだけで一律に信憑性の有無を判断できるわけではなく、個別に史料的な根拠を検討する必要があるということである。『史記』の戦国部分が秦系資料を利用して編纂されている、という点からすれば、秦の人物に関する紀年が秦以外の諸国の人物に比べて相対的に確度の高いものが多い、という一般的傾向は存在するだろうが、それは必ずしも秦関連の各記述が信頼できるということに直結しない。むしろ、『史記』編纂段階においては、説話資料など秦系以外の資料から獲得した認識が秦関連の記述に影響を与えた場合も認められるのである。『孟子』滕文公下に景春の言として「公孫衍・張儀豈に誠の大丈夫ならずや。一たび怒れば諸侯懼れ、安居すれば天下熄む」と述べられているように、張儀は既に戦国中期において諸侯に威名を轟かせた人物であった。また『戦国策』や『韓非子』は、張儀が秦や韓・魏において活動した事績を主に記している。しかしながら、戦国期の文献において、張儀が連衡策を推し進めた縦横家であるとの認識はほぼ確認できない、という事実には留意せねばならない。秦と六国との同盟と対立を中心的要素とする合従連衡の言説は、戦国末に生じ、漢代に入ってようやく盛んとなったと考えられるが、その後、合従連衡の対立図式は、歴史的実態を考慮せぬままに時代をより遡って想定されるようになった。賈誼の過秦論が連衡を孝公・商鞅の時代のこととするのはその典型的な例であろうが、張儀と連衡との間にも同様の関係を認めてよいだろう。

では、張儀と連衡が結びつけられた時期はいつであろうか。これについては、やや問題もあるが、漢代に下るのではないかと推測される。そして、武帝初年をさほど遡らない時期に、蘇秦の合従と張儀の連衡という図式が最終的に成立したのだと考えられるだろう。この考が大過無いとすれば、『史記』は秦系資料を用いて張儀列伝の年代的な枠組みとし、その一方で、蘇秦の合従とそれを破った張儀の連衡という構図を採用し、『史記』の他の記述と整合性を保つために原資料に改変を加えつつ張儀列伝を作り上げたのだということになる。『史記』は秦の紀年資料を用いてはいるが、一方では漢代の同時代的な認識の影響をも受けつつ編纂されたのである。

注

（1）『孟子』滕文公下には景春の言として「公孫衍・張儀豈不誠大丈夫哉。一怒而諸侯懼、安居而天下熄」とある。

（2）杜預『春秋経伝集解』後序「其紀年篇起自夏殷周、皆三代王事、無諸国別也。唯特記晋国、起自殤叔……以至曲沃荘伯……編年相次、晋国滅、独記魏事、下至魏哀王之二十年」。

（3）藤田［二〇一二］、一三七－一四四頁では、張儀列伝については、蘇秦関連および連衡策の記述以前の、秦紀年が用いられている部分の記述は比較的信頼できる史料とする。

（4）『史記』張儀列伝「張儀者魏人也」。

（5）『呂氏春秋』報更「張儀、魏氏余子也」。

（6）『史記』張儀列伝「始嘗与蘇秦倶事鬼谷先生学術、蘇秦自以不及張儀。……蘇秦已説趙王而得相約従親、然恐秦之攻諸侯、敗約後負、念莫可使用於秦者、乃使人微感張儀……張儀於是之趙、上謁求見蘇秦。蘇秦乃誡門下人不為通、又使不得去者数日。已而見之、坐之堂下、賜僕妾之食。因而数譲之……謝去之。張儀之来也、自以為故人、求益、反見辱、怒、念諸侯莫可事、独秦能苦趙、乃遂入秦」。

（7）第一章第三節参照。

（8）第一章注63参照。

（9）銭［一九五六］、考辨一〇七附・張儀初入秦考に「……儀初入秦、蘇秦陰奉給之、其事『国策』亦不見。而呂覧報更篇云『張儀西遊、過東周、昭文君送而資之、故張儀徳昭文君』、其事与『史』異。然則呂氏賓客尚不知有蘇秦激張儀入秦之説也」と指摘されている。

（10）第一章第三節において、張儀列伝に見える、蘇秦が張儀を援助するという説話は『史記』以前の文献に確認できず、かつ蘇秦列伝においては張儀に関する言及がほとんど無いことなどから、この説話があるいは『史記』の創出に係るのではないかという可能性を指摘した。

（11）『史記』張儀列伝「張儀曰『嗟乎、此吾在術中而不悟、吾不及蘇君明矣。吾又新用、安能謀趙乎。為吾謝蘇君、蘇君之時、儀何敢言。且蘇君在、儀寧渠能乎』」。

（12）『史記』張儀列伝「苴蜀相攻撃、各来告急於秦。秦恵王欲発兵以伐蜀、以為道険狭難至、而韓又来侵秦、秦恵王欲先伐韓、後伐蜀、恐不利、欲先伐蜀、恐韓襲秦之敝。猶豫未能決。司馬錯与張儀争論於恵王之前、司馬錯欲伐蜀、張儀曰『不如伐韓……』……卒起兵伐蜀、十月、取之、遂定蜀、貶蜀王更号為侯、而使陳荘相蜀。蜀既属秦、秦以益彊富厚、軽諸侯」。

(13)『戦国策』秦策一・司馬錯与張儀争論章「司馬錯与張儀争論於秦恵王前。司馬錯欲伐蜀。張儀曰『不如伐韓。』王曰『請聞其説。』対曰『親魏善楚、下兵三川、塞轘轅・緱氏之口、当屯留之道、魏絶南陽、楚臨南鄭、秦攻新城・宜陽、以臨二周之郊、誅周主之罪、侵楚・魏之地。周自知不救、九鼎宝器必出。拠九鼎、按図籍、挟天子以令天下、天下莫敢不聴、此王業也。今夫蜀、西辟之国、而戎狄之長也。弊兵労衆、不足以成名、得其地、不足以為利。臣聞争名者於朝、争利者於市。今三川・周室、天下之市朝也。而王不争焉、顧争於戎狄、去王業遠矣。』司馬錯『曰不然、臣聞之、欲富国者務広其地、欲強兵者務富其民、欲王者務博其徳。三資者備、而王随之矣。今王之地小民貧、故臣願従事於易。夫蜀西辟之国也、而戎狄之長、而有桀・紂之乱。以秦攻之、譬如使豺狼逐羣羊也。取其地足以広国也。得其財足以富民。繕兵不傷衆、而彼以服矣。故抜一国、而天下不以為暴。利尽西海、諸侯不以為貪。是我一挙而名実両附、而又有禁暴正乱之名。今攻韓劫天子、劫天子、悪名也、而未必利也、又有不義之名、而攻天下之所不欲、危。臣請謁其故。周、天下之宗室也。斉・韓、周之与国也。周自知失九鼎、韓自知亡三川、則必将二国并力合謀、以因於斉・趙、而求解乎楚・魏。以鼎与楚、以地与魏、王不能禁。此臣所謂危、不如伐蜀之完也。』恵王曰『善。寡人聴子』」。

(14) 銭大昕『廿二史考異』巻五・張儀列伝条に「卒起兵伐蜀、十月取之。按秦本紀及年表、伐蜀乃恵王後九年事。此伝叙於恵王十年以前、則誤以為前九年矣」とある。

(15)『史記』張儀列伝「(張)儀曰『親魏善楚、下兵三川、塞什谷之口、当屯留之道、魏絶南陽、楚臨南鄭、秦攻新城・宜陽、以臨二周之郊、誅周王之罪、侵楚魏之地。周自知不能救、九鼎宝器必出。拠九鼎、案図籍、挟天子以令於天下、天下莫敢不聴、此王業也。……臣聞争名者於朝、争利者於市。今三川・周室、天下之朝市也……』司馬錯曰『不然……今攻韓、劫天子、悪名也……』……」。

(16)『史記』張儀列伝「秦恵王十年、使公子華与張儀囲蒲陽、降之。儀因言秦復与魏、而使公子繇質於魏。儀因説魏王曰『秦王之遇魏甚厚、魏不可以無礼。』魏因入上郡・少梁、謝秦恵王。恵王乃以張儀為相、更名少梁曰夏陽」。

(17)『史記』秦本紀「(恵文王前)八年、魏納河西地。……十年、張儀相秦。魏納上郡十五県。十一年、県義渠。帰魏焦・曲沃。義渠君為臣。更名少梁曰夏陽」。

(18)『史記』六国秦表「(秦恵文王)八、魏入少梁河西地于秦。……十年、張儀相。公子桑囲蒲陽、降之。魏納上郡」。

(19)『史記』魏世家「(魏襄王)五年、秦敗我龍賈軍四万五千于雕陰、囲我焦・曲沃。予秦河西之地。六年、与秦会応。秦取我汾陰・皮氏・焦。……七年、魏尽入上郡于秦。秦降我蒲陽。八年、秦帰我焦・曲沃」。

(20)『史記』魏世家には「(魏恵王)十七年、与秦戦元里、秦取我少梁」とあり、六国秦表には「(孝公八年)与魏戦元里……取少梁」、および魏表には「(恵王)十七年、与秦戦元里、秦取我少梁」とある。

(21) 楊[二〇〇一]、周顕王十五年条の按語は、秦が秦孝公八年に一度少梁を獲得したが、久しからずして再び魏の所有に帰し、秦恵文王八年に秦が魏将龍賈を破って後、魏が少梁・河西を秦に納れたとする。確かに、秦が昭襄王四年に魏の蒲坂を抜き、翌五年に返還し（六国年表）、十八年に復た蒲反（坂）を攻めた（睡虎地秦簡「編年記」）例などもあり、このような可能性は排除できない。ただし、馬［一九八二］、五四頁は秦恵王八年に少梁を入れたとする記載を誤りとし、「自孝公八年取少梁後、中間秦・魏戦争、皆秦勝而魏敗、少梁必無復為魏属之理。故当《本紀》・《世家》為正」と指摘する。

(22)『史記志疑』巻二十九・魏因入上郡少梁謝秦恵王条に「案紀・表及魏世家是年入上郡于秦、無少梁二字。魏之少梁已于秦孝公八年取之矣、此時尚安得少梁乎。与表言秦恵八年魏入少梁同誤」とあり、『史記会注考証』巻十五・六国秦表「（秦恵文王）八年魏入少梁河西地于秦」の考証は「秦紀・魏世家並不言少梁、前二十五年孝公已取少梁矣、此当衍少梁字」と指摘するが、六国魏表に「（魏襄王）五年、与秦河西地少梁」とあることからすれば、秦表恵文王八年の少梁を衍字と見るのは妥当ではない。むしろこれは『史記』編纂段階において少梁奪取の正確な時期が不明であったことを示すものであろう。ただし、どの君主の在位時であるかが不明のまま八年という紀年のみが獲得されたのか、それとも紀年自体も入手し得ず、恵文王十一年以前に生じた秦・魏の戦いに附会したものか現時点では不明であるが、紀年の類似から考えれば前者の可能性が高いと考える。

(23)『史記』六国秦表には「（秦恵文王）六年、魏以陰晋為和、命曰寧秦」とあり、編入後直ちに改名したようにも見え、こうした例によれば、十一年の改名を起点とし、少梁が秦に入った年次を十年に繋けた可能性はある。

(24)吉本［一九九六］参照。なお厳密に言えば、六国年表の原型となるものは列伝の編纂にも利用され、その反対に列伝の編纂時に獲得された認識が年表に転載される場合もあったと考えられる。列伝→六国年表という編纂順序はあくまで現行の列伝と六国年表の成立を単純化したものに過ぎず、実際の年表の成立過程はより複雑である。

(25)『水経注』巻三十三・江水注に「秦恵王二十七年、遣張儀与司馬錯等滅蜀、遂置蜀郡焉」とあり、また『華陽国志』巻三・蜀志には「（秦）恵王二十七年、儀与若城成都」とある。これらは後代の資料かつ内容の点でも疑義があるため、『史記』分析の根拠とするには問題が残るが、例えば『史記』と『華陽国志』の記述に矛盾が認められること自体は、「二十七年」という記述が『史記』の紀年を換算したわけではなく、他に拠るところがあったことを示唆する。『華陽国志』と『史記』の記述の相異する点については、趙毅「論《史記》与《華陽国志》的関係」（劉重来等主編［二〇〇八］所収）を参照。

(26)張儀列伝では韓に関する記述の齟齬を考慮して、伐蜀の記述をあえて秦恵文王前元九年にかけた可能性については、吉本［二〇二四］に指摘がある。

(27)『史記』張儀列伝「儀相秦四歳、立恵王為王。居一歳、為秦将、取陜。築上郡塞」。

(28)『史記』秦本紀「（秦恵文王）十三年四月戊午、（魏）君為王、韓亦為王。使張儀伐取陜、出其人与魏。十四年、更為元年」。なお、

『史記志疑』巻四は「魏」字を衍字と指摘する。
(29)『史記』六国秦表「(秦恵文王)十三年四月戊午、君為王。(秦恵文王後元元年)相張儀将兵取陝。初更元年」。
(30) ただし、この点についてはやや複雑な問題が存する。まず、秦本紀は明らかに恵文王前元十二年に張儀の陝攻撃を繫ける。他方、六国秦表の当該箇所の記述は「十三年、四月戊午、君為王。相張儀将兵取陝。初更元年」となっており、現行本では確かに周顕王四十四年(前三二五年)の列に「十三年、四月戊午、君為王」、周顕王四十五年(前三二四年)の列に「相張儀将兵取陝。初更元年」が繫けられている。しかし、唐代以前には表に界線が無く、記事が容易に前後の欄に錯置された可能性が指摘されており(辛〔二〇一七〕参照)、それに基づけば、この箇所の記述も元来は周顕王四十四年の列に「十三年、四月戊午、君為王。相張儀将兵取陝」、周顕王四十五年の列に「初更元年」が繫けられていた可能性は残る。その場合は秦本紀と六国年表が一致し、張儀列伝の繫年のみが独自の認識を示すものとなる。
(31)『史記』張儀列伝「秦武王元年、羣臣日夜悪張儀未已、而斉譲又至。張儀懼誅、乃因謂秦武王曰『儀有愚計、願効之。』……秦王以為然、乃具革車三十乗、入儀之梁。斉果興師伐之。梁哀王恐。張儀曰『王勿患也、請令罷斉兵。』乃使其舎人馮喜之楚、借使之斉、謂斉王……斉王曰『善』。乃使解兵。張儀相魏一歳、卒於魏也」。ただし、「入儀之梁」については、『読書雑志』に「念孫案、入儀之梁本作入之梁……入下有儀字、則文不成義……」とあるに従い、「儀」字を除く。
(32)『戦国策』斉策二・張儀事秦恵王章。
(33)『史記』秦本紀「(武王)二年……張儀死於魏」。
(34)『索隠』において、司馬貞が年表で安釐王とするのは哀王の誤り、紀年で安僖王とするのは襄王の誤りであろう。
(35) 魏恵王・襄王の在位年代については第二章注21参照。なお、陳〔一九五五〕は恵王の在位年を前三六九年～三一八年、襄王元年を前三一七年に置いており、仮にこの見解に従えば『紀年』の記す張儀の死も前三〇九年となって『史記』との矛盾は解消される。しかし、陳夢家が恵王の後元の年数を一七年とするのは、魏世家集解「荀勗曰……案太史公書……恵王三十六年卒、襄王立十六年卒、并恵・襄為五十二年。今案古文、恵成王立三十六年、改元称一年、改元後十七年卒」のごとき、『竹書紀年』から恵王が前元三十六年に年内改元したことを認識しつつも、合計在位年数については『史記』の五二年と見なしたことによる誤解とおそらく軌を一にするものと考えられ、従いがたい。
(36)『史記』魏世家「(魏哀王)九年、与秦王会臨晋。張儀・魏章皆帰于魏。魏相田需死、楚害張儀・犀首・薛公。楚相昭魚謂蘇代曰『田需死、吾恐張儀、犀首、薛公有一人相魏者也。』代曰『然相者欲誰而君便之。』昭魚曰『吾欲太子之自相也。』代曰『請為君北、必相之。』……遂北見梁王……太子果相魏。十年、張儀死」。

(37) 梁玉縄『史記志疑』巻二十九・張儀相魏一歳条は「案儀特自秦入魏耳。未必復相魏也。蓋因楚昭魚有恐儀相魏之語而誤」と指摘する。
(38) 『史記』張儀列伝「其後二年、使与斉・楚之相会齧桑、東還而免相、相魏以為秦。欲令魏先事秦而諸侯效之、魏王不肯聴儀。秦王怒、伐取魏之曲沃・平周、復陰厚張儀益甚。張儀慙、無以帰報」。
(39) 『史記』六国秦表「(秦恵文王後元)三年、張儀免相、相魏」、六国魏表「(襄王)十三年、秦取曲沃・平周……」。
(40) 『史記』秦本紀「(秦恵文王後元)三年、韓・魏太子来朝。張儀相魏」。
(41) 梁玉縄『史記志疑』巻二十九に「案紀・表及魏与田完世家、齧桑之会在取陝之明年、此云後二年、誤」とある。
(42) 『史記』張儀列伝「留魏四歳而魏襄王卒、哀王立。張儀復説哀王、哀王不聴。於是張儀陰令秦伐魏。魏与秦戦敗」。
(43) 梁玉縄『史記志疑』巻九・慎靚王四年条に「観津」が「観沢」の誤であることが考証されている。
(44) 『史記』張儀列伝「明年、斉又来敗魏於観津。秦復欲攻魏、先敗韓申差軍、斬首八万、諸侯震恐。而張儀復説魏王曰……哀王於是乃倍従約而因儀請成於秦。張儀帰、復相秦。三歳而魏復背秦為従。秦攻魏、取曲沃。明年、魏復事秦」。
(45) 梁玉縄『史記志疑』巻九・魏哀王二(周慎靚王四)斉敗我観津条に「附案此与趙・斉表及魏世家・張儀・楽毅伝並作観津、韓世家又作濁沢、皆誤。当依趙・斉両世家作観沢。正義引『括地志』云観沢在魏州頓丘県東、観津在冀州棗陽県東南、濁沢在蒲州解県東北、三地不同也」とある。
(46) 『史記』六国韓表では前三一七年の事として「(宣恵王)十六年、秦敗我脩魚、得将軍申差。」とあり、韓世家には「(宣恵王)十六年、秦敗我脩魚、虜得韓将鯁・申差……」とある。
(47) 前三一八年には五国連合軍による伐秦(五国攻秦)が不成功に終わる。蘇秦説話においては、蘇秦の合従成立後十五年の間、秦が函谷関以東に進出しなかったとされているが、『史記』六国燕表が前三三四年に「蘇秦説燕」を記すのは、この前三一八年から十五年遡ったものである。なお、前三三三年ではなく前三三四年に繋けるのは『史記』の書法の一形式である。第一章注64参照。
(48) 『史記』秦本紀「(秦恵文王後元)十二年、王与梁王会臨晋……」、六国魏表「(哀王)六年……与秦王会臨晋」。
(49) 王輝・王偉編[二〇一四]、三六―三七頁参照。ただし、本書では「免相」とは単に外交の為の対外的な宣言に過ぎず、実際に相を罷免されたわけではないとし、張儀が恵文王後四年に秦相であったことと『史記』の記述は矛盾しないと考えているようである。確かに、『戦国策』魏策一・張儀欲并相秦魏章に「張儀欲并相秦・魏……史厭謂趙献曰『……儀兼相秦・魏、則公亦必并相楚・韓也』」とある等、張儀が同時に秦・魏の相となることを示唆する説話資料は存在するが、その史料的信頼性には慎重である必要がある。張儀が実際に恵文王後四年に秦相と魏相を兼ねていたのか、あるいは秦恵文王三年に魏相となったとする『史記』の記述に問題があるのか、といった点については、現在の史料状況では断定は困難であり、今後の史料の増加が待たれる。

(50) 例えば、銭［一九五六］、考辨一一六・恵施返魏考に「『史記』魏世家『襄王卒、子哀王立、張儀復帰秦。哀王元年、五国共攻秦。』襄王卒乃恵王、哀王立乃襄王。張儀於恵王死即去魏、故明年而魏即約五国攻秦也。恵施重至魏、当在恵王卒年、張儀去後。魏策『将葬恵王、天大雨雪。羣臣諫太子、莫能得、以告犀首。犀首曰『吾未有以言之也、是惟恵子乎？』恵子見太子、太子為弛葬期。』是事在恵王卒歳之冬、故哀王称太子。又観羣臣以告犀首、而犀首称恵子、知其時恵子非相魏、初無言責。張儀已去、故犀首為魏廷領袖也……」とある。

(51) 『史記』張儀列伝「秦欲伐斉、斉楚従親。於是張儀往相楚……儀説楚王曰『大王誠能聴臣、閉関絶約於斉、臣請献商於之地六百里……』……楚王大説而許之……以相印授張儀、厚賂之。於是遂閉関絶約於斉、使一将軍随張儀。張儀至秦、詳失綏堕車、不朝三月。楚王聞之、曰『儀以寡人絶斉未甚邪。』乃使勇士至宋、借宋之符、北罵斉王。斉王大怒、折節而下秦。秦・斉之交合、張儀乃朝、謂楚使者曰『臣有奉邑六里、願以献大王左右。』楚使者曰『臣受令於王、以商於之地六百里、不聞六里。』還報楚王、楚王大怒……卒発兵而使将軍屈匄撃秦。秦・斉共攻楚、斬首八万、殺屈匄、遂取丹陽・漢中之地。楚又復益発兵而襲秦、至藍田、大戦、楚大敗」。

(52) 『戦国策』秦策二・斉助楚攻秦章の開頭に「斉助楚攻秦、取曲沃。其後秦欲伐斉、斉・楚之交善、恵王患之……」とある。この斉が楚の曲沃攻取を助けたことについては、『史記』に関連する記述がなく、厳密な年代は定めがたい。

(53) ただし、『史記』楚世家「裨将軍逢侯丑等七十余人」の「七十余人」については、張儀列伝に載る張儀の楚王に対する説辞に「楚嘗与秦構難、戦於漢中、楚人不勝、列侯執珪死者七十余人」とあり、かつその原資料と思われる『戦国策』楚策一・張儀為秦破従連横説楚王章にほぼ同文があり、あるいは説話資料に由来する文言の可能性がある。

(54) 韓の参与については、『史記』韓世家集解に「徐広曰秦本紀恵王後元十三年、周赧王三年、楚懐王十七年、斉湣王十二年、皆云楚囲雍氏。『紀年』於此亦説楚景翠囲雍氏。韓宣王卒、秦助韓共敗楚屈丐。又云斉・宋囲煮棗」とあって、前三一二年に秦が韓を助けて楚の屈丐を破ったことがわかり、この部分に関して太史公がなんらかの資料を入手した可能性もある。ただし、同年に斉は魏の煮棗を囲んでおり、張儀列伝の斉が楚を攻めたとする記述には若干疑いが残る。

(55) なお『史記』楚世家の「取漢中之郡、楚懐王大怒、乃悉国兵復襲秦、戦於藍田、大敗楚軍。韓魏聞楚之困、乃南襲楚、至於鄧。楚聞、乃引兵帰」は、特に「韓魏」以降の部分が『戦国策』秦策四・秦取楚漢中章の「秦取楚漢中、再戦於藍田、大敗楚軍。韓魏聞楚之困、乃南襲至鄧、楚王引帰」という記述に酷似する。

(56) 『史記』張儀列伝「楚又復益発兵而襲秦、至藍田、大戦、楚大敗。於是楚割両城以与秦平」。

(57) 梁玉縄『史記志疑』巻二十九・於是楚割両城以与秦平条に「案藍田之戦、各処皆無割城事、恐非実」とある。

(58)『史記』張儀列伝「張儀既相秦、為文檄告楚相曰『始吾従若飲、我不盗而璧、若笞我。若善守汝国。我顧且盗而城』」。
(59)『史記』張儀列伝「張儀已学而游説諸侯。嘗従楚相飲、已而楚相亡璧、門下意張儀、曰『儀貧無行、必此盗相君之璧。』共執張儀、掠笞数百、不服、醳之。其妻曰『嘻。子毋読書游説、安得此辱乎。』張儀謂其妻曰『視吾舌尚在不。』其妻笑曰『舌在也。』儀曰『足矣』」。
(60)張儀列伝では「両城」と具体的な数を挙げているが、その具体性自体は記述の信憑性を保証しない。例えば、『史記』蘇秦列伝には「易王初立、斉宣王因燕喪伐燕、取十城。……蘇秦見斉王……曰『……大王誠能聴臣計、即帰燕之十城……』王曰善。於是乃帰燕之十城」とあるが、易王初立時の斉による伐燕と「十城」の奪還は、『史記』の戦国紀年が斉宣王の年代を錯誤した結果、燕王噲（前三二〇年即位）と斉宣王（『史記』では前三二四年卒とされるが、実際は前三一九年~前三〇一年在位）の在位年代が重ならなくなったけれども、やはり『孟子』にも明言される宣王伐燕の記述を放棄し難かったことから仮構された事件と考えられる。ただし、蘇秦列伝の記述は燕策に類似する説話があり、「十城」という数量自体は原資料である説話に由来するものと考えられ、張儀列伝の「両城」もあるいは原資料に由来する文言の可能性は否定できない。
(61)『戦国策』楚策一・張儀為秦破従連横説楚王章「張儀為秦破従連横説楚王曰『……大王誠能聴臣……請以秦女為大王箕箒之妾……長為昆弟之国、終身無相攻撃。臣以為計無便於此者……』。楚王曰『……今上客幸教以明制、寡人聞之、敬以国従。』……」。
(62)『戦国策』魏策一・張儀為秦連横説魏王章「張儀為秦連横説魏王……魏王曰『寡人惷愚、前計失之。請称東藩、築帝宮、受冠帯、祠春秋、效河外』」。
(63)『戦国策』韓策一・張儀為秦連横説韓王章「張儀為秦連横説韓王……韓王曰『客幸而教之、請比郡県、築帝宮、祠春秋、称東藩、效宜陽』」。
(64)『戦国策』趙策二・張儀為秦連衡説趙王章「張儀為秦連衡説趙王……趙王……於是乃以車三百乗入朝澠池、割河間以事秦」。
(65)『戦国策』燕策一・張儀為秦破従連横謂燕王章「張儀為秦連横説斉王曰『……今秦楚嫁子取婦、為昆弟之国、韓献宜陽、魏效河外、趙人朝黽池、割河間以事秦……』……」。
(66)『戦国策』燕策一・張儀為秦破従連横謂燕王章「張儀為秦破従連横謂燕王曰『……今趙王已入朝澠池、效河間以事秦。……』……」。
(67)『史記』蘇秦列伝「蘇秦既約六国従親、帰趙、趙粛侯封為武安君、乃投従約書於秦。秦兵不敢闚函谷関十五年」。
(68)『戦国策』趙策二・張儀為秦連横説趙王章「張儀為秦連横説趙王曰『……大王収率天下以儐秦、秦兵不敢出函谷関十五年矣。……凡大王之所信以為従者、恃蘇秦之計。』……」。

(69)『史記』張儀列伝「張儀既出、未去、聞蘇秦死、乃説楚王曰「……楚嘗与秦構難、戦於漢中、楚人不勝……遂亡漢中。楚王大怒、興兵襲秦、戦於藍田。……」。

(70)『史記』張儀列伝「張儀既出、未去、聞蘇秦死、乃説楚王曰『……大王誠能聴臣……請以秦女為大王箕帚之妾……長為昆弟之国……』……卒許張儀、与秦親」。

(71)『史記』張儀列伝「張儀東説斉湣王曰『……今秦楚嫁女娶婦、為昆弟之国……』……」。

(72)『史記』張儀列伝「張儀去西説趙王曰『……今楚与秦為昆弟之国……』……」。

(73)『史記』張儀列伝の考証は「策無且賜骸骨辟魏六字、蓋史公補足」と指摘する。

(74)張儀を許そうとした懐王を屈原が諌めたことについては『史記』屈原賈生列伝に「懐王……復釈去張儀……屈平……諌懐王曰『何不殺張儀』。懐王悔、追張儀不及」とある一方で、張儀列伝とは細部において異なる。それゆえ、張儀列伝の屈原に関する記述が、なんらかの原資料に基づき、列伝編纂時に楚王に対する説辞と結合されたものか、それとも屈原列伝に載るような諌言の文言に改変を加えて創作されたものであるかは、判然としない。

(75)ただし厳密に言えば、張儀の趙王に対する説辞中には斉が既に魚塩の土地を献上したとあり、一方で斉王に対する発言には趙が既に河間を納れたとされ、明らかに矛盾するため、時系列順に配列することはできない。この点からすれば、この六説辞が同一の作者によって作られたものか否か、についてはやや疑念が持たれるが、おそらく、説辞の作成時には張儀の発言部分のみが作成され、その後伝承の過程で説話の背景や君主の返答などが附加されたと考えられる（この過程については藤田［一九九七］、一六九－一七三頁参照）。また、本文でも指摘するように、燕王の返答が『史記』にも見えることからすれば、『史記』が採用した原資料の時点で既に君主の返答が附加されていたと思われる。この考に拠れば、張儀の説辞部分の作成→六国君主の返答部分の附加→『史記』編纂段階における五国君主の説辞の削除、という増刪の過程が想定されるだろう。

(76)『史記』張儀列伝「韓王聴儀計。張儀帰報、秦恵王封儀五邑、号曰武信君。使張儀東説斉湣王……」。

(77)藤田［二〇一一］、一五二－一五四頁では蘇秦を例に、司馬遷が蘇秦の遊説経路を記述する際は、当時の交通路を基に復元しようとしたことが指摘されている。

(78)例えば、銭［一九五六］、考辨九五・蘇秦考は「終儀之世、亦絶無六国相率事秦之痕跡也。則所謂蘇秦・張儀一縦一横、其説皆子虚烏有、由後之好事者附会為之也。今観張儀説斉、謂趙朝澠池、其事在昭王時、儀死及三十年、非儀語可知。其説趙・斉・燕三国、又謂趙割河間、斉献魚塩之地、燕献恒山之尾五城、全謝山『経史問答』辨之、以為乃不知地理者之妄説。其実蘇張之縦横、一切皆虚、不徒不知地理、実又不知当時列国強弱之情勢也」と指摘する。

(79)『史記』張儀列伝「儀帰報、未至咸陽而秦恵王卒、武王立。武王自為太子時不説張儀……諸侯聞張儀有郤武王、皆畔衡、復合従」。
(80)本章注60、蘇秦の例参照。
(81)第一章第二節参照。
(82)『新語』には蘇秦と張儀を連称する例があるが、今本『新語』が陸賈の著したものか否かについては疑念が持たれる。第一章注47参照。
(83)『呂氏春秋』報更「張儀、魏氏余子也、将西遊於秦、過東周……張儀行、昭文君送而資之、至於秦、留有間、恵王説而相之」。
(84)『韓非子』定法「及孝公・商君死、恵王即位、秦法未敗也、而張儀以秦殉韓魏」。
(85)張儀に関しては、「十三年相邦義（儀）」、「王二年相邦義（儀）」、「王四年相邦義（儀）」の文言を含む兵器銘文が確認されており、それぞれ前三二五年（あるいは前三二二年）、前三二三年、および前三二一年の造とされる（王輝・王偉編［二〇一四］、三六－三七頁、および四〇－四一頁参照）。また、彭［二〇一七］は「十二年相邦義之造……」の銘を持つ鼎を報告しており、前三二六年に張儀が秦相であったことを示すものと見なしている（鼎については平林優一氏のご教示による）。なお、陳［一九八七］は、秦恵文王期の兵器銘については、後元に「王」字を附加することで、前元と区別したと指摘しており、この見解に拠れば、張儀は少なくとも前三二六年、前三二五年、前三二三年、前三二一年において秦の相邦であったことになる。
(86)第一章第二節参照。
(87)賈誼『過秦論』「秦孝公……当是時也、商君佐之……外連衡而闘諸侯」。
(88)『史記』李斯列伝「恵王用張儀之計、抜三川之地、西并巴蜀、北収上郡、南取漢中、包九夷、制鄢・郢、東拠成皋之険、割膏腴之壌、遂散六国之従、使之西面事秦、功施到今」。
(89)宮崎［一九七七］は『史記』李斯列伝に載録された李斯の上書文の一部が『漢書』芸文志・縦横家類「『秦零陵令信』一篇（難秦相李斯）」のような資料に由来する可能性を指摘しており、逐客論の合従連衡に関する記述が漢代の縦横家に由来する可能性を窺わせる。ただ、「逐客論」について言えば、宮崎自身は『漢書』芸文志・春秋類の「『奏事』二十篇（秦時大臣奏事及刻石名山文也）」といった資料に由来すると考察しているが、「逐客論」自体も李斯の作であるかは疑わしい。第一章注55参照。
(90)『史記』張儀列伝「太史公曰三晋多権変之士、夫言従衡彊秦者大抵皆三晋之人也。夫張儀之行事甚於蘇秦、然世悪蘇秦者、以其先死、而儀振暴其短以扶其説、成其衡道。要之、此両人真傾危之士哉」。
(91)『史記』太史公自序「六国既従親、而張儀能明其説、復散解諸侯。作張儀列伝第十」。
(92)『戦国策』楚策一・張儀為秦破従連横章「凡天下所信約従親堅者蘇秦、封為武安君而相燕、即陰与燕王謀破斉共分其地。乃佯有罪、出走入斉、斉王因受而相之。居二年而覚、斉王大怒、車裂蘇秦於市。夫以一詐偽反覆之蘇秦、而欲経営天下、混一諸侯、其不可成也亦明矣」。

(93)『戦国策』趙策二・張儀為秦連横説趙王「凡大王之所信以為従者、恃蘇秦之計。熒惑諸侯、以是為非、以非為是、欲反覆斉国而不能、自令車裂於斉之市。夫天下之不可一亦明矣」。

第四章　『史記』と蘇代

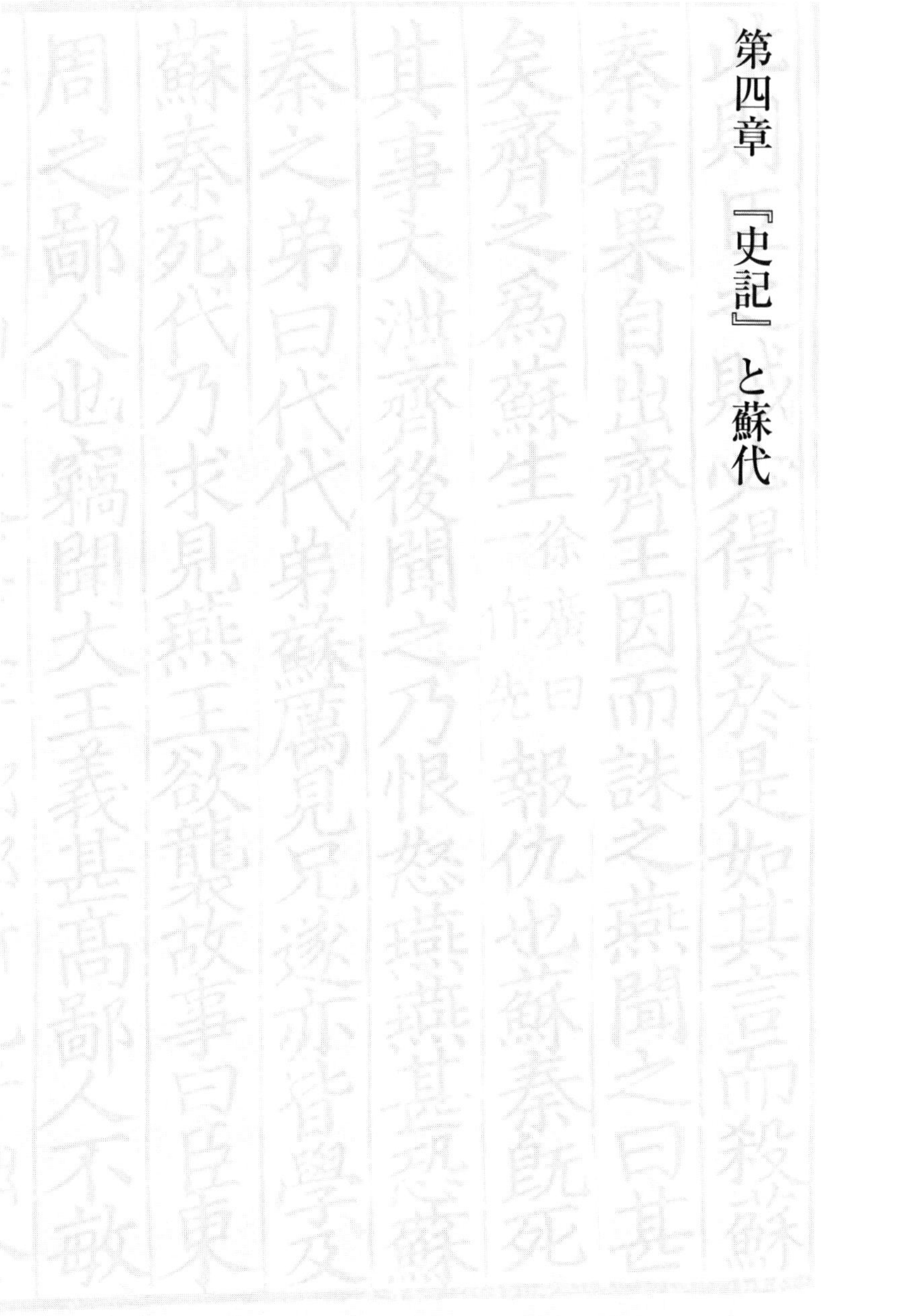
得矣於是如其言而殺蘇
秦者果自出齊王因而誅之燕聞之曰甚
矣齊之爲蘇生（徐廣曰一作先）報仇也蘇秦既死
其事大泄齊後聞之乃恨怒燕燕甚恐蘇
秦之弟曰代代弟蘇厲見兄遂亦皆學及
蘇秦死代乃求見燕王欲襲故事曰臣東
周之鄙人也竊聞大王義甚高鄙人不敏

宋紹興淮南路転運司刻宋元明初逓修本『史記』
蘇秦列伝第九
（画像出典：中国国家図書館蔵品）

はじめに

前三章では蘇秦列伝の蘇秦関連部分、孟嘗君列伝、および張儀列伝を対象とし、それらの検討を通じて、『史記』の戦国史記述がいかなる原資料をどのように改変して成立したのか、その独自性と特徴を明らかにすることに力点を置いて検討を進めてきた。『史記』が戦国時代に関する唯一の編年的・体系的史料であるという点からすれば、この作業が戦国史研究にとって必要不可欠であることは疑いない。

しかし、その一方で、『史記』の、前漢中期に編纂された書という側面を閑却することはできない。いかなる書であっても、外界と全く隔絶し、作者独自の認識にのみ拠って著されることはあり得ず、程度の差はあれ、必ずや著者の生きた時代の影響を受けている。このように考えれば、『史記』に著しい独自性が認められることは確かであるにしても、その独自性だけを取り上げて強調するのみでは一面的な見方であるとの批判を免れないだろう。前章においても、前漢代の認識が『史記』に与えた影響の一端を指摘したが、そのことからも窺われるように、『史記』の戦国史記述の特徴を精確に認識するには、その独自性を指摘するだけでなく、編纂当時の同時代的認識から受けた影響をも明らかにする必要がある。

このような問題意識から、本章では蘇秦の弟とされる蘇代を取り上げることとする。また、その重要な比較対象として触れるのは蘇厲である。では、なぜ特に蘇代を扱うのか。それは次節以降で検討するように、蘇代については『史記』編纂段階における改変が顕著に認められるが、前漢代の認識がその改変のあり方に影響を与えていると考えられるためである。

第一章では、蘇秦列伝の主に蘇秦の部分のみを検討し、後半部の蘇代・蘇厲に関する記述は対象としていない。これは『史記』の戦国史記述において極めて特殊な位置にある蘇秦に焦点を当てたこと、および蘇代の活動は『史記』の多数の篇に記されているなど、蘇秦とは異なる特徴を示す点を重視したためである。しかしながら、蘇秦列伝は蘇秦・蘇代・蘇厲の生涯を記したものであり、『史記』が蘇秦・蘇代・蘇厲を三兄弟として同一の列伝に記している、という事実は看過できない。

また、『史記』蘇秦列伝が「蘇秦之弟曰代、代弟蘇厲」と記す兄弟の序列についても、蘇代が果たして蘇秦の兄なのか弟なのか、といった議論がある。この序列につき、銭穆などは判断を保留するが[1]、つとに三国蜀の譙周が異聞を記している[2]。また近代以降、特に『戦国縦横家書』の発見以後は蘇秦の主な活動年代を前二八〇年代に置く見解が影響力を持ったことから、蘇秦を蘇代の弟と見なす研究者も現れている[3]。かくも見解が分岐することは蘇秦関連の史料の複雑さを象徴するものであり、『史記』の蘇氏兄弟関連の記述を検討する上でこの問題を避けることはできない。

蘇代は『史記』の戦国史記述の編纂に関する特徴の一側面を明らかにする好個の事例であり、太史公が同時代から受けた影響を探る上で貴重な史料を提供している。しかし、従来は蘇秦を検討する過程で付随的に言及されることが多く、蘇代自身に焦点を当てた論考はほとんど無い[4]。このような研究状況からすれば、ここで蘇代に関する記述を検討することも意義あることと考える。

第一節　『史記』における蘇代

『史記』は蘇代（および蘇厲）をどのような人物として認識していたのか、その点につき、まずは蘇秦列伝の記述を通して明らかにしておこう。蘇秦列伝では、蘇秦の死後の部分に蘇代・蘇厲の活動を付記している。

〈あらすじ〉

(1)蘇秦の死後、兄の成功に倣おうとした蘇代・蘇厲が燕王に斉を打ち破る謀略を進言し、燕王がその言に従って質子を斉に送ると、蘇厲は質子を通して斉王に見えんこと求めたが、蘇秦を怨む斉王によって捕えられ、燕の質子が彼の為に謝し、その後斉に仕えることになる。(2)次いで燕相子之が蘇代と婚姻関係を結び、燕の権力を掌握せんと欲して、蘇代を斉にいる質子の許へ送り込み、さらに燕王が斉から燕へと派遣された蘇代の発言に影響を受け、子之に譲位した結果、燕国で大乱が勃発し、蘇代・蘇厲は燕へと入ることができなくなり、斉に帰順する。(3)その後、魏を通過した際に、蘇代は魏に捕えられてしまい、斉のとりなしで解放されて宋に向かったが、(4)斉が宋を攻撃すると、今度は燕王に斉を破るための策を進め、それを聴きいれた燕王に再び招かれ、協力して最終的に斉を打ち破った。(5)斉敗滅の後、蘇代は秦の招きに応じようとする燕王を説得したことで再び重んじられ、燕が諸侯を合従すること蘇秦の時の如くであったとされる。蘇代・蘇厲の最期については明確に記されていないが、蘇代・蘇厲は寿を以て生涯を終え、その名は諸侯に顕れたとある。

以下に該当部分の訓読を示す。

(1)蘇秦既に死して、其の事大いに泄る。斉後に之を聞き、乃ち燕を恨怒し、燕甚だ恐る。蘇秦の弟を代と曰い、代の弟は蘇厲、兄の遂ぐるを見て亦皆学ぶ。蘇秦の死するに及びて、代乃ち燕王に求見し、故事を襲わんと欲す。……曰く「……王誠し能く従子母弟以て質と為し、宝珠玉帛以て左右に事うるを羞づること無くんば、彼将に燕を徳として宋を亡ぼすを軽んずること有らんとす。則ち斉亡ぶべし。」と。燕王曰く「吾終に子を以て命を天に受けたり」と。燕乃ち一子をして斉に質たらしめ、而して蘇厲 燕の質子に因りて斉王に求見す。斉王 蘇秦を怨み、蘇厲を囚えんと欲するも、燕の質子為に謝し、已にして遂に委質して斉臣と為る。

(2)燕相子之 蘇代と婚し、而して燕の権を得んと欲し、乃ち蘇代をして質子に斉に侍せしむ。斉 代をして燕に報ぜしむるに、燕王噲問うて曰く「斉王其れ覇たらんか」と。曰く「能わず」と。曰く「何ぞや」と。曰く「其の臣を信ぜず」と。是に於いて燕王専ら子之に任じ、已にして位を譲り、燕大いに乱る。斉 燕を伐ちて王噲・子之を殺す。燕昭王を立て、而して蘇代・蘇厲遂に敢えて燕に入らず、皆終に斉に帰し、斉善く之を待す。

(3)蘇代 魏を過り、魏 燕の為に代を執う。斉 人を使わし魏王に謂いて曰く……是に於いて蘇代を出す。代 宋に之き、宋善く之を待す。

(4)斉 宋を伐ち、宋急なり。蘇代乃ち燕昭王に書を遺りて曰く……燕昭王 其の書を善しとして曰く「先人嘗て蘇氏に徳有るも、子之の乱ありて蘇氏 燕を去る。燕 仇を斉に報ぜんと欲すれば、蘇氏に非ずんば可なる莫し」と。乃ち蘇代を召して復た善く之を待し、与に斉を伐つを謀る。竟に斉を破り、湣王出走す。

(5)之を久しうして、秦 燕王を召し、燕王 往かんと欲するも、蘇代 燕王を約して曰く……燕昭王行かず。蘇代復た燕に重んぜらる。燕 諸侯を約して従親せしむること蘇秦の時の如きも、或いは従し或いは不《しか》らず、而も天下 此に由りて蘇氏の従約を宗とす。代・厲皆寿を以て死し、名 諸侯に顕る。[5]

（『史記』蘇秦列伝）

さて、以上の蘇秦列伝の記述からは、年次の明確になる範囲でも、蘇代が蘇秦の死後から、斉湣王の敗滅時まで主に斉燕間で活動したことがわかり、その後も燕で活動していたと認識されていたようである。蘇秦の死は、『史記』に反映された認識によれば概ね前三二〇年頃であり[6]、かつ(2)の部分で前三一四年の燕王噲の死が記されていることから[7]、蘇代の活動開始はその間のことと認識されていたことになる。ただし、蘇秦列伝には蘇代が「寿を以て死」したとのみ記され、具体的な卒年は記されてない。

一方、蘇厲に関して言えば、具体的な活動としては、(1)の部分で燕が質子を斉に差し出した際、質子に従って入斉し、その後斉臣となったことに言及されるのみで、他の行動についてはほとんど触れられていない。蘇秦列伝後半部において、蘇代の活動の記述が中心となり、蘇厲に関してはほぼ言及が無い、という事実は実のところ『史記』戦国史記述の特徴とも関わる重要な問題であるが、この点については次節以降で詳述する。ここでは、蘇秦列伝において、蘇代・蘇厲の活動年代が蘇秦と全く重ならないものとして記されていることを確認しておこう。

さて、先述したように、彼等の活動の下限については「寿を以て死す」とのみ記されており、具体的な年次は定めがたい。そこで、以下では『史記』の蘇秦列伝以外の部分において、蘇代・蘇厲がどのように記述されているのかを検討しよう。**表四－一**の『史記』『戦国策』『戦国縦横家書』蘇代・蘇厲関連篇章対照表（本書〇頁）は『史記』の蘇代・蘇厲に関する記述のある篇をまとめ、『戦国策』『戦国縦横家書』に類似説話がある場合はその篇章名を挙げたものである。左より順に、該当する『史記』の篇名、それに対応する『戦国策』（および『戦国縦横家書』）の篇章、類似説話における人名（蘇秦・代・厲）の異同（左が『史記』、右が『戦国策』『戦国縦横家書』の人名を意味する）、および各説話の『史記』における年次を記している。なお、斜体の部分は『戦国縦横家書』に関する項目である。例えば②は『戦国策』西周策・雍氏之役に類似する説話が『史記』周本紀に載っており、かつ説話の登場人物はいずれも蘇代となっていることを意味し、他方⑩は斉策四・蘇秦自燕之斉に類似する説話が『史記』田世家に載録されているものの、『史記』では蘇代とされている登場人物が『戦国策』では蘇秦となっていることを表している。

〔表四―二〕『史記』『戦国策』『戦国縦横家書』蘇代・蘇厲関連篇章対照表

	『史記』	『戦国策』（『戦国縦横家書』）	異同（『史記』／『戦国策』（家書））	『史記』の年代	パターン
①	周本紀	対応無し	蘇代／無し	前三〇七年	
②	周本紀	西周策・雍氏之役	蘇代／蘇代	前三〇七年	同
③	周本紀	西周策・蘇厲謂周君曰	蘇厲／蘇厲	前二八一年	同
④	趙世家	趙策一・趙収天下且以伐斉 第二十一章・献書趙王	蘇厲／蘇秦 無名	前二八三年	
⑤	魏世家	魏策二・田需死	蘇代／蘇代	前三一〇年	同
⑥	魏世家	魏策三・華軍之戦	蘇代／孫臣	前二七三年	Ⅲ
⑦	韓世家	韓策二・冷向謂韓咎曰	蘇代／冷向	前三〇〇年	Ⅲ
⑧	韓世家	韓策二・謂新城君曰公叔	蘇代／無名	前三〇〇―二九八年	Ⅱ
⑨	田世家	第二十二章・謂陳軫	蘇代／蘇秦	前三一二年	Ⅰ
⑩	田世家	斉策四・蘇秦自燕之斉	蘇代／蘇秦	前二八八年	Ⅰ
⑪	田世家	韓策三・韓人攻宋	蘇代／蘇秦	前二八六年	Ⅰ
⑫	樗里子甘茂列伝	韓策一・韓公仲謂向寿	蘇代／無名	前三〇六年	Ⅱ

⑬	樗里子甘茂列伝	秦策二・甘茂亡秦且之斉	蘇代／蘇秦（蘇子）	前三〇六年？	Ⅰ
⑭	穰侯列伝	秦策二・陘山之事	蘇代／蘇代	前二七三年	同
⑮	白起王翦列伝	秦策三・謂応侯曰君禽	蘇代／無名	前二五九年	Ⅱ
⑯	孟嘗君列伝	斉策三・孟嘗君将入秦	蘇代／蘇秦	前二九九年頃	Ⅰ
⑰	孟嘗君列伝	西周策・薛公以斉為韓魏	蘇代／韓慶	前二九八年	Ⅲ
⑱	孟嘗君列伝	東周策・謂薛公曰	蘇代／無名	前二九四－二八八年	Ⅱ

この表からは、『史記』の描く蘇代の活動に関して、蘇秦列伝以外の部分で最も早い年次が田世家の前三一二年⑨であり、最も降る年次が白起王翦列伝の前二五九年⑮であることがわかる。このうち、前二五九年という年次には若干の問題があるが（後述）、いずれにせよ前三一二年以降という活動時期は、蘇代・蘇厲が蘇秦の死後に活動したとする蘇秦列伝の認識と齟齬しない。ただし、前三章の検討を通じて明らかにしたように、『史記』の内部で矛盾しない、ということ自体は記述の信憑性を担保するわけではなく、むしろ『史記』の認識に沿う形で改変された可能性を考慮せねばならない。

その改変という視点から**表四－一**を見れば、興味深い特徴が看取される。それは『戦国策』『戦国縦横家書』では別人の人名であったものが、『史記』の対応箇所では蘇代となっている例が多数認められるという事実である。

この点について詳しく見ていこう。まず指摘すべきは、『戦国策』『戦国縦横家書』において別人であった説話の登場人物が、『史記』では蘇代となっている例が多数確認できることである。その異同のパターンとしては、（Ⅰ）

『戦国策』『戦国縦横家書』では蘇秦とされる人物が『史記』では蘇代とされる、（Ⅱ）『戦国策』では無記名の人物が『史記』では蘇代とされる、および（Ⅲ）『戦国策』では別の人物とされているものが『史記』では蘇代とされる、という三種に大別される。

この場合、まず考慮せねばならないのは、『史記』の原資料と『戦国策』の説話が別系統のものであり、『史記』の採用した原資料で既に蘇代に作っていた、という可能性である。しかしながら、その場合、『史記』編纂段階で既に蘇代資料群とも言うべき蘇代関連のまとまった資料が存在したにもかかわらず、前漢末の劉向校書時には『戦国策』に採録されず、別人の名前の説話が採用されたこととなり、不可解と言わざるを得ない(8)。特に、燕策には蘇代関連の説話が多数収録されていることからしても、上表の説話に関してのみ蘇代説話が排除されたということは想定しがたい。また、『史記』の影響力を考えれば(9)、『戦国策』校書時に劉向が蘇代から蘇秦や別人に改変した、という可能性もやはり低い。

このように考えれば、最も蓋然性があるのは、原資料の段階では別の人物の説話とされていたものが、『史記』編纂時に蘇代に改変されたという可能性である。逆のパターン、すなわち『戦国策』で蘇代とされる人物が『史記』では別人となっている事例が皆無であることも、『史記』編纂段階で統一的に蘇代への改変がなされた可能性を反面より支持するものである。

そのうち、特に（Ⅰ）のパターンに関して言えば、『史記』において蘇代の活動年代が全て蘇秦の死後に位置付けられるという事実からみても、原資料で蘇秦となっていたものが『史記』の年代観に齟齬する場合、一律に蘇代に改変されたと考えるのが妥当だろう。少数の例外はあるとしても、**表四－一**に見える（Ⅰ）～（Ⅲ）の異同については、基本的に『史記』編纂段階で蘇代へと改変が加えられたものと見なして大過ないと思われる。

このうち、（Ⅰ）については、徐中舒が既に『戦国策』の蘇秦が『史記』では蘇代、あるいは蘇厲に書き換えられているると指摘しているが、[10]より厳密に言えば、『戦国策』では蘇秦となっている話者が『史記』で書き換えられる場合、ほぼ確実に蘇代へと改変されているのである（⑩、⑪、⑬、⑯）。また、現行本『戦国策』では名を記されていない人物の説話も、元来は蘇秦説話であったと考えられる例がある。例えば、東周策・謂薛公曰章（⑱）は、現行本では説者の名が記されていないが、鄭傑文の考証に拠れば説者は蘇秦とされている。[11]鄭氏のこの見解に従えば、この章についても蘇秦から蘇代へと改変された例に加えることができるだろう。

ただ、唯一の例外として、『戦国策』では蘇秦とされている説話が『史記』では蘇厲となっている説話があるが（④）、これについては『史記』における整合性を図ったものといえよう。比較のため、次に『史記』趙世家の記述とそれに対応する『戦国策』の説話を引用する。

（趙恵文王）十六年、秦復与趙数撃斉、斉人患之。蘇厲為斉遺趙王書曰……於是趙乃輟、謝秦不撃斉。（『史記』趙世家）

趙収天下、且以伐斉。蘇秦為斉上書説趙王曰……（『戦国策』趙策一・趙収天下且以伐斉章）

先述した通り、この説話に関して言えば、『戦国策』では蘇秦となっている人物が『史記』では蘇厲となっており、蘇秦→蘇代への改変とは異なる例となる。だが、この例外的な事例は次のように理解できる。

説話が元来想定していた年代観についてはひとまず措くが、[12]ここで重要となるのは、『史記』趙世家がこの説話を趙恵文王十六年（前二八三年）に繋けている点である。というのも、この年次は斉湣王敗滅の翌年であるが、前掲史料(4)が示すように、蘇秦列伝ではその斉湣王の敗滅に蘇代が積極的に関与していたと記されているのである。

(4)の記述に拠れば、蘇代が燕に与して斉を打ち破ったとされており、斉に敵対する姿勢は明瞭である。一方、蘇厲について言えば、『史記』においてはこの時期に斉の敗滅に関わったとはされておらず、蘇秦列伝の記述に拠ればむしろ、斉臣であったと認識されていたようであり、趙の斉攻撃を止めたとするのは極めて自然な行動と言えよう。ここで、仮に『史記』編纂時に趙世家恵文王十六年の説者を蘇秦から蘇代に改変したとすれば、蘇代は前年まで斉の敗滅を謀っていたにもかかわらず、その翌年には斉のために趙の攻斉を妨げたこととなり、同一人物の行動として極めて不可解なものとなってしまうだろう。『史記』において蘇秦が蘇厲に改変されている唯一の例の原因はこのように理解できる。

つまり、説者を蘇秦とする（あるいは蘇秦と考えられる）原資料が『史記』において想定された蘇秦の死亡年次以降の出来事である場合、『史記』では基本的に蘇代へと一律に改変されており、蘇厲への改変は明らかな矛盾を避けるため、といった例外的な事象であることがわかるのである。

ただ、原資料では蘇秦兄弟以外の別人となっている人名が、『史記』では蘇代となっている事例については、現在の史料状況ではその原因・理由を全面的に解明することは困難である。例えば（一）『史記』の利用した原資料では蘇秦となっていた、（二）説者の名が記されていないけれども蘇秦の説話と判断した、あるいは（三）現行本『戦国策』のように元来別人の説話であったものを蘇代に改変した、などいくつかの可能性が考えられるが、その具体的究明は後日に期す。

また、蘇代の最も古い活動年次を前二五九年とすることには若干の問題が存する、と先に述べたが、これもまた蘇代への改変の問題に関わってくるため、ここに併せて述べておこう。**表四－二**は『史記』田世家の説話と、それに類似した内容の『戦国策』斉策の説話を対照させたものである。

〈あらすじ〉

秦が趙を攻撃したため、趙は斉に食糧を求めたが、斉はその要求に応えようとしなかった。そこで蘇秦（周子）は趙が斉にとって秦からの侵攻を防ぐ藩屏のような存在であり、趙が滅びれば秦の矛先は斉に向かうため、趙を救援するようにと斉王の説得を試みる。

〔表四－二〕斉王への遊説対照表

『史記』田敬仲完世家	『戦国策』斉策二・秦攻趙長平章
王建立六年、秦攻趙、斉・楚救之。 秦計曰「斉・楚救趙、親則退兵、不親遂攻之。」趙無食、請粟於斉、斉不聴。 周子曰「不如聴之以退秦兵、不聴則秦兵不卻、是秦之計中而斉・楚之計過也。且趙之於斉・楚、扞蔽也、猶歯之有脣也、脣亡則歯寒。今日亡趙、明日患及斉・楚。且救趙之務、宜若奉漏甕沃焦釜也。夫救趙、高義也。卻秦兵、顕名也。義救亡国、威卻彊秦之兵、不務為此而務愛粟、為国計者過矣。」 斉王弗聴。秦破趙於長平四十余万、遂囲邯鄲。	秦攻趙長平、斉・楚救之。 秦計曰「斉・楚救趙、親則将退兵、不親則且遂攻之。」 趙無以食、請粟於斉、而斉不聴。 蘇秦謂斉王曰「不如聴之以却秦兵、不聴則秦兵不却、是秦之計中、而斉・燕之計過矣。且趙之於燕・斉、隠蔽也、歯之有脣也、脣亡則歯寒。今日亡趙、則明日及斉・楚矣。且夫救趙之務、宜若奉漏甕沃燋釜。夫救趙、高義也。却秦兵、顕名也。義救亡趙、威却強秦兵、不務為此而務愛粟、則為国計者過矣。」

この二説話は内容・字句の類似から考えて明らかに関連するが、『戦国策』では蘇秦となっている人名が『史記』では「周子」となっている。つまり、この箇所に限って言えば、蘇秦→蘇代（および蘇厲）への改変例から外れるの

である。

この例外について、想定し得るのは年代の問題である。蘇代の活動開始年代が前三一四年以前であるとする『史記』の認識に拠れば、斉王建六年（前二五九年）は年代の上で五五年以上もの開きがあることになる。そこで、田世家編纂段階では、年次の懸隔を考慮して蘇代への改変を行わなかったのではないだろうか。ただし、白起王翦列伝では蘇代が恰も前二五九年に活動していることになっている点は注目される。[13] この点には『史記』の編纂段階の差と認識の変化が関わっているのであろう。すなわち、白起王翦列伝編纂段階と田世家編纂段階では、蘇代の活動年代の下限について認識の差が生じていたと考えられるのである。先に見た例では蘇代への改変に問題がある場合に限り蘇厲への改変が為されたと考えたが、この箇所おいては蘇厲への改変すらもなされていないことも、蘇氏兄弟の活動年代に関する認識の変化を窺わせる。これはまた、白起王翦列伝が田世家よりも早くに編纂された可能性を示唆するものだろう。なお、秦攻趙長平章の「蘇秦」が田世家で「周子」となっているのは、蘇秦が雒陽の出身であることを念頭に置いた改称であるだろう。[14] おそらくは白起王翦列伝が田世家に先行して編纂され、田世家編纂までに蘇代・蘇厲の活動年代の下限に対する認識の変化が生じたと思われる。

このように、ごく一部の例外を除き、原資料では蘇秦とされていた人物が、『史記』編纂時には原則的に蘇代に書き換えられた可能性を認めることができる。では、このことは一体何を意味するのであろうか。唐蘭らの主張するように、蘇代が蘇秦の兄であり、後世その事績が蘇秦と混淆されたことを意味するのだろうか。あるいは別の事態を想定することができるのではないだろうか。次節ではその点につき考察しよう。

第二節　蘇代の特徴——蘇厲との比較

前節では『史記』の記述を通して蘇代・蘇厲の活動を確認した。本節ではそれらを手掛りに蘇代と蘇厲の特徴を検討していきたい。

まず、蘇秦列伝を一読すれば明らかなように、蘇秦の死後は主に蘇代の事績が中心となり、蘇厲に関しては、燕の質子に従って斉に赴いたことを除けば、蘇代に付随して二、三言及されるだけで、独自の活動はほとんど記されていない。また、前節の**表四−一**からもわかるように、この認識は『史記』全篇においても当てはまり、蘇厲の活動とされるのは③④のみである。このように、『史記』には蘇厲の活動に関してわずかな記述しかなく、その一方で蘇代の活動は蘇秦列伝のみならず、戦国時代関連の複数篇章に散見する。

前節で指摘したように、『史記』で蘇代のものとされる説話の多くは、元来蘇秦や別人のものであり、それらが『史記』編纂段階で改変されたと考えられる。しかし、ここで問題となるのは、なぜ蘇秦を蘇代に書き換えたのか、ということである。この問いは、年代の点で矛盾が生じ、叙述の整合のため改変が必要となった場合、蘇秦を蘇厲や他の人物ではなく、一律に蘇代に改変した理由とは一体何であったのか、と言い換えてもよい。

この問題につき、蘇秦関連の説話を全く無関係の人物に改変する可能性は低いとしても、蘇厲への改変が一例しか想定できないことは偶然とは考えがたく、蘇代へと一律に改変されていることには、やはり何らかの理由があったと見なすべきである。ではその理由とは何か。その点を明らかにする手掛りは、同じく蘇秦の弟であり、活動時期もほぼ重なるとされる蘇厲との差異にある。

上述したように、『史記』においては蘇厲の活動はごくわずかしか記されておらず、一見すれば、蘇代に比して蘇厲が戦国時代の人物としてさほど著名ではなかったことを意味するかのようである。しかし、諸史料の記述に拠れば、実のところそのような想定が妥当ではないことが浮き彫りとなる。

> 孝公既に没し、恵王・武王 故業を蒙り、遺册に因り、南は漢中を兼ね、西は巴蜀を挙げ、東は膏腴の地を割きて要害の郡を収む。諸侯恐懼し、会盟して秦を弱めんことを謀り、珍器重宝肥美の地を愛《お》しまずして以て天下の士を致し、合従締交して相与に一と為る。是の時に当たりて、斉に孟嘗有り、趙に平原有り、楚に春申有り、魏に信陵有り。此の四君なる者は皆明知にして忠信、寛厚にして人を愛し、賢を尊びて士を重んじ、従を約して衡を離し、韓・魏・燕・楚・斉・趙・宋・衛・中山の衆を并す。是に於いて六国の士 寧越・徐尚・蘇秦・杜赫の属 之が謀を為し、斉明・周最・陳軫・昭滑・楼緩・翟景・蘇厲・楽毅の徒 其の意を通じ、呉起・孫臏・帯佗・兒良・王廖・田忌・廉頗・趙奢の朋 其の兵を制す[15]。
>
> （『史記』秦始皇本紀引賈誼『過秦論』）

過秦論には、秦が諸侯を蚕食し、それを懼れた諸侯が合従を結成して秦に対抗したと記されているが、その当時活躍した六国の士として、蘇秦・蘇厲の名は挙がっているにもかかわらず、蘇代には言及されていない。この事実は、『史記』における蘇代の活躍とそれに対する蘇厲の副次的な立ち位置とを考えあわせれば、やはり奇異の感を免れない。

一方、劉向の手によって前漢末に編纂された『戦国策』は蘇代関連の説話を複数載録するが、その『戦国策』劉向書録には戦国の世を評して、

> 万乗の国七、千乗の国五……蓋し戦国たり……此の時に当たりて[16]……游説権謀の徒、俗に貴ばる。是を以て蘇秦・張儀・公孫衍・陳軫・代・厲の属、従横短長の説を生ず……
>
> （劉向『戦国策』書録）

とあり、蘇秦・蘇厲に加えて蘇代の名が挙がっている。このことから考えれば、過秦論に蘇代の名を欠いていることを単なる偶然と見なすことは妥当ではない。では、賈誼の示すこの認識をいかどのように理解すべきであろうか。

この点について、『戦国策』など他史料を参照すれば、賈誼のこうした認識はむしろ当時の一般的な認識を反映したものではないかとさえ考えられる。

蘇厲 周最の為に蘇秦に謂いて曰く「君 王をして最に地を以て魏に合するを聴《ゆる》さしむるに如かず。趙必ずや恐れて斉に合せん。是れ君 全斉を以て強楚に与たるなり。事 君に産す。若し最の事に因らんと欲すれば則ち斉を全くする者は君なり。地を割く者は最なり」と。(17)

（『戦国策』東周策・蘇厲為周最謂蘇秦章）

蘇秦 魏に拘われ、走りて韓に之かんと欲するも、魏氏 関を閉じて通ぜず。斉 蘇厲を使わし之が為に魏王に謂いて曰く「斉 宋地を以て涇陽君を封ぜんことを請うも秦 受けざるなり。夫れ秦 斉有りて宋埊を得るを利あらずとするに非ざるなり。然も其の受けざる所以の者は斉王と蘇秦とを信ぜざればなり。今秦 斉・魏の合せざること此の如く其れ甚だしきを見れば則ち斉必ずや秦を欺かずして秦 斉を信ぜり。斉・秦合して涇陽君 宋地を有せば則ち魏の利に非ざるなり。故に王 復た蘇秦を東せしむるに如かず。秦必ずや斉を疑いて聴かざるなり。夫れ斉・秦 合せざれば、天下に変無く、伐斉成れば則ち埊広からん。(18)

（『戦国策』魏策一・蘇秦拘於魏章）

東周策では、蘇厲が周最の為に蘇秦を説得しようとしており、また魏策の説話では、蘇厲が魏に捕らわれた蘇秦の為に魏王に遊説している。これらの説話からは、蘇厲が蘇秦と同時期に活動していたという認識が存在したことは確実である。もちろん、『戦国策』は前漢末の劉向の編纂に係るので、厳密を期して言えば、この説話が前漢初期に既に存在したか否かは確言しがたいが、蘇秦と蘇厲が同時期に活動したことを示す史料は他にも確認できる。

斉王に謂いて曰く「臣 楚王の豎が死を勤《は》ずるを恐る。王以て故《ことさら》に之を解かざる可からず。臣 蘇厲を使わして楚王に告げしめて曰く……」[19]
（『戦国縦横家書』第十四章）

これは『戦国縦横家書』第十四章に見える一文である。ここでは説者の名が記されていないが、『戦国縦横家書』第一～十四章は蘇秦による書信であると基本的には考えられており[20]、その見解に従えば、上引の書信は蘇秦が蘇厲を楚に遣わしたことを示していることになる。『戦国縦横家書』にかかる記述が存在することは、蘇秦と蘇厲が同時代に活動した人物であるとの認識が文帝期には既に存在したことの鉄証となるだろう。

これら『戦国策』『戦国縦横家書』の例を念頭に置けば、先引の過秦論の記述が実は当時の認識を忠実に反映したものであることが窺われるのである。かく考えれば、蘇代に言及しない過秦論と蘇代を大いに取り上げている『史記』との間には認識の懸隔、あるいは変化を想定しなければならない。

さらに、蘇厲との対比から言えば、蘇代の特徴として、蘇秦と同時に活動したことを記す史料が皆無であることが挙げられる[21]。これは、『史記』では蘇秦の死後になって初めて蘇代が活動を開始したとなっていることからすれば当然に思えるが、実のところ問題はより複雑である。

まず指摘すべきは、『史記』では蘇厲も蘇代と同じく蘇秦の死後に初めて活動を開始した、とされていることである。ただし、第一章でも述べたように、蘇秦説話はその展開の初においては斉の敗滅に関わるものが主であり、その後、合従擯秦の説話が展開するにつれて、その活動年代も当初の前二八〇年代前後から、より以前の年代に遡上することになったと考えられる。一方、蘇厲については、「縦横家の始祖」といった特殊な役割を賦与されなかったことも影響したためか、蘇秦説話の展開に伴ってその活動年代を引き上げる、といった処理はなされなかったようである。

本書では第一章においても、蘇秦に関する記述を史実か否かという点よりもむしろ徐々に形成された説話としての側面を中心に分析を進めてきた。この観点からすれば、蘇厲に関する説話は次のように展開したと想定可能である。すなわち、初期の蘇秦説話では蘇秦と蘇厲が同時期に活動する説話が作られたが、蘇秦説話の展開とともに蘇秦の活動年代が遡上することになった。しかし、蘇秦説話の中心人物でなかったことなどから、蘇厲の活動年代は蘇秦に伴って引き上げられることはなく、結果として徐々に蘇秦と蘇厲の活動年代が乖離し、後出の説話においてはもはや両者が同一説話に登場することは無くなったものと考えられるのである。そして、『史記』がこの後出の説話を蘇秦列伝の大枠として採用したことを考えれば[22]、同列伝において蘇秦と蘇厲の活動年代が一切重複しないことはごく自然なこととして理解できるだろう。

だが、このように考えれば、蘇秦と蘇代が同時期に活動したことを示す説話が皆無である、という事実は極めて重要な意味を持つ。というのも、もし蘇秦説話の展開の初期から既に、蘇代を蘇厲と同じく蘇秦の同時代的人物とする認識が存在したとすれば、蘇秦と蘇代が同時に登場する説話があってなんら不自然ではないからである。

蘇秦の兄であれ弟であれ、蘇代なる人物形象が説話展開の初期から存在したとすれば、蘇秦説話の発展に伴い前三三〇年代から前二八〇年代までの年代観を持つ種々の説話が形成されていく過程で、蘇代が蘇秦と同時に活動するといった説話が創り出される可能性は決して低いものとは言えないだろう。しかし、実際は蘇秦と蘇代が同一説話内で登場する例は認められない。つまり、蘇厲とは異なり、蘇代に関しては蘇秦説話の展開の初期から存在したのか、という点に疑念を禁じ得ないのである。漢初の過秦論において、蘇代ではなく蘇厲の名が蘇秦とともに挙げられていることは、この疑問を間接的に支持するだろう。

さて、本節では蘇厲との比較を通じて、蘇代の特徴と問題を明らかにした。次節では蘇代がいかなる人物として理解し得るのか、その点を考察することとする。

第三節　蘇秦の代替者・蘇代

前節では蘇厲との比較を通して、蘇代の蘇秦説話における特殊な立ち位置を確認した。そこでは、『史記』の記すような蘇代の活躍がもし仮に蘇厲と同じく蘇秦説話の初期から想定されていたものであれば不可解と言わざるを得ない点を指摘した。すなわち、漢初の過秦論において蘇厲の名が挙がっている一方で蘇代の名が見えないこと、また蘇厲とは異なり、蘇代が蘇秦とともに活動したとする説話が存在しないこと、この二点である。これは蘇秦説話の展開の初期における蘇代の不在とも言いうる状況である。

しかしながら、『史記』には蘇代の活動が多数記されており、その一部は現行本『戦国策』とも一致することは紛れもない事実であり、『史記』が編纂された前漢中期には既に蘇代なる人物が知られていたことが推測される。では、この蘇代に関する情報の不均衡は一体何に由来するものであろうか。この問題につき、史料に即して見ていこう。

この初期の蘇秦説話における蘇代の不在、という観点から蘇代関連史料を見れば、蘇厲とは異なる第二の特徴が確認できる。次に挙げる史料は、蘇秦（または蘇代）が燕王に対して、自身は進取の君に仕えるものであって、孝・信・廉といった素質は二の次であることを述べ、毒酒の比喩を用いて、王が左右の意見に惑わされて自身を疑うことの無いよう説得する、という内容である。

〔表四－三〕燕王への遊説対照表

『戦国策』燕策一・人有悪蘇秦於燕王章	『戦国策』燕索一・蘇代謂燕昭王章
人有悪蘇秦於燕王者曰「武安君天下不信人也。王以万乗下之、尊之於廷、示天下与小人羣也。」武安君従斉来、而燕王不館也。	
謂燕王曰「臣東周之鄙人也、見足下、身無咫尺之功、而足下迎臣於郊、顕臣於廷。今臣為足下使、利得十城、功存危燕、足下不聴臣者、人必有言臣不信、傷臣於王者。臣之不信、是足下之福也。使臣信如尾生、廉如伯夷、孝如曽参、三者天下之高行、而以事足下、(不)可乎。」 燕王曰「可。」 曰「有此、臣亦不事足下矣。」	蘇代謂燕昭王曰「今有人於此、孝若曽参・孝己、信如尾生高、廉如鮑焦・史鰌、兼此三行以事王、奚如。」 王曰「如是足矣。」 対曰「足下以為足、則臣不事足下矣。臣且処無為之事、帰耕乎周之上埊、耕而食之、織而衣之。」
蘇秦曰「且夫孝如曽参、義不離親一夕宿於外、足下安得使之之斉。廉如伯夷、不取素湌、汙武王之義而不臣焉、辞孤竹之君、餓而死於首陽之山。廉如此者、何肯歩行数千里、而事弱燕之危主乎。信如尾生、期	王曰「何故也。」 対曰「孝如曽参・孝己、則不過養其親(耳)。信如尾生高、則不過不欺人耳。廉如鮑焦・史鰌、則不過不窃人之財耳。今臣為進取者也。臣以為廉不与身倶達、義不与生倶立。仁義者、自完之道也、非進取之術

而不来、抱梁柱而死。信至如此、何肯楊燕・秦之威於斉而取大功乎哉。且夫信行者、所以自為也、非所以為人也。皆自覆之術、非進取之道也。夫三王代興、五覇迭盛、皆不自覆也。君以自覆為可乎、則斉不益於営丘、足下不踰楚境、不窺於辺城之外。且臣有老母於周、離老母而事足下、去自覆之術、而謀進取之道、臣之趣固不与足下合者。

也。」

王曰「自憂不足乎。」

対曰「以自憂為足、則秦不出殽塞、斉不出営丘、楚不出疏章。三王代位、五伯改政、皆以不自憂故也。若自憂而足、則臣亦之周負籠耳、何為煩大王之廷耶。

昔者楚取章武、諸侯北面而朝。秦取西山、諸侯西面而朝。曩者使燕毋去周室之上、則諸侯不為別馬而朝矣。臣聞之、善為事者、先量其国之大小、而揆其兵之強弱、故功可成而名可立也。不能為事者、不先量其国之大小、不揆其兵之強弱、故功不可成而名不可立也。今王有東嚮伐斉之心、而愚臣知之。」王曰「子何以知之。」対曰「矜戟砥剣、登丘東嚮而歎、是以愚臣知之。今夫烏獲挙千鈞之重、行年八十、而求扶持。故斉雖強国也、西労於宋、南罷於楚、則斉軍可敗、而河間可取。」燕王曰「善。吾請拝子為上卿、奉子車百乗、子以此為寡人東游於斉、何如。」

足下皆自覆之君也、僕者進取之臣也、所謂以忠信得罪於君者也。」 燕王曰「夫忠信、又何罪之有也。」 対曰「足下不知也。臣鄰家有遠為吏者、其妻私人。其夫且帰、其私之者憂之。其妻曰『公勿憂也、吾已為薬酒以待之矣。』後二日、夫至。妻使妾奉卮酒進之、妾知其薬酒也、進之則殺主父、言之則逐主母、乃陽僵棄酒。主父大怒而笞之。故妾一僵而棄酒、上以活主父、下以存主母也。忠至如此、然不免於笞、此以忠信得罪者也。	臣之事適不幸而有類妾之棄酒也。且臣之事足下、亢義益国、今乃得罪、臣恐天下後事足下者、莫敢自必也。且臣之説斉、曽不欺之也。使之説斉者、莫如臣之言也、雖堯舜之智不敢取也。」
対曰「足下以愛之故与、則何不与愛子与諸舅叔父負床之孫。不得、而乃以与無能之臣、何也。王之論臣、何如人哉。今臣之所以事足下者、忠信也。恐以忠信之故、見罪於左右。」 王曰「安有為人臣尽其力、竭其能、而得罪者乎。」 対曰「臣請為王譬。昔周之上塁嘗有之、其丈夫官三年不帰、其妻愛人。其所愛者曰『子之丈夫来、則且奈何乎。』其妻曰『勿憂也、吾已為薬酒而待其来矣。』已而其丈夫果来、於是因令其妾酌薬酒而進之。其妾知之、半道而立、慮曰『吾以此飲吾主父、則殺吾主父。以此事告吾主父、則逐吾主母。与殺吾〔主〕父、逐吾主母者、寧佯躓而覆之。』於是因佯僵而仆之。其妻曰『為子之遠行来之故、為美酒。今妾奉而仆之。』其丈夫不知、縛其妾而笞之。故妾所以笞者、忠信也。	今臣為足下使於斉、恐忠信不諭於左右也。臣聞之曰『万乗之主、不制於人臣。十乗之家、不制於衆人。疋夫徒歩之士、不制於妻妾。』而又況於当世之賢主乎。臣請行矣、願足下之無制於羣臣也。」

これら二章はともに『戦国策』燕策一に載録された説話であり、話の順序や文言に異同は認められるが、孝・信・廉の不用や毒酒の比喩など、内容の点で一致する部分も多く、密接な関係があることは明白である。ただ、ここで注目すべきは、説者が一方では蘇秦となり、他方では蘇代となっていることである。この例は、類似する内容の説話の話者が蘇秦のものであったり、蘇代のものとされたりすることがあったことを示しているが、より厳密に言えば、それらは元来蘇秦のものとされていた説話が後に蘇代のものとされたのではないかと考えられる。

●燕王に謂いて曰く「今日願わくは王の前に藉らん。仮し臣孝なること曽参の如く、信なること尾生の如く、廉なること伯夷の如ければ、即し臣を悪る者有るも、慚ずること毋かる可きか」と。王曰く「可なり」と。「臣、三資なる者有りて以て王に事うれば、足らんか」と。王曰く「足れり」と。「王、之を足れりとせば、臣、王に事えず。孝なること曽参の如ければ、乃ち親を離れず。国を益するに足らざるなり。信なること尾生の如ければ、乃ち誕《いつわ》らず。国を益するに足らざるなり。廉なること伯夷の如ければ、乃ち窃まず。以て国を益するに足らざるなり。臣以えらく、信は仁〈人〉と倶に徹せず、義は王と偕に立たず」と。王曰く「然らば則ち仁〈信〉義は為す可からざるか」と。対えて曰く「胡為ぞ可ならざらん。人に信無くんば則ち徹せず、国に義無くんば則ち王たらず。仁〈信〉義は自らの為にする所以なり。人の為にする所以に非ざるなり。自復の術にして、進取の道に非ざるなり。三王代り立ち、五伯政を弛うるは、皆其の常に復せざるを以てなり。若し其の常に復するを以て可《よ》しと為せば、王は治官の主、自復の術にして、進取の路に非ざるなり。臣は進取の臣なり。無為の主に事えず。臣、願わくは辞して周に之き、籠を負い臿を操り、大王の廷を辱しむる毋からんを」と。王曰く、「自復は足らざるか」と。対えて曰く、「自復にして足らば、楚は将に沮・漳を出でず、秦将に商奄を出でず、斉は呂遂を出でず、燕は将に屋・注を出でず、晋は将に太行を逾えざらん。此れ皆其の常に復せざるを以て進むと為す者なり」[23]と。

（『戦国縦横家書』第五章）

これは『戦国縦横家書』第五章の載せる燕王への進言であるが、その中には孝・信・廉の説話や自復の術（『戦国策』では自覆・自憂に作る）などの語が見え、明らかに先引した燕策の二章と関連がある。そして指摘すべきは、この第五章の冒頭には説者の名が欠けているものの、『戦国縦横家書』第一～十四章は蘇秦の書信であるとされており、第五章の説者も同じく蘇秦と見なされていることである。つまり、厳密な先後関係は定めがたいにしても、漢初の時点では蘇秦とされていた説話が、後に蘇代のものとされたという可能性が想定されるのである。この想定は、『戦国縦横家書』の説話が蘇秦説話の中でも比較的早期の成立と思われること(24)、および三種の説話の中で燕策一の蘇代の説話が最も詳細かつ量的に多いことからも支持されるだろう。また、この説話については、『史記』蘇秦列伝に燕策一・蘇代謂燕昭王章とほぼ同文の説話が載録されており、漢代中期に既にかかる蘇代説話が存在したことはほぼ確実と言ってよいと思われる。

　さらに別の一例を挙げよう。

〔表四－四〕魏による蘇秦（蘇代）拘禁説話対照表

『戦国策』魏策一・蘇秦拘於魏章	『戦国策』燕策一・蘇代過魏章(25)
蘇秦拘於魏、欲走而之韓、魏氏閉関而不通。斉(26)使蘇厲為之謂魏王曰「斉請以宋地封涇陽君、而秦不受也。夫秦非不利有斉而得宋埊也、然其所以不受者、不信斉王与蘇秦也。今秦見斉・魏之不合（也）如此其甚也、則斉必不欺秦、而秦信斉矣。斉・秦合而涇陽君	蘇代過魏、魏為燕執代。斉使人謂魏王曰「斉請以宋封涇陽君、秦不受。秦非不利有斉而得宋埊也、不信斉王与蘇子也。今斉・魏不和、如此其甚、則斉不欺秦。秦信斉、斉・秦合、涇陽君有宋地、非魏之利也。故王不如東蘇子、秦必

有宋地、則非魏之利也。故王不如復東蘇秦、秦必疑斉而不聴也。夫斉・秦不合、天下無変（憂）、伐斉成、則峚広矣。」

疑而不信蘇子矣。斉・秦不合、天下無双、伐斉之形成矣。」於是出蘇（伐）〔代〕之宋、宋善待之。

両説話を比較すれば、内容についてはほぼ同じであることがわかるが、重要な差異として、魏策では魏に捕えられたのは蘇秦であり、斉は彼を救うために蘇厲を派遣したことになっているのに対し、燕策の説話（『史記』蘇秦列伝にほぼ同文の説話がある）では捕えられた人物が蘇代とされ、蘇厲の役割に当たる人物は単に「人」とのみ表記されている点が挙げられる。この説話について言えば、正確な年代観を特定することは困難だが、「伐斉成（伐斉之形成）」などの文言から考えれば、前二八四年の斉湣王の敗滅をさほど遡らない時期と推定できる。元来蘇秦の説話であったものが、説話の展開に伴う蘇秦の活動年代の遡上により、人名を蘇代に改変したという想定が蓋然性に富み、その逆、つまり本来は蘇代とされていた人名が蘇秦に改変された、という可能性は極めて低い。以上の考察に拠れば、この二例は説話の展開過程において、元来蘇秦のものとされていた人名が蘇代に改変されたことを示すものとなる。

この蘇秦・蘇代・蘇厲に関する史料状況、すなわち（一）前漢初期の賈誼の手になる過秦論では蘇代ではなく蘇厲の名が挙がっている、（二）蘇秦と蘇厲が同時に活動する説話が存在する一方で、蘇秦と蘇代が同時に活動する説話は存在しない、（三）蘇秦から蘇代への改変例が存在する、（四）蘇秦から蘇厲への改変と思しき例は『史記』の例外的な一例（『史記』趙世家）を除き確認できない、といった諸条件を考慮すれば、蘇氏兄弟の説話展開については以下の過程を想定することができよう。

まず、斉の敗滅後、蘇秦が斉燕間で暗躍する説話が作られ、そこには弟か否かは不明だが、蘇秦の指示を受けて活動する蘇厲なる人物の名も見える。しかしその後、斉湣王の敗滅に関与した内容とは異なる種々の説話、特に蘇秦が縦横家の祖として合従擯秦の活動に従事したとする説話が展開した。それに伴い蘇秦の活動年代が遡上されていくなかで、蘇厲との活動年代の乖離が徐々に進み、蘇秦と蘇厲が同一説話中に出現することは無くなった。そして、蘇秦関連の説話が多様に展開するにつれ蘇秦の活動が膨大かつ多岐にわたったために、蘇代なる人物が創出され、元来は蘇秦のものとされた活動の一部を荷わされることになったと考えられる。先に引用した、内容はほぼ同じでありながら、人名が蘇秦と蘇代で異なっている史料はこの過程を証するものであろう。無論、『戦国策』には他に類似する内容の存在しない蘇代関連の説話が載録されていることを考慮すれば、蘇代が創出されて以後は、蘇代独自の説話が発展していった可能性も充分に想定し得る[27]。

この蘇代が創出された時期を確定することは難しいが、賈誼が蘇代ではなく蘇厲の名を挙げていることからすれば、漢初には蘇代が蘇厲より著名であったとは考えにくい。蘇代は漢初には未だ創出されていなかったか、あるいは少なくともその創出の初期であったと見なすのが妥当かと思われる。ただし、『韓非子』外儲説右下には蘇代の説話が確認でき、その最終的な成書年代を漢初と見るならば[28]、戦国末～漢初には既に蘇代なる人物が創り出されていたことになるだろう。

先に述べたように、原資料では蘇秦となっていた人名が『史記』において蘇代に改変された、その直接的な理由の一つは『史記』の年代観によるものである。しかし、蘇厲への改変例がほとんど存在しない点を重視すれば、蘇秦から蘇代への改変のより根本的な背景には、蘇秦の説話の一部を蘇代に転移しようとする前漢期の全体的傾向を看取することができる。『史記』編纂時になされた作業は、その傾向と軌を一にするものであったのだろう。

小結　人物像の分裂と転移――蘇氏兄弟の新参者

以上のように、『史記』ではその年代観に抵触する場合、原資料では蘇秦となっている人名を蘇代に変更している。そして、蘇秦説話における蘇代と蘇厲の役割・性格の差異を確認することで、それに基づき蘇代が蘇秦の活動の一部をになうために創出された可能性を指摘した。その創出の時期は早くとも漢初をさほど遡らないと推定したが、その後、前漢期にわたって蘇秦の説話の一部が蘇代のものへと改められ、蘇代独自の説話も増加したのではないだろうか。蘇代の多彩な活躍を記す『史記』の認識や、『戦国策』に蘇代の説話が多数載るという事実は、前漢期のかかる状況を背景としたものであっただろう。

このように、蘇代は蘇秦の代替者として創出され、蘇秦の役割をになうこととなったと考えられる。ただし、蘇代は蘇秦と全く同等であるわけではない。というのも、蘇秦が蘇厲を派遣する説話などから見て、蘇秦は蘇厲よりも上位にいるようだが、蘇代と蘇厲の間にはそのような関係は認められないのである。これは、仮にもし蘇秦説話が膨大になったがゆえに、蘇秦とされていた説話の一部を無作為に蘇代に書き換えたとすれば、やや不可解な状況と言わねばならない。つまり、蘇代は蘇秦の代替者として創出されたとはいえ、蘇秦と同等の人物と見なされていたわけではなく、蘇秦の特徴・役割の一部を引き継ぐに止まっていたと考えられるのである。

本章で最後に言及しておかねばならないこととしては、なぜ蘇代が蘇秦の役割を荷う人物として創出される必要があったかである。現状では、この問題に完全な解決を与えることは困難であるが、なおいくつかの可能性は想定できる。

まず指摘すべきは、やはり年代の点を考慮して改変した、という可能性である。実際、『史記』における改変は基本的に年代の矛盾を避けるためであったと考えられる。秦恵王期頃を想定していると思われる合従擯秦説話など、年代的に遡る説話には蘇代の名が見えないこともこの想定を支持しており、最も蓋然性に富むであろう。

また、第一章でも述べたように、蘇秦説話の展開過程においては、蘇秦を縦横家の祖として担ぎ上げようとする動きがあり、その流れの反面として、斉敗滅に関わったとする蘇秦像を忌避する傾向が生じていたのではないかと推測される。その傾向からすれば、斉の敗滅に関与する蘇秦の活動が蘇代に改変されたのではないかとも考え得る。

本章では、蘇代がいかなる人物であり、その特徴が『史記』とどのように関わってくるのかを検討した。本章の結論に拠れば、蘇代が蘇秦の兄であるのか、それとも弟であるのか、などといった議論は正鵠を失したものであると言えるだろう。蘇秦の活動の中心時期を前三三〇年前後とみなすか、あるいは前二九〇～二八〇年頃とみなすかによって、説話上の蘇代の活動年代にあるいは先んじ、あるいは後れることになる、ただそれだけのことに過ぎない。

また、従来は蘇秦の事績を蘇代と混淆している、とする見解もあったが、その認識は実態を正確には捉えていない。一見して混淆に見える現在の史料状況は、蘇秦の説話の一部が蘇代へと改変され、かつその改変を被る前の史料も残存したことに起因するものである。実際の経緯としては、蘇秦の説話の増加につれて蘇代が創出され、蘇秦の説話の一部が蘇代のものとされた、という蘇秦⇒蘇代への改変が基本的な構図であったのだろう。

注

（1）銭［一九五六］、考辨九五・蘇秦考は蘇代・蘇厲があるいは蘇秦の族弟ではないかとの可能性を述べつつ、蘇代・蘇厲の年齢は蘇秦とさほど変わらなかったと考えている。しかし、最終的には「其秦在先而代在後歟、其代為兄而秦為弟歟、則年遠事渺、存而不論可也」として結論を下していない。

（2）『史記』蘇秦列伝索隠に「譙周云秦兄弟五人、秦最少。兄代、代弟厲及辟・鵠、並為游説之士」、「譙允南以為蘇氏兄弟五人、更有蘇辟・蘇鵠、典略亦同其説。按蘇氏譜云然」とあり、また『戦国策』西周策・雍氏之役章の高誘注にも「蘇代、蘇秦兄也」とある（ただし、『戦国策』秦策二・陘山之事章の高注は「蘇代、蘇秦弟」とする）。

（3）周［一九八五］参照。なお、唐蘭は『戦国縦横家書』発見以前にも既に蘇秦を蘇代の弟であると主張し、発見後もその考を変えていない（唐［一九四一］、同［一九七六］参照）。

（4）蘇代を中心としたものは銭［一九五六］、考辨九五附・蘇代蘇厲考、及び朱［二〇〇七］・趙［二〇一九］等の修士論文が挙げられるのみである。

（5）『史記』蘇秦列伝「⑴蘇秦既死、其事大泄。斉後聞之、乃恨怒燕。燕甚恐。蘇秦之弟曰代、代弟蘇厲、見兄遂、亦皆学。及蘇秦死、代乃求見燕王、欲襲故事。……曰「……王誠能無羞従子母弟以為質、宝珠玉帛以事左右、彼将有徳燕而軽亡宋、則斉可亡已。」燕王曰「吾終以子受命於天矣。」燕乃使一子質於斉。而蘇厲因燕質子而求見斉王。斉王怨蘇秦、欲囚蘇厲。燕質子為謝、已遂委質為斉臣。⑵燕相子之与蘇代婚、而欲得燕権、乃使蘇代侍質子於斉。斉使代報燕、燕王噲問曰「斉王其覇乎。」曰「不能。」曰「何也。」曰「不信其臣。」於是燕王専任子之、已而讓位、燕大乱。斉伐燕、殺王噲・子之。燕立昭王、而蘇代・蘇厲遂不敢入燕、皆終帰斉、斉善待之。⑶蘇代過魏、魏為燕執代。斉使人謂魏王曰……於是出蘇代。代之宋、宋善待之。⑷斉伐宋、宋急、蘇代乃遺燕昭王書曰……燕昭王善其書、曰「先人嘗有徳蘇氏、子之之乱而蘇氏去燕。燕欲報仇於斉、非蘇氏莫可。」乃召蘇代、復善待之、与謀伐斉。竟破斉、湣王出走。⑸久之、秦召燕王、燕王欲往、蘇代約燕王曰……燕昭王不行。蘇代復重於燕。燕使約諸侯従親如蘇秦時、或従或不、而天下由此宗蘇氏之従約。代・厲皆以寿死、名顕諸侯」。

（6）『史記』燕世家「燕噲既立、斉人殺蘇秦。」、蘇秦列伝「燕易王卒、燕噲立為王。其後斉大夫多与蘇秦争寵者、而使人刺蘇秦、不死、殊而走。斉王使人求賊不得。蘇秦且死、乃謂斉王曰「臣即死、車裂臣以徇於市曰『蘇秦為燕作乱於斉』、如此則臣之賊必得矣。」於是如其言、而殺蘇秦者果自出、斉王因而誅之」。

（7）『史記』六国燕表に「（燕王噲）七年、君噲及太子相子之皆死」とある。

（8）『漢書』芸文志に「『蘇子』三十一篇（名秦、有列伝）」なる書名が見えることから考えれば、蘇代関連の資料が前漢末までに大幅に減少したとは考えがたい。

(9) 鄧［二〇一二］、二〇一頁では劉向が校書した書物の書録撰写時に『左伝』『史記』『呂氏春秋』『淮南子』等を参考しており、その中でも特に『史記』から採ったものが最も多いとする。劉向『戦国策』書録においても「蘇秦・張儀・公孫衍・陳軫・代・厲之属生従横短長之説、左右傾側。蘇秦為従、張儀為横、横則秦帝、従則楚王、所在国重、所去国軽、然当此之時、秦国最雄、諸侯方弱、蘇秦結〔従〕之時、六国為一、以儐背秦、秦人恐懼、不敢闚兵於関中、天下不交兵者二十有九年……蘇秦初欲横、秦弗用、故東合従、及蘇秦死後、張儀連横、諸侯聴之、西向事秦」といった記述が基本的に『史記』の認識に整合することからも、『史記』の記述が劉向の認識に与えた影響を窺うことができる。なお、書録中の「不敢闚兵於関中、天下不交兵者二十有九年」のみ、「秦兵不敢闚函谷関十五年」（蘇秦列伝）などとする『史記』の記述と齟齬するが、これは『戦国策』趙策二・秦攻趙蘇子為謂秦王章に「秦王解兵不出於境、諸侯休、天下安、二十九年不相攻」とあること等に拠ったものであろう（范［二〇〇六］、八頁注三三参照）。

(10) 徐［一九六四］参照。

(11) 鄭［一九九八］、一一九－一三〇頁。

(12) 唐［一九七六］、楊［二〇〇一］、沈［二〇一三］等はこの上書を前二八五年のことと見なす。

(13) 『史記』白起王翦列伝「（秦昭襄王）四十八年十月、秦復定上党郡。秦分軍為二、王齕攻皮牢、抜之、司馬梗定太原。韓・趙恐、使蘇代厚幣説秦相応侯曰……」。

(14) 『戦国策』秦攻趙長平章の鮑注は「周子」が周最を指すとするが、少なくとも現行本『戦国策』において周最が「周子」と称される例は確認できない。

(15) 『史記』秦始皇本紀引賈誼『過秦論』「孝公既没、恵王・武王蒙故業、因遺冊、南兼漢中、西挙巴蜀、東割膏腴之地、収要害之郡。諸侯恐懼、会盟而謀弱秦、不愛珍器重宝肥美之地、以致天下之士、合従締交、相与為一。当是時、斉有孟嘗、趙有平原、楚有春申、魏有信陵。此四君者、皆明知而忠信、寛厚而愛人、尊賢重士、約従離衡、并韓・魏・燕・楚・斉・趙・宋・衛・中山之衆。於是六国之士有寧越・徐尚・蘇秦・杜赫之属為之謀、斉明・周最・陳軫・昭滑・楼緩・翟景・蘇厲・楽毅之徒通其意、呉起・孫臏・帯佗・兒良・王廖・田忌・廉頗・趙奢之朋制其兵」。

(16) 劉向『戦国策』書録「万乗之国七、千乗之国五……蓋為戦国……当此之時……游説権謀之徒、見貴於俗。是以蘇秦・張儀・公孫衍・陳軫・代・厲之属、生従横短長之説……」。

(17) 『戦国策』東周策・蘇厲為周最謂蘇秦章「蘇厲為周最謂蘇秦曰『君不如令王聴最、以地合於魏、趙故必怒、合於斉、是君以合斉与強楚。吏産子君、若欲因最之事、則合斉者、君也。割地者、最也』」。ただし、該章は難通の箇所が多い。「趙故必怒」「君以合斉与

強楚」および「吏産子君」については金正煒『戦国策補釈』巻一に「『怒』当為『恐』字之譌也」「『合斉』当従一本作『全斉』、不出地而得与国、故曰全斉。『与』猶『当』也」「『吏産子』句、義不可通……疑当作『事産於君』」とあるのに拠って訳出した。なお、「趙故必怒」については姚校に「曽無故字、怒一作恐」とある。

(18)『戦国策』魏策一・蘇秦拘於魏章「蘇秦拘於魏、欲走而之韓、魏氏閉関而不通。斉使蘇厲為之謂魏王曰『斉請以宋地封涇陽君、而秦不受也。夫秦非不利有斉而得宋埊也、然其所以不受者、不信斉王与蘇秦也。今秦見斉・魏之不合（也）如此其甚也、則斉必不欺秦、而秦信斉矣。斉・秦合而涇陽君有宋地則非魏之利也。故王不如復東蘇秦、秦必疑斉而不聴也。夫斉・秦不合、天下無憂、伐斉成、則埊広矣』。ただし、「天下不憂」については金正煒『戦国策補釈』巻五に「呉曰一本『憂』作『変』。按作『変』是也。東周策『無変、王遂伐之』、即与此文義同。燕策『斉秦不合、天下無変、伐斉之形成矣』、当即一事而伝聞微異也」とあるのに従い、「天下不変」として訳した。

(19)『戦国縦横家書』第十四章「謂斉王曰『臣恐楚王之勤豎之死也。王不可以不故解之。臣使蘇厲告楚王曰……』……」。訓読は大西他［二〇一五］に従う。

(20)第一章注26参照。

(21)徐［一九六四］は『韓非子』外儲説右下の説話に「一曰、蘇代為秦使燕……」とあるのに拠り、「蘇代が（蘇）秦の為に燕に使いした」と解しており、仮に徐氏の考が正しいとすれば蘇代と蘇秦が同時期に活動したことを示す説話となる。しかし、この箇所に関しては陳［二〇〇〇］が「奇猷案、『秦』当作『斉』。下文以斉言而不以秦言、可以為証」と指摘している。また、この前段の説話では「子之相燕、貴而主断、蘇代為斉使燕……」などとあることを考慮すれば、やはり陳奇猷の言う如く「秦」を「斉」の誤字と見なすのが妥当であろう。

(22)第一章第一節参照。

(23)訓読は大西他二〇一五による。ただし、異体字・俗字・通仮字などは直接通行の字体になおした。

(24)第一章第二節参照。

(25)該章は『史記』蘇秦列伝に二、三の字句の異同を除き全く同じ内容の説話が載録されている。なお、范［二〇〇六］ではこの前に位置する初蘇秦弟厲因燕質子章と併せて一章とされているが、呉師道の注によれば姚本では別の説話とされていたようである。

(26)原文の「魏氏閉関而不通斉使蘇厲為之謂魏王」につき、「魏氏閉関而不通、斉使蘇厲為之謂魏王」と「魏氏閉関而不通斉使、蘇厲為之謂魏王」という二通りの断句が可能であり、内容の上からは決定しがたいが、姑く燕策一・蘇代過魏章に「斉使人謂魏王」とあるに従い、前者を採る。

(27) ただし、姚［一九八七］は『史記』の影響を受けた劉向が『戦国策』を校書する際に、張儀より年代の下る蘇秦の説話の人名を蘇代に書き換えたとする。現行本『戦国策』に張儀より後に活動する蘇秦の説話が複数存在することからしても、この主張に俄かに賛意を表することはできないが、その一方で、燕策に載る蘇秦・蘇代の説話が基本的に『史記』の認識に矛盾しない点は注目すべきであり、燕策に限って言えば姚説に一定の蓋然性を認めるべきかもしれない。また、『戦国策』秦策二・甘茂亡秦且之斉章では同一人物に対して蘇子・蘇代・蘇秦と異なる呼称が用いられているのは後代の改変に係ると考えられることからしても、劉向の校書以後、部分的な散佚を経て宋代に復元されるまでの過程で、人名および配列・構成に若干の改変が加えられた可能性は排除できない。

(28) 町田一九九一は『韓非子』の最終的編成が漢初であったとする。

終章　『史記』の描く戦国史と編纂の特徴

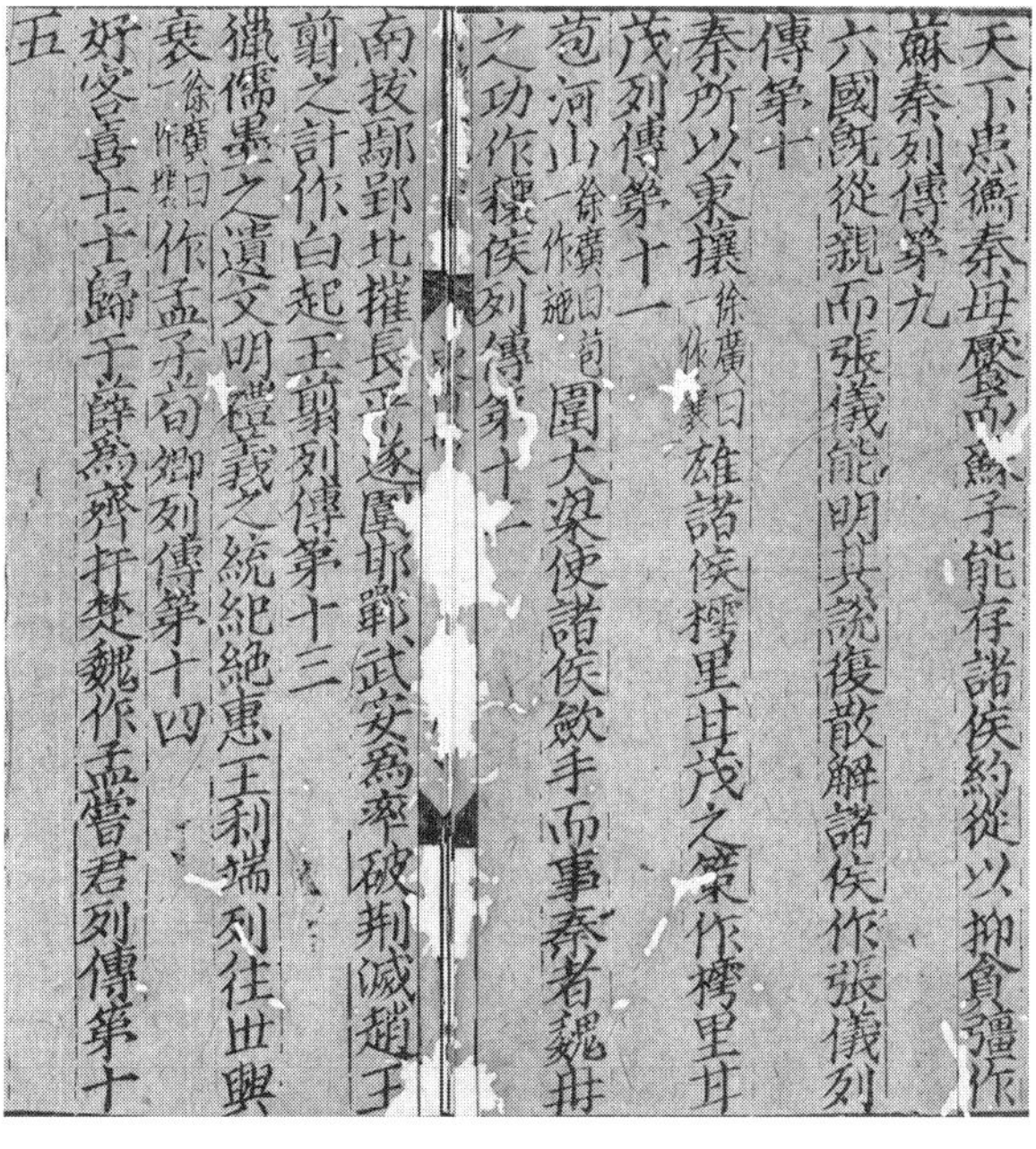
天下患衡秦毋饜而蘇子能存諸侯約從以抑貪彊作
蘇秦列傳第九
六國既從親而張儀能明其說復散解諸侯作張儀列
傳第十
秦所以東攘徐廣曰一作襄雄諸侯樗里甘茂之策作樗里甘
茂列傳第十一
苞河山徐廣曰苞一作施圍大梁使諸侯斂手而事秦者魏冄
之功作穰侯列傳第十二
南拔鄢郢北摧長平遂圍邯鄲武安為率破荊滅趙王
翦之計作白起王翦列傳第十三
獵儒墨之遺文明禮義之統紀絕惠王利端列往世興
衰徐廣曰一作推作孟子荀卿列傳第十四
好客喜士士歸于薛為齊扞楚魏作孟嘗君列傳第十
五

元至元二十五年彭寅翁崇道精舎刻本『史記』
太史公自序第七十
（画像出典：中国国家図書館蔵品）

本書は『史記』の戦国時代に関わる記述の検討を通して、その編纂上の特徴を明らかにしたものである。また、戦国時代に関係する篇は『史記』中に多数あるが、その中でも特に戦国中期の列伝を対象とし、本書の第一章から第四章にかけて検討を加えた。第一章～第四章の結論については各章末において既に述べたが、各章から得られた結論に基づけば、蘇秦列伝・孟嘗君列伝・張儀列伝は編纂方針・手法に関して独自性を持つ一方、共通点も存在し、相互に関連している。そこで、本章では各章の内容を整理するとともに、検討対象とした『史記』の三列伝の編纂に共通する特徴と各々の独自性を確認し、次いで太史公が生きた時代・環境と『史記』との関わりについていささか考察を加え、最後に今後の課題と展望に触れて本書を終えることとする。

第一節　各篇の構造と編纂手法

第一章では、『史記』の戦国時代関連の記述の中でも、最も矛盾が甚だしく、その記述の信憑性について従来議論の紛糾してきた蘇秦を検討の対象とした。その際、蘇秦列伝が主な史料となるが、本章では蘇秦列伝の中でも、特に蘇秦の事績について記した部分（「蘇秦伝」）を中心に分析を加えた。

蘇秦の事績とその活動した年代については、従来種々の議論があったが、大きく分けて、

①『史記』の記述に基本的に従う説
②蘇秦なる人物とその事績を全くの虚構と考える説
③蘇秦の活動年代については『史記』に従うが、合従擯秦の事績は無かったとする説
④蘇秦の活動年代をより降った年代に想定する説

の四つに分類できる。そのうち、『戦国縦横家書』が発見されて以後は④が有力な説となったが、一方では『史記』の記述を重視する研究者もなお存在し、見解の一致を見ていなかった。

しかし、上記の諸説を見れば、『史記』の記述の信憑性をいかに評価するのか、という点が蘇秦に関する理解の分岐する原因であることは明らかであり、従来この点についての検討があまりなされてこなかったことが議論の紛糾を招いていたと考えられる。そこで、蘇秦列伝がどのような史料をいかに利用して編纂されたものであるのか、その過程と方法を解明することでこの問題に解決を与えることを試みた。

まず蘇秦伝は前半部（栄達説話）・後半部（斉燕反間説話）ともに『戦国策』に類似する説話が載録されており、それらとの比較によれば、各原資料が部分的に改変され、組み合わされて蘇秦伝が編纂されたと考えられる。蘇秦伝の説話展開には不自然な点が認められるが、それは蘇秦伝編纂に際して、起源を異にする説話を複数結合したことに由来するのであろう。このように、『史記』においては、複数の原資料の整合を図ったことで、記述内容の一部が元来の意義を喪失してしまう例が認められる。

この蘇秦伝の編纂について最も重要となるのは、原資料たる各説話の年代観の問題である。この点について、蘇秦に関する説話は斉敗滅に関わる説話が早期に発生し、次いで合従擯秦の説話が展開したと考えられるが、蘇秦伝では前三三〇年代から前三二〇年代という年代観に合致させるために、原資料の説話に改変が加えられている場合がある。奉陽君を趙粛侯の弟である公子成とするなどはその例に数えられるだろう。

また、蘇秦の主要な事績として蘇秦伝で取り上げられているのは、六国の合従を成立させて秦に対抗したというものであるが、前漢前期の『史記』編纂までに形成された蘇秦の合従と張儀の連衡という相対立する縦横家の両雄といった構図が、蘇秦伝を規定した枠組みの背景にある。

太史公がこのような蘇秦伝を著した意図については、太史公曰や太史公自序に拠れば、蘇秦の悪名を取り除くことに在ったと考えられる。加えて、蘇秦の斉敗滅への関与についての『史記』の記述を分析することで、蘇秦列伝編纂に際して、原資料をそのまま利用することは困難な場合であっても、一律に原資料の記述を抹消するのではなく、改変を加えて保存している場合があることを確認した。

これらの検討を通じて、蘇秦伝が『史記』編纂までに成立した多様な由来の原資料を用いたことが明らかとなった。それゆえ、蘇秦伝の記述はもはやそのまま史実と認めることは困難であるが、しかしその一方で、蘇秦伝編纂に際しては、その構想に整合しない史料であっても一律に排除したわけではなく、何らかの形で保存されている場合があることも確認し得たことと思う。

第二章では、六国と秦のいずれとも関係を持った戦国中期の人物の伝記として、孟嘗君列伝を取り上げている。孟嘗君は主に六国で活動したという点においては、前章で対象とした蘇秦に類するが、一方で秦相となった事績が示すように、秦国においても活動していた点で蘇秦と異なっている。

孟嘗君列伝の末尾に付された馮驩説話は、『戦国策』斉策二にも類似する説話が載録されているが、両説話の異同は『史記』孟嘗君列伝の構成にも密接に関わる。具体的な異同としては①紀年が特定可能か否か、②孟嘗君が斉相を廃された原因、③孟嘗君が廃された後の馮驩（馮諼）の遊説先、の三点が挙げられるが、孟嘗君列伝の馮驩説話は『史記』の孟嘗君に関する認識に適合する記述となっている。

次に列伝冒頭部の孟嘗君の父・靖郭君田嬰に関する記述であるが、これについて言えば、紀年の錯誤によって世系が改変されている可能性がある。また関連する記述の一部は田敬仲完世家の記述を要約した形式となっている。それはまた、田敬仲完世家の完成後に孟嘗君列伝がそれを参照しつつ編纂された可能性を示唆するだろう。このように、記述内容の類似と繁簡は『史記』各篇の編纂の先後関係を推定する手掛りとなり得るのである。

また、列伝中の孟嘗君の事績に関する部分は基本的に『史記』の他箇所の記述と矛盾しない。これは一見すれば、孟嘗君列伝の記述には問題が無いかのような印象を与える。しかし、原資料や他史料と比較によれば、個々の記述の信憑性に関しては疑わしい部分があり、列伝の紀年が基本的に『史記』の他箇所の記述と矛盾しないのは、太史公が自身の戦国史認識に基づいて諸資料を配列したために過ぎないと考えられるのである。また孟嘗君列伝においては、孟嘗君が秦から斉に逃げ帰る場面で平原君が出現する。これは、元来趙表の恵文王元年に便宜的に記された平原君が相となったとする記述が、孟嘗君列伝編纂時には実年代と認識されて列伝編纂に利用されるという、ある意味で紀年の「一人歩き」とも言い得る現象である。言い換えれば、『史記』のある段階でなされた記述が、それ以降になされた記述の「根拠」となる場合があったことを示す事例である。

本列伝の編纂について特筆すべき点は、孟嘗君の魏における活動が（おそらく意図的に）ほぼ抹消されている点である。また、この改変は『史記』編纂時に利用可能であった史料の偏りに因るのではないだろう。なお、孟嘗君の魏における活動の記述が『史記』ではほぼ姿を消しているのは、太史公の蘇秦に対する認識と関わるものと考えられる。

第三章では前二章と異なり、主に秦で活動した人物の伝記である張儀列伝を検討対象とした。張儀列伝の記述と構成は①張儀と蘇秦との関わり、②張儀の秦相としての活動、③張儀の魏相としての活動、および④張儀の楚における活動、の四部分に分かつことができるが、そのうち、張儀の秦における活動以外の記述については信憑性に問題があると考えられる。さらには、秦における活動についても、説話資料から仮構されたと思しき箇所が存在し、秦系列伝であるからという理由のみで信憑性を高く評価することは必ずしもできない。それゆえ、史料として利用する際には、個々の記述を個別に検討する必要がある。

このような問題を象徴するのは、張儀が魏・韓・趙・楚・斉・燕に説いたとされる遊説辞（六国遊説辞）、および張儀の行ったとされる連衡策についての記述である。張儀の六国説辞は元来六国の君主にほぼ同時期に説いたことを想定して作られたものであるはずだが、張儀列伝では叙述の整合性を図って、六国遊説辞を異なる年次に分割しており、それゆえに張儀の連衡に関する事績は信憑性に欠けると言わざるを得ない。なお注目すべきは、張儀列伝の連衡に関する記述が、太史公の蘇秦認識に影響を受けている点である。これは、孟嘗君の事例と併せて考えても、『史記』における蘇秦の存在の特殊性を示すものである。ただし、張儀の形象自体も『史記』に至るまでに変遷を経ている。張儀は戦国中期には既に広く名を知られた著名な人物であったはずだが、元来は連衡策と何らの関係も認められない。その後、時代を下って漢初頃になると、連衡が秦の有力な人物に関連付けられる例が出現し、漢武帝期には蘇秦の合従と張儀の連衡という図式が既に生じていたと考えられる。『史記』の認識に漢代的な要素が多分に含まれていることは注意されてよいだろう。

第四章では『史記』における蘇代・蘇厲の記述を手掛りとして、蘇代なる人物がどのような特徴を持った人物であるかを検討することで、前漢代の認識と『史記』との関わりを考察した。

他史料で蘇秦や他の人物のものとなっている説話が、『史記』においては蘇代の説話とされている例が多数存在するが、おそらくこのような例の多くは、『史記』編纂段階で蘇代に書き換えられたものであろう。元来蘇秦とされていた人物が、年代の齟齬などの原因から『史記』において他者に書き換えられる場合、若干の例外を除き、基本的に蘇代へと変更されているのである。また、『史記』では同じく蘇秦の弟とされる蘇厲との比較によれば、蘇代に関する史料の特徴は明らかである。『史記』においては蘇代の活躍が蘇厲よりも顕著であるにもかかわらず、漢初の人物である賈誼の『過秦論』には蘇秦・蘇厲の名のみが挙げられ、蘇代は確認できない。このような点からすれば、蘇代が蘇厲とは異なり、蘇秦説話においても比較的に後出の存在であると推定される。この蘇秦説話の展開初期における「蘇代の不在」ともいえる状況を前提とし、蘇秦と蘇代には、内容が共通するにもかかわらず人名だけが異なる説話があることを考慮すれば、蘇秦説話の発展とともに蘇秦の活動が複雑化・多様化したことを承けて、その行動の一部をになう存在として蘇代なる人物が創出されたと考え得る。その時期については戦国末から漢初以降にかけてではないだろうか。このように蘇代という人物は蘇秦説話において特殊な存在であり、それゆえにこそ、従来蘇代が蘇秦の弟であるのか兄であるのか、などといった問題が議論されてきたことは本論で述べた通りである。

以上の考察から、原資料の蘇秦が『史記』において蘇代に書き換えられているのは、前漢代における蘇秦説話の展開と拡大を背景としたものであり、かかる意味において、太史公は同時代的な認識の影響を受け、かつそれを一層推し進める形で『史記』を著したと言うことができる。また、『史記』戦国部分全体という視点からすれば、蘇秦関連の記述が蘇秦列伝に集中し、他篇にはごくわずかにしか見えないのとは対照的に、蘇代の記述が多数の篇に散見する点は興味深い。太史公は蘇秦が前三二〇年頃には死亡したという認識に基づき蘇秦列伝を作成したが、おそらくはその認識が他の記述と著しく齟齬するがために、蘇秦は他篇にはほとんど姿を見せることが無くなった。一方、蘇秦の後を継いだとされる蘇代・蘇厲については、年代の齟齬もさほど存在せず、他篇の編纂に際して比較的随意に登場させることができたのであろう。

なお、本書の議論を通観すれば、蘇秦に関する認識が『史記』の戦国中期に関する記述を一定の程度規定していたことがわかる。『史記』において、蘇秦がかかる特殊な存在となった原因については第三節で述べることとし、次節では『史記』編纂の特徴を見ていこう。

第二節　『史記』編纂の特徴――戦国列伝を中心に

本書では『史記』の戦国時代に関わる記述の中でも、史料の数量・多様性、および紀年の点を考慮し、特に戦国中期の三篇――蘇秦列伝・孟嘗君列伝・張儀列伝――を検討対象とした。この三列伝の扱う人物は、主に戦国中期に活動したという点で共通するが、一方で、それぞれ異なる背景を持つ人物でもあった。蘇秦・蘇代・蘇厲は主に六国で活動したとされ、他方、張儀は秦に仕えた人物である。孟嘗君はあたかもこの両者の中間的な人物であり、六国斉の人物でありながら、秦相となった経歴の持ち主でもある。

この活動の中心が異なる、という点は、『史記』の編纂の問題を考察する上で重要な意味を持つが、この点については後に触れることとし、以下では三列伝の考察を通して、『史記』編纂の共通点としていかなる特徴を見出すことができたのかについて見ていこう。

まず、三列伝に共通して確認できるのは、利用された原資料が、編纂に際して多かれ少なかれ改変を被っているということである。『史記』では『尚書』など先秦古籍を引用する際に、文意を平易にする目的から文字を改易したことは知られているが[1]、ここで言う改変とは、『尚書』の例などとは異なり、原資料の内容自体に変更を迫る性質のものを指す。

その例として本書では、蘇秦の勉学の後、さらに遊説に失敗したとされ（第一章）、孟嘗君が秦に攻斉を勧めた時の所在地が魏ではなく斉になっていること（第二章）、および張儀の連衡策に関する事績（第三章）などを指摘した。

これらは、『史記』編纂段階において、太史公の戦国史認識に沿う形で為された改変と考えられる。その意味において、この改変を被った部分については、『史記』の記述の信憑性を慎重に評価する必要がある。
しかし、その一方で、同じく三列伝に共通する特徴として、種々の原資料の認識をできるだけ保存しようとする傾向の存在が指摘できる。つまり、対象とした三列伝では、その編纂に際して、太史公が自身の戦国史認識に拠って原資料を改変した結果、各人物に関わる重要な事績をそのままの形で載録することが困難となった場合であっても、その認識に抵触する原資料を一律に放棄するのではなく、なんらかの方法で保存した事例が確認できるのである。

その方針を示すものとして、本論では蘇秦が前三二〇年前後には死亡したとする一方で、斉湣王の敗滅の遠因を作ったとすること（第一章）、孟嘗君の魏における活動をほぼ抹消したにもかかわらず、魏昭王が孟嘗君を相として斉を打ち破ったとされていること（第二章）、および張儀の六国遊説辞を二箇所に分割することで前三一一年の連衡策には魏王に対する遊説が欠けることとなったけれども、新たに説辞を仮構してはいない（第三章）、といった点が指摘できる。

原資料の認識を保存しようとするこの編纂方針は、決して豊富とは言えない戦国時代関連の史料状況を念頭に置けば、極めて重要な意義を持つと言えよう。『史記』にのみ見える独自の記載であっても、その一部は原資料の認識を反映したものである可能性を否定することはできないのであって、『史記』の記述を仔細に分析すれば編纂当時に存在した認識の一端を窺うことも不可能では無いのである。

ただし、この事実を過度に拡大して適応することは妥当性を欠く。というのも、改変を被りつつも原資料の認識を反映していると思われる記述は、斉敗滅への関与や連衡策といった、各人物の事績のうちでもよく知られていたと想定される部分に関するものであるからである。その理由としては、太史公が独自の認識を以て『史記』を著したとはいえ、当時存在した認識と全く乖離した記述を為すことは不可能であっただろうことが挙げられる。

とすれば、『史記』にのみ見える独自の記述が全て、当時存在した認識をそのまま反映したものと主張することには慎重にならねばならない。何となれば、もし無批判にこのような見解を主張すれば、畢竟『史記』の各記述には全て原資料が存在し、『史記』はそれらを継ぎ接ぎしただけの代物であり、『史記』独自の記述は原資料が失われたからそのように見えるだけである、と言った反証不可能の不毛な議論に陥りかねないからである。また、『史記』には、紀年の錯誤に整合性を持たせようとしたことに由来する記述の改変が認められる以上、『史記』編纂以前に『史記』と同様の錯誤を経た紀年が説話の作者を含め広範に共有されていた、ということが明らかにならない限り、かかる主張は説得力に欠けるものとならざるを得ない。

以上が三列伝に共通して確認し得た編纂上の特徴である。他篇にこれらの特徴が認められるか否かを厳密に論証するには、別に各篇の検討を要するが、蘇秦・孟嘗君・張儀列伝に共通する編纂上の特徴がこの三列伝のみに限定される、ということは想定しがたく、他篇を検討する際にもやはり上記の特徴を分析の一指針とすることが可能であると考える。

なお、本書でたびたび用いてきた「仮構」という言葉について、いささか説明を加えておこう。「仮構」とは一般的には「実際には存在しないことを作り上げる」ことを指す。ただし、本書で「仮構」と表現する場合、それは当然ながら太史公が「故意に出鱈目を書いた」などといったこととは全く異なる。そのことは本書を読めば自ずと明らかであろう。本書でいう「仮構」とは、ほとんどの場合、太史公が自身の戦国史認識や原資料相互の記述・認識の整合を図って原資料に改変を施したことにより、結果として元来の資料にない記述・認識が生じた、ということを指して用いている。そこに「改竄」の意はほぼ含まれていない。「仮構」という表現が読者の誤解を招くことを恐れ、あえてここに付言する次第である。

次いで、三列伝の各々に認められる独自の特徴を見ていこう。

三列伝の異なる点について指摘すべきは、改変の程度の差である。その中でもまずは年代に着目しよう。孟嘗君と張儀の列伝について言えば、個々の記述に問題はあるものの、活動年代自体は他史料と比較的に整合する。その一方で、蘇秦に関しては第一章で明らかにしたように、原資料の年代観と大幅に齟齬する。ではこの点はいかに理解すべきだろうか。それは蘇秦・孟嘗君・張儀の秦との関わりに原因を求めることができるだろう。『史記』戦国部分の記述の主な原資料は秦系統の資料であったとされているが、その史料的偏向が『史記』の記述にも影響を与えていると考えられるのである。

すなわち、張儀は主に秦で活動した人物であり、孟嘗君は斉の人物ではあるが、秦相となった事績があることから、彼らの秦における活動年代については確実な史料があり、その年次を叙述の一定の基準にせねばならなかったと考えられる。それに対して、秦に仕えておらず、確実な年代記的史料は存在しなかったであろう蘇秦については、戦国中期頃という大まかな時代背景を除き、活動の基準となる確実な年次が無く、比較的自由に改変する余地があったとの想定が可能である。

秦関連人物の列伝に紀年が多く、他方、秦との関係が遠ざかるにつれ、確実な紀年資料が減少し、その記述の信頼性も低下することが先行研究で指摘されているが(2)、一般的傾向としては、秦との関連の深浅が紀年資料の多寡に反映されていると見てよいだろう。

しかし、そこで問題となるのは紀年資料の定義である。確かに『史記』には「〜年に〜が生じた」とする記述が多数存在するが、これらの中には厳密に言えば紀年資料ということはできないものが多数含まれる。何となれば、『史記』において特定の年次に繋けられている記述は、本書でも明らかにしたように、紀年資料を採用したもの以外にも、説話資料から得た認識を付加し、甚だしくは事件を仮構したものさえあり、元来は年次不明であった事件が『史記』段階で特定の年次に繋属される例も認められるからである。その意味において、秦関連列伝に比べて紀年の少ない他の列伝の記述が直ちに信憑性において劣る、ということはできない。本書で確認した通り、秦関連の人物である張儀の列伝にも信頼性に疑念の持たれる記述が散見するのである。

つまり、事実の記録という点から見たとき、紀年資料が比較的信頼性に富み、説話資料がそれに劣る、という傾向自体は首肯できるものの、それはあくまで『史記』編纂時に採用された原資料の性格について言い得ることであり、それらの原資料が太史公の手によって組み合わされ、改変されて編纂された『史記』の記述については、その形式にのみ拠って紀年資料か否かを即断することはできず、個々の記述の詳細な分析を経て初めて評価が可能となるのである。

さらに指摘すべきは、三列伝と『史記』の記述の関連、なかんずくその整合性である。三列伝の記述を『史記』の他篇のそれと比較した際、「秦を十五年もの間、函谷関以西に封じ込めた」とする記述を始めとする蘇秦列伝が『史記』の他の記述と最も著しく齟齬し、張儀列伝が魏の少梁献上の年次を秦恵王前元十年に繋けるなどやや問題があるのに対し、孟嘗君列伝は秦本紀の一部の記述を除き、基本的に齟齬しない。この事実は、上述した秦系資料の多寡と信頼性の高低が相関する一般的傾向に鑑みれば、一見すると不可解である。しかし、これは『史記』の編纂過程への意識が欠落し、『史記』の記述を完成した形態からのみしか捉えないことに由来する認識の錯誤である。

蘇秦列伝・張儀列伝は『史記』の戦国部分でも比較的早期に編纂され、その一方で孟嘗君列伝は少なくとも田敬仲完世家が作成された後に、それを参照しつつ作成されたと考えられる。つまり蘇秦列伝・張儀列伝が六国年表など『史記』の他篇の記述と齟齬する場合がある一方で、孟嘗君列伝が『史記』の記述と基本的に矛盾しないのは、前者の編纂段階では戦国紀年についての認識に曖昧かつ揺れる箇所があったのに対し、後者の編纂時には既に戦国紀年についての比較的固定した認識を形成していた、という編纂過程の早晩とそれに伴う史料・認識の変化に由来すると考えられるのである。このことは、『史記』の各記述の分析に際して、単に秦関連であるか否か、記述に矛盾が存在するか否か、といったことにのみ基づいてその記述の信頼性の高低を断ずることは不可能であり、その記述が『史記』編纂のどの段階でなされたのか、その時点ではどういった原資料に基づき、いかなる認識によって改変を加えたのか、ということを考慮する必要があることを示している。

従来の『史記』を完成・固定したものと捉える、言うなれば静態的な視点に対し、編纂段階の差異、およびそれに伴う史料・認識の変化を考慮しつつ分析する本書の方法は、動態的視点と呼ぶことができる。その動態的視点を導入することで、従来は単に矛盾する原資料の保存や伝写の誤に帰して事足れりとされてきた種々の問題も、異なった理解が可能となるだろう。例えば、楚世家の懐王十一年（前三一八年）に蘇秦が山東六国の合従を成立させたとする認識が蘇秦列伝編纂時に全く放棄されていることからは、単なる矛盾や錯誤といった結論に安住するのではなく、蘇秦の活動に関する太史公の認識の変化を読み取るべきである。

これらの記述の差異からは、楚世家編纂時には懐王十一年の攻秦連合軍の立役者を蘇秦と見なし、蘇秦列伝編纂時にはそこから十五年遡上した前三三三年前後を蘇秦の合従成立年次としたが、おそらくはその後の資料の増加・認識の変化に伴い、前三一八年の合従は蘇秦によるものでは無いと判断され、この記述は最終的に放棄された、という過程が想定される。このように、動態的分析方法を用いることで、矛盾する記述が複数存在する場合に、どれか一つが正しい、あるいは全てが誤りである、といった結論に終始しがちな従来の理解を克服し、異なった観点から『史記』の記述の特徴を把握することが可能となる。

また、説話資料について言えば、孟嘗君列伝には類似資料の現存しない説話が複数認められることは注目すべきである。確かに、蘇秦・張儀列伝にも他に類似資料の見えない独自の説話が若干数あるが、孟嘗君列伝には五月（五日）の出生や鶏鳴狗盗に関する説話、あるいは趙の一県を滅ぼした逸話など『戦国策』に対応するもののない資料が多数採録されている。(3) このことは、司馬遷が二十歳の旅行時に薛を訪れたことを想起するならば、(4) あるいは司馬遷が当地で伝聞した口碑が孟嘗君列伝の編纂に利用されているのではないかとの推測を促す[5]。太史公の利用し得た資料状況が完全には明らかにできないことからすれば、『史記』の説話に類似資料が現存しないことをもってそれらが伝聞に拠るものと即断することは厳に慎まなければならないが、『史記』編纂におけるかかる口碑の重要性を再評価しようとする研究も現れており[6]、『史記』各篇を分析する上でも欠かすことのできない視点であるだろう。

第一章～第三章では主に原資料の改変といった『史記』の編纂段階における特徴に焦点を当ててきた。もちろん、先述のように、蘇秦列伝・孟嘗君列伝・張儀列伝はみな前漢当時の認識の影響から無縁であったわけではないが、どちらかと言えば『史記』の独自性に重点を置いた考察と言えるだろう。一方、第四章ではやや視点を広げ、前漢時代の認識が『史記』の編纂にいかなる影響を与えたのか、という点を検討した。

その第四章では、『史記』が蘇代を蘇秦の代替者とする同時代的認識を背景に、一層その傾向を推し進めたのだろうと述べたが、この考に大過無ければ、やはり『史記』は前漢前半期の認識を強く受けているということになる。いかなる書であっても、その書き手が存在する限り、その書き手の同時代の認識から全く影響を受けないということは考え得ないのであり、その意味では、『史記』が太史公の同時代に存在した認識の影響を受けていることは至極当然と言えるだろう。先行研究においても『史記』編纂に利用された原資料が漢代に一定の編集を受けたものであることは指摘されているが[7]、本書ではさらに『史記』の戦国時代記述が漢代的認識の影響を濃厚に受けていたことを具体的に明らかにした。

その点に関連して、『史記』の編纂においては、比較的成立年代の下る資料が主に用いられたのではないか、ということが推測される。孟嘗君の原資料の成立に関しては判断が難しいが、蘇秦対張儀といった合従連衡の説話については、その成立が武帝初年を遠く遡る可能性は低いと思われるし、蘇代の説話についてもやはり同様のことが言えるだろう。その意味からしても、『史記』が時代的に下った認識の影響を受けている点は否定しがたい。

従来の『史記』研究では、『史記』の編纂意図・編集方針を探ることを目的とする場合であっても、その記述の展開や説話の取捨選択・配列にのみ拠って推測するものがほとんどであった。しかし、『史記』編纂時に太史公が参照し得た原資料の全体像が不明瞭な今、それらの情報にのみ基づく判断は、窮極的には多様なあり得る可能性の一部を提示したに過ぎない。それに対し、『史記』編纂段階における改変は、太史公の認識・意図が最も先鋭に表出された箇所と言うことができる。確かに、近年出土資料が陸続と発見され、説話資料には互いに類似しつつも細部において内容の異なるヴァリアントが複数存在することが一層明らかとなりつつあることを考えれば、本書で太史公の改変によると推定した箇所の一部が実は原資料に由来するものであった、という可能性は完全には排除しがたい。しかしその一方で、それら全てが原資料を採録しただけであると主張することは当を失した見解であろう。本書は改変と想定し得る箇所に逐一分析を加え、『史記』編纂時における原資料への加工が存在することを明らかにしようと試みた。『史記』は原資料の改変と保存、この二つの方針が複雑に絡み合いながら編纂された書であったのである。

第三節　太史公の戦国史認識

本書は『史記』編纂の具体的手法・技術的側面についての検討を主とするが、その過程でも、太史公の生きた前漢期の思想的背景が『史記』編纂に与えた影響についてたびたび言及してきた。例えば、第一章では蘇秦伝編纂について、連衡策を以て秦に仕えた人物として著名であった張儀を翻弄する、という構成は前漢の上層に位置する人々に共通して存在する、暴秦への批判意識に影響された可能性を指摘し、第四章では蘇秦から蘇代への改変の背景に前漢前半期の思想・認識の影響を見出した。ただ、この当時存在していた認識という点については、本書の主目的が編纂の問題を解明することに在ったこともあり、やや簡潔な記述に止まってしまった嫌いがある。ゆえに、本節ではこの問題への補足として、前漢前半期における太史公の置かれた環境を、主に縦横家との関連に着目しながら検討したい。

司馬遷は前一四五年（あるいは前一三五年）に生まれたとされる。また、父・司馬談の生年は不明なものの、建元年間（前一四〇～前一三五年）に出仕したとあり(8)、前二世紀の前半に生まれたことはほぼ疑いない。つまり、この父子は概ね前漢の文帝（前一七九～前一五七年）・景帝（前一五六～前一四一年）・武帝（前一四〇～前八七年）の時期に生きたということになる。

この時代は文景の治とも称される比較的安定した時期であり、またそれに続く武帝期は対外戦争が盛んに実施され、前漢の最盛期とも言われる。しかし、制度面でいわゆる郡国制が成立し、文帝に仕えた賈誼や、景帝に仕えた鼂錯らによる諸侯王の抑制策、およびそれを一因として呉楚七国の乱が勃発するなど、政治的緊張が存在していた。一方、思想面では、前漢初期における黄老思想の優位は存在するものの、武帝期以降に儒学一尊の傾向が強まる以前はなお多様な思想の存在に比較的寛容であった。このような、中央集権が徹底されず、半独立の諸侯国がなお多数存在し、かつ思想的にも比較的自由が存在する、という状況はいわゆる「縦横家」が活躍したとされる戦国時代を彷彿させる。

ここで、以上のような状況を念頭において漢代の縦横家に目を向けよう。どのような人物が縦横家と認識されていたのかを知るため、まずは『漢書』芸文志の縦横家者流に収められた著作について見ていく。

　　蘇子三十一篇。名秦、有列伝。

張子十篇。名儀、有列伝。
龐煖二篇。為燕将。
闕子一篇。
国筮子十七篇。
秦零陵令信一篇。難秦相李斯。
蒯子五篇。名通。
鄒陽七篇。
主父偃二十八篇。
徐楽一篇。
荘安一篇。
待詔金馬聊蒼三篇。趙人、武帝時。

（『漢書』芸文志・縦横家者流）

芸文志の載録する縦横家関連の書物はおよそ十二家であるが、着目すべきは漢代の人物（傍線部）の名を冠するものがその半数を占めることである。この事実は、縦横家とされる人物が漢代において活発に活動していたことを示すものであろう。そこで、以下ではこれら漢代の縦横家とされる人物について、いささか考察を加えていくことにしよう。ただし、蒯子（蒯通）は楚漢の際の人物であり、太史公父子とやや時期が離れることもあり、ここでは対象から外すこととする。

まず、鄒陽についてである。彼は斉人であり、呉王濞が各地の游士を招致したことから、厳忌・枚乗と共に呉に仕えた。しかし、その後呉王が反乱を企てると、それを諌めたものの聴き入れられず、鄒陽・厳忌・枚乗らは皆呉を離れ、当時士を受け容れていた梁孝王の許に身を寄せたとされる(9)。この鄒陽らの行動、すなわち自身の諌言が入れられないと見ると他の君主に身を寄せる、というのは正に諸勢力の割拠する戦国の游士のそれと軌を一にするものである。勿論のこと、単に諸侯国が存在するということだけがこの行動を可能にしたのではなく、ここに挙げられた呉王濞・梁孝王を始めとする諸侯王の積極的な賢才招致がその背景にあるが[10]、縦横家者流に載録された著作の著者たちがこうした行動をとっていたという点は、漢代における縦横家のイメージを探る手掛りとなろう。さらに、鄒陽のみならず、厳忌・枚乗もやはり遊説の士と見なされていたことは、このような行動と縦横家の形象の重なりを意味するかに見える[11]。

また、これら漢代の縦横家、あるいは遊説の士と目される人々は諸侯国においてのみ活動したわけでは無く、漢帝国の中枢にも存在していた。『漢書』厳朱吾丘主父徐厳終王賈伝上には武帝期のこととして次のような記述がある。

厳助は会稽呉人、厳夫子の子なり。或いは族家子なりと言う。郡 賢良を挙げ、対策すること百余人、武帝 助の対を善みし、是に繇《よ》りて独り助を擢きて中大夫と為す。後 朱買臣・吾丘寿王・司馬相如・主父偃・徐楽・厳安・東方朔・枚皋・膠倉・終軍・厳葱奇等を得、並に左右に在り[12]。（『漢書』厳朱吾丘主父徐厳終王賈伝上）

ここでは、郡が賢良を推挙した際、武帝が厳夫子（厳忌）の子・厳助の対策を善しとして中大夫に抜擢したこと、およびその後、朱買臣・吾丘寿王・司馬相如・主父偃・徐楽・厳安・東方朔・枚皋・膠倉・終軍・厳葱奇らを得、いずれも武帝の傍に置いたことが記されている。ここに列挙された人物のなかでも、まず言及すべきは主父偃である。第一章でも触れたが、主父偃は長短縦横の術を学んだとされる人物であり、かつ芸文志・縦横家者流に『主父偃』二十八篇が録されていることからも明らかなとおり、漢代縦横家の中でも最も著名な人物の一人であった。さらに、徐学・厳安は主父偃ほど豊富な事績は残されていないが、やはりその名を冠した書が縦横家者流に載せられており（厳安は芸文志では荘安に作る）、膠倉は芸文志に見える『待詔金馬聊蒼』三篇の聊蒼であろう。[13] また、枚皐は遊説の士と目された枚乗の子である。このように見てくると、実のところ漢代前期には数多の縦横家、あるいはそれに類する遊説の士が中央と諸侯国とを問わず活動していたことが窺われる。

こうした前漢前期の状況と太史公との関連を明瞭に示すのが、先引の史料中にも名の見えた東方朔の伝記である。

是の時朝廷に賢材多く、上復た朔に問うらく「方今公孫丞相・兒大夫・董仲舒・夏侯始昌・司馬相如・吾丘寿王・主父偃・朱買臣・厳助・汲黯・膠倉・終軍・厳安・徐楽・司馬遷の倫、皆辯知閎達にして、文辞に溢る……」と。[14]

（『漢書』東方朔伝）

この東方朔に対する武帝の問いからは、当時武帝の周囲には先述した縦横家たちとともに司馬遷もいたことがわかる。このような環境を考慮すれば、司馬遷が縦横家たちと何らかの交流を持ち、彼らから影響を受けたと想定することは至極穏当であろう。さらに、司馬談・司馬遷と縦横家との具体的な交流までは、史料の不足ゆえに明らかにしがたい点に憾みが遺るものの、間接的ながら彼らの影響を窺わせる記述は存在する。

その例としては、第一章で既に述べたことであるが、武帝期の博士諸先生と東方朔の争論中に蘇秦・張儀の名が見え、主父偃の発言が蘇秦のそれと相似る、といったことが挙げられる。また、鄒陽が獄中から梁孝王にたてまつった書にも蘇秦を好意的に評価する文言が認められることは指摘したが、同書中にはさらに「衆口鑠金、積毀銷骨也」といった表現が用いられており、この表現は張儀列伝に載る張儀の魏王に対する遊説辞中の「臣聞之、積羽沈舟、群軽折軸、衆口鑠金、積毀銷骨」なる文言を想起させる。しかも、より興味をひくことに、ほぼ同文の遊説辞を載せる『戦国策』魏策一・張儀為秦連横説魏王章には「臣聞、積羽沈舟、群軽折軸、衆口鑠金」とのみあり、

「積毀銷骨」の句は見えないのである。当然ながら、この一例のみを以て縦横家の文辞を『史記』編纂段階で結合したとまでは確言できないまでも、先述した太史公の置かれた環境を想起すれば、必ずしも牽強付会として切り捨てることはできないのではあるまいか。

ここまで述べてきたことを顧みれば、『史記』において、蘇秦が格別の好意をもって記されている理由がいささかなりとも明瞭になったと思われる。前漢前期には縦横家が盛んに活動していたが、その祖と見なされつつあった蘇秦こそは、彼らにとっての英雄であった。それ故、斉敗滅説話に代わって秦に対抗する合従説話が創り出され、喧伝されたことは容易に想像される。太史公はこのような環境から影響を受け、徐々に蘇秦・張儀らを中心とする合従連衡のイメージ、ひいては戦国史像を形成していったのではないだろうか。

第四節　課題と展望

本書では戦国史研究の現状に鑑み、その最重要史料たる『史記』戦国史記述の史料的性格の一側面を明らかにすることを目的として、戦国中期の三列伝の原資料と編纂方法を検討した。その結果、個別の記述の具体的な考証のみならず、『史記』列伝の編纂に際して原資料をいかいかに利用したのか、を各列伝の特徴に即して明らかにした。『史記』は決して原資料の機械的な取捨選択と配列にのみよるのではなく、太史公の意識的な改変を経て編纂されたのである。また、その考察の過程で、先述のように『史記』の分析においては、動態的視点が不可欠であることを示し得たことと思う。

今後の課題として、本書で直接の検討対象としなかった戦国関連の本紀・表・世家・列伝の検討が残っている。

その中でも、戦国史研究の史料としての性格を解明するためには、『史記』戦国部分の中心となったとされる秦系資料の分析が喫緊の課題となろう。

例えば、秦本紀の原資料と六国年表が利用した「秦記」が同一の史料であるのか、異なる史料であるのか、という議論がある。(15) 秦本紀と六国年表など他篇の紀年との間に多数の齟齬が確認できることなどから、秦本紀が六国年表とは異なる原資料を用いたことは疑いなく、かつ『史記』の他の箇所において「秦記」の紀年に矛盾する場合、秦本紀の戦国部分の紀年は採用されていない場合が多い。しかし、第二章で触れたように、孟嘗君列伝に見える呂礼奔斉の紀年は秦本紀のそれが維持されているように見える。これが果たして、「秦記」など秦本紀以降に獲得した資料が秦本紀編纂に際して利用された原資料と認識を同じくすることに由来するのか、それとも秦本紀編纂以降、呂礼奔斉の紀年に関する新たな情報が獲得できなかったために秦本紀の認識を引き継いだのか、といった点については未だ明確には解答できない。これは、戦国史関連の各篇を編纂する際、いかなる形態の紀年を利用したのかという問題とも関わってくる。『史記』各篇の編纂過程における秦本紀（およびその原資料）、「秦記」およびその他の秦系資料の利用の有無・程度は『史記』を戦国史の史料として活用するためには避けることのできない問題である。

もう一つの大きな課題としては、趙系資料の分析がある。秦による「諸侯史記」の焚滅は『史記』戦国部分の利用可能な紀年資料を秦系資料にほぼ限定したが、(16) 唯一の例外として趙系資料が用いられていることは既に先行研究で指摘されている。(17) 本書では戦国中期の列伝を選択の基準としたため、趙関連の篇章は検討の対象から外れることとなったが、趙系資料が『史記』の各篇のどの部分において利用されているのか、秦系資料と趙系資料の関係、および趙系資料の性格や信頼性などは今後明らかにする必要がある。

また、これらは各篇の個別的考証となるが、それらの分析を通して、『史記』全篇の編纂過程をより具体的に復元することも、『史記』の史料的特徴を十全に解明する上で不可欠の作業である。今後の課題としたい。『史記』は上古より太史公の同時代までを対象とした鴻篇であり、解明すべき課題はなお数多ある。本書がそれらの諸問題を解決する方法を示し得たとすれば幸いである。

さて、本書では史料学的検討を主題とし、戦国時代の「史実」について私見を示すことは意識的に避けた。これは、文献学的研究と歴史学的研究という目的・手法の異なる両分野を截然と別つことで、個々人の思い描く「史実」という成見が、歴史学研究の基礎となる史料の性質解明に歪んだ影響を与えかねない危険を避けるためである。

この問題について、『史記』の六国年表の記述を例として挙げよう。金陵書局本以前の『史記』の版本では、六国趙表恵文王二十九年（前二七〇年）に「秦抜我閼与、趙奢将、撃秦、大敗之……」とあり、翌恵文王三十年（前二六九年）に「秦撃我閼与城、不抜」とあるが、張文虎の校訂にかかる『史記』の金陵書局本では、元来の趙表恵文王三十年（前二六九年）の記述を韓表桓恵王三年（前二七〇年）に移しており、一九五九年出版の中華書局本『史記』および二〇一三年・二〇一四年の『史記』修訂本、また『史記会注考証』においてもこの認識を襲用する。[18]さらに張文虎は、自身が韓表に移した「秦撃我閼与城、不抜」を根拠として、趙表恵文王二十九年の「秦抜我閼与」の「我」字を「韓」字の誤とする。[19]この校勘はおそらく、趙世家や廉頗藺相如列伝では閼与が韓地のように読みうる箇所があること、[20]および元来の趙表に閼与攻撃の記載が重出することを問題視した結果であろう。しかし実のところ、元来の趙表の記述は、『史記』において、閼与の戦が趙世家では恵文王二十九年とされ、秦本紀では秦昭襄王三十八年（恵文王三十年にあたる）とするのを、それぞれ趙表に転載した結果であると考えられる。[21]また、秦本紀では明らかに「趙」の閼与を攻めたとあり、趙表に転載されること自体は『史記』の編纂の点から言えば何らの問題もない。むしろ趙表に閼与の戦の記述が重出することは、『史記』の編纂過程を辿る上で極めて貴重な手掛りを提供しているのであり、張文虎の校勘はこの手掛りを失う危険を伴っている。これは、史実として当時閼与が趙地であったのか、それとも韓地であったのか、ということとは全く異なった層次の問題である。ここで述べたことは、直接的には校勘の問題ではあるが、金陵書局本のかかる記述がなおも踏襲される背景には、『史記』の記述と「史実」の混淆があるのではないかとの懸念を抱くのである。

しかしながら、序論でも述べたように、本書の行った『史記』の史料学的分析は、戦国時代がいかなる時代であったのか、を究明するための史料的基礎を構築せんとする動機に発したものであり、筆者の窮極的な関心も戦国史の実像に在る。その意味では、三列伝の文献学的研究から得られた知見が戦国史研究にいかなる影響を及ぼすのか、ここにその展望を示すことも本書の責務の一つであろう。

本書の対象とした戦国中期の政治史は従来、縦横家が諸国間の外交に活躍した時期とされ、合従連衡を基調として描かれてきた[22]。確かに合従連衡は『韓非子』などにも「従」・「横」として見え、こうした概念は戦国末には出現していたかと思われる。しかし、本書第一章および第三章で明らかにしたように、合従連衡政策を蘇秦や張儀などに結び付ける認識の広まりは前漢に下ると考えられ、合従（擯秦）と連衡（親秦）という図式的な理解は、戦国末の秦の圧倒的優勢を概念的に捉えようとした思惟上の産物である可能性が高い。つまり、戦国末から前漢代と時代が下るにつれて、合従連衡の概念は徐々に戦国末から戦国中期、さらに前期へと遡って適応されるようになったと考えられるのである。『史記』孫子呉起列伝では、戦国前期の呉起が合従連衡を説く策士を斥けた、とされているのも、合従連衡の概念が遡上して適応された例に数えることができるだろう[23]。

戦国末には秦の強勢を背景とし、採りうる外交方針が実質的に擯秦・親秦に限局されつつあったであろうが、それ以前の戦国中期においてはより複雑な外交が展開されたはずである。それらの活動を合従連衡のみで理解しようとすれば、そこから外れるより多様な国際関係を捨象することになり、このような概念の無批判な適応は戦国時代の実態の正確な把握を妨げることに繋がるのではないだろうか。つとに銭穆は初期の合従が擯秦に限定されるものではなく、対斉同盟も合従と呼ばれうることを指摘し、徐中舒は三晋・燕・中山の五国が秦・斉・楚の三強国に対抗する政策を初期の合従の特徴と見なした[24]。確かに合従などの用語が秦以外のものを中心としている例も皆無ではないが、実のところ合従連衡が多様な意味合いを含むようになったのも、合従連衡という後代的概念の制約の下で、戦国時代の多様な外交関係を捉えようとした結果であったと言えるだろう。

本書で述べてきた通り、『史記』の戦国史記述は前漢代の認識の影響を受けた部分があり、かつ編纂段階における改変も多数認められる。戦国史にとっての最重要史料、かつ現在既に失われてしまった数多の資料の宝庫として、複雑な成立過程と多様な問題を内包する『史記』という書物を、その認識の偏向を明らかにしつつ活用していくことが求められるだろう。

注

(1) 古国順［一九八五］参照。

(2) 藤田［一九九七］、同［二〇一一］参照。

(3) ただし、『戦国策』燕策二・蘇代為奉陽君説燕章には「外孫之難、薛公釈戴、逃出於関」との文言があり、孟嘗君が鶏鳴狗盗の輩の助けによって秦から逃亡し、函谷関を脱した説話と何らかの関係を推測させる。かかる理由から、孟嘗君の秦からの逃亡に関わる説話資料が存在した可能性は否定できない。

(4) 『史記』太史公自序「遷……二十而南游江淮、上会稽、探禹穴、闚九疑、浮於沅湘。北渉汶泗、講業斉魯之都、観孔子之遺風、郷射鄒嶧。戹困鄱・薛・彭城、過梁楚以帰」および孟嘗君列伝賛「太史公曰吾嘗過薛、其俗閭里率多暴桀子弟、与鄒魯殊。問其故、曰『孟嘗君招致天下任俠、姦人入薛中蓋六万余家矣。』世之伝孟嘗君好客自喜、名不虚矣」。

(5) 任［二〇〇九］、三一八－三一九頁は司馬遷が訪薛時に孟嘗君に関する非文字資料を獲得したと推測する。

(6) 陳［二〇二一］参照。一方で、藤田勝久「司馬遷の旅行と取材」(藤田［二〇一五］第二章) は旅行の見聞や伝聞の比重を高く見積もることはできないとする。『史記』における伝聞資料の利用の程度を評価するにはより詳細な検討が待たれる。

(7) 藤田［二〇一一］参照。

(8) 『史記』太史公自序「太史公仕於建元・元封之間」。

(9) 『漢書』賈鄒枚路伝「鄒陽、斉人也……呉王濞招致四方游士、陽与呉厳忌・枚乗等倶仕呉、皆以文辯著名。久之、呉王以太子事怨望、称疾不朝、陰有邪謀、陽奏書諫……呉王不内其言。是時、景帝少弟梁孝王貴盛、亦待士。於是鄒陽・枚乗・厳忌知呉不可説、皆去之梁、従孝王游」。

(10) 『漢書』賈鄒枚路伝「漢興、諸侯王皆自治民聘賢」。また、『漢書』地理志下「漢興、高祖王兄子濞於呉、招致天下之娯游子、枚乗・鄒陽・厳夫子之徒興於文景之際。而淮南王安亦都寿春、招賓客著書」、『史記』五宗世家「河間献王……好儒学、被服造次必於儒者、山東諸儒多従之游」など。

(11) 『史記』司馬相如列伝「会景帝不好辞賦、是時梁孝王来朝、従游説之士斉人鄒陽・淮陰枚乗・呉荘忌夫子之徒、相如見而説之、因病免、客游梁」。なお、荘忌夫子は厳忌を指す。

(12) 『漢書』厳朱吾丘主父徐厳終王賈伝上「厳助、会稽呉人、厳夫子子也、或言族家子也。郡挙賢良、対策百余人、武帝善助対、繇是独擢助為中大夫。後得朱買臣・吾丘寿王・司馬相如・主父偃・徐楽・厳安・東方朔・枚皐・膠倉・終軍・厳葱奇等、並在左右」。

(13) 『漢書』芸文志「待詔金馬聊蒼三篇」の師古注に「厳助伝作膠蒼、而此志作聊。志伝不同、未知孰是」とある。

(14) 『漢書』東方朔伝「是時朝廷多賢材、上復問朔『方今公孫丞相・兒大夫・董仲舒・夏侯始昌・司馬相如・吾丘寿王・主父偃・朱買臣・厳助・汲黯・膠倉・終軍・厳安・徐楽・司馬遷之倫、皆辯知閎達、溢于文辞……』」。

(15) 例えば、金徳建は「『秦記』考証」(金［一九六三］所収) において、秦本紀と六国年表の採用した紀年が各々異なる系統に属することを指摘しており、吉本［一九九六］は六国年表編纂に際して利用された『秦記』は秦本紀編纂後に獲得されたものとする。一方、栗原朋信「秦記について」(栗原［一九六〇］第一章) は秦本紀が『秦記』を骨子として作成されたと主張しており、また藤田［一九九七］は秦本紀・六国年表ともに基本的に『秦記』が組み込まれていると考えている。金・吉本両氏の指摘するように、秦本紀と六国年表は紀年の齟齬が散見するため、同一の史料に拠ったとは考えがたい。ただし、金徳建が指摘するように、『秦記』の一部が秦本紀に反映されているのか否か、という点は検討すべき課題である。

(16) 『史記』六国年表序に「秦既得意、焼天下詩書、諸侯史記尤甚、為其有所刺譏也。詩書所以復見者、多蔵人家、而史記独蔵周室、以故滅。惜哉、惜哉。独有秦記、又不載日月、其文略不具」とある。

(17) 顧頡剛「司馬談作史」(顧〔一九六三〕所収)は戦国諸国のうち、趙についての記述だけが特に詳細であり、司馬談がそれら趙に関する史料を馮氏父子から獲得したものと指摘する。また藤田〔一九九七〕は趙世家には趙紀年を含む趙の記録が保存されていると考えている。

(18)『史記会注考証』につき、瀧川資言は当初鳳文館刊の『史記評林』によって草稿を作成したが、後に張文虎の校訂にかかる金陵書局本を底本として採用している。水沢利忠「史記之文献学的研究」第五章第二節㈦「史記会注考証一百三十巻」参照(水沢利忠『史記会注考証校補』所収)。

(19) 張文虎『校刊史記集解索隠正義札記』巻二・六国年表の韓桓恵三秦撃我閼与城不抜条に「此八字各本誤入明年趙恵文三十表内、今移正」とあり、趙恵文二十九秦抜我閼与条に「案此我字正因韓表而誤、益知上条八字之当移」とある。

(20) 閼与の戦について、『史記』趙世家には「秦韓相攻而囲閼与」とあり、廉頗藺相如列伝には「秦伐韓、軍於閼与」などとあり、太史公が趙世家および廉頗藺相如列伝編纂時点で閼与をいずれの領地と認識していたかはっきりとしないが、趙表に転載したことからすれば、趙地と考えていたと想定するのが自然であろう。同じく廉頗藺相如列伝には、趙軍のとりでに立てこもって出てこないのを見た秦将が「閼与非趙地也」と喜んだ、とあることからすれば、少なくとも元来の説話では閼与は趙地とされていたようである。

(21) 六国趙表で趙恵文王二十九年と三十年に閼与の戦に関する記述が重出するのが、それぞれ趙世家と秦本紀から転載した結果であることは、白〔二〇〇八〕、一〇八頁に指摘がある。

(22) 周〔二〇一二〕、二頁では合従連衡の軍事活動が馬陵の戦に始まるとするのが、学術界の普遍的認識であると述べられている。

(23)『史記』孫子呉起列伝に「楚悼王素聞起賢、至則相楚……要在彊兵、破馳説之言従横者」とある。

(24) 銭〔一九五六〕、考辨九五・蘇秦考、および徐〔一九五六〕参照。なお、合従連衡には「文穎曰関東為従、関西為横。孟康曰南北為従、東西為横。瓚曰以利合曰従、以威勢相脅曰横」のような多様な解釈が生じたのも(范〔二〇一四〕参照)、やはり縦横の概念と戦国時代の実態を整合しようとしたことに由来すると思われる。

参考文献

〔邦文〕（五十音順）

秋山陽一郎［二〇一八］『劉向本戦国策の文献学的研究――二劉校書研究序説』、朋友書店。

池田四郎次郎［一九七八］『史記研究書目解題（稿本）』、明徳出版社。

池田英雄［一九九五］『史記学50年――日・中「史記」研究の動向（1945－95年）』、明徳出版社。

大櫛敦弘［一九九五］「統一前夜――戦国後期の「国際」秩序」、『名古屋大学東洋史研究報告』一九。

大沢直人［二〇〇九］「『史記』春申君列伝に関する一考察――その編纂意図を探る」、『立命館史学』三〇。

――――［二〇一〇］「『史記』屈原列伝の史料的性格について」、『立命館文学』六一九。

――――［二〇一三］「『史記』楽毅列伝と田単列伝の史料的性格について」、『立命館史学』三四。

――――［二〇一四］「『史記』廉頗藺相如列伝の構成について」、『日本秦漢史研究』一二。

太田幸男［二〇〇七］『中国古代国家形成史論』、汲古書院。

大西克也・大櫛敦弘［二〇一五］『戦国縦横家書』、東方書店。

岡部美智子［二〇〇二］「『孟嘗君列伝』における一考察」、『東洋大学大学院紀要』三九。

金谷治［一九六二］「戦国年表雑識」、『集刊東洋学』八。

栗原朋信［一九六〇］『秦漢史の研究』、吉川弘文館。

小林伸二［二〇一七］「孟嘗君――戦国封君の一形態」、『鴨台史学』一四。

胡平生（田中幸一訳）［一九八九］「阜陽漢簡『年表』整理札記」、『史泉』七〇。

工藤元男・早苗良雄・藤田勝久訳注［一九九三］『戦国縦横家書』、朋友書店。

斎藤賢［二〇二〇］「蘇秦列伝の成立」、『東洋史研究』七八－四。

――――［二〇二一］「書評 秋山陽一郎著『劉向本戦国策の文献学的研究――二劉校書研究序説』」『東洋史研究』八〇－一。

佐藤武敏［一九九七］『司馬遷の研究』、汲古書院。

沢谷昭次［一九七八］「『史記』の作者たち」について」、『東洋学報』六〇－三・四。

須山哲司［二〇〇〇］「桂陵・馬陵の役故事考」、『芸文研究』七九。

武内義雄［一九三五］『諸子概説』、弘文堂書房。

原富男［一九八〇］『補史記芸文志』、春秋社。

平勢隆郎［一九九五］『新編史記東周年表――中国古代紀年の研究序章』、東京大学出版会。

福井重雅［二〇〇二］『陸賈『新語』の研究』、汲古書院。

藤田勝久［一九九四］「『史記』『漢書』研究文献目録（日本篇）」、間瀬収芳編『『史記』『漢書』の再検討と古代社会の地域的研究』、科研費報告書。

――［一九九七］『史記戦国史料の研究』、東京大学出版会。

――［一九九九］「日本の『史記』研究」、『愛媛大学法文学部論集（人文学科編）』七。

――［二〇〇一ａ］「日本の『史記』受容――鎌倉・室町、江戸時代」、『愛媛大学法文学部論集（人文学科編）』一〇。

――［二〇〇一ｂ］「明治以降の『史記』研究」、『愛媛大学法文学部論集（人文学科編）』一一。

――［二〇一一］『史記戦国列伝の研究』、汲古書院。

――［二〇一五］『史記秦漢史の研究』、汲古書院。

増淵龍夫［一九九六］『新版中国古代の社会と国家』、岩波書店。

水沢利忠編［一九九四］『史記正義の研究』、汲古書院。

宮崎市定［一九七七］「史記李斯列伝を読む」『東洋史研究』三五－四。

籾山明／ロータール・フォン・ファルケンファウゼン編［二〇二〇］『秦帝国の誕生――古代史研究のクロスロード』、六一書房。

谷中信一［二〇〇八］『斉地の思想文化の展開と古代中国の形成』、汲古書院。

山田統［一九六〇ａ］「竹書紀年と六国魏表」、『古代史研究』、吉川弘文館。

――［一九六〇ｂ］「竹書紀年の後代性」、『国学院雑誌』六一－一〇。

山本巌［一九九六］「孟嘗君考」、『宇都宮大学教育学部紀要』四六。

吉本道雅［一九九六］「史記原始――戦国期」、『立命館文学』五四七。

――［一九九八a］「史記戦国紀年考」、『立命館文学』五五六。

――［一九九八b］「書評 藤田勝久著『史記戦国史料の研究』」、『東洋史研究』五七－三。

――［二〇〇〇］「商君変法研究序説」、『史林』八三－四。

――［二〇〇五］『中国先秦史の研究』、京都大学学術出版会。

――［二〇二一］「「中華帝国」以前」、冨谷至編『岩波講座世界歴史5 中華世界の盛衰』岩波書店。

――［二〇二四］「太史公自序疏証」、『京都大学文学部研究紀要』六三。

〔中文〕（拼音順）

白光琦［二〇〇八］『先秦年代探略』、中国社会科学出版社。

晁福林［一九九四］「張儀史事辨」、『江海学刊』一九九四－三。

――［一九九七］「孟嘗君考」『学習与探索』一九九七－四。

――［二〇一五］『春秋戦国史叢考』、蘇州大学出版社。

陳洪［二〇二二］「《史記》中的『口述史』考論」、『江蘇師範大学学報（哲学社会科学版）』四七－六。

陳夢家［一九五五］『六国紀年』、学習生活出版社。

陳平［一九八七］「試論戦国型秦兵的年代及有関問題」、『中国考古学研究論集――紀年夏鼐先生考古五十周年』、三秦出版社。

陳奇猷［二〇〇〇］『韓非子新校注』、上海古籍出版社。

程金造［一九八五］『史記管窺』、陝西人民出版社。

程平山［二〇一三］『竹書紀年考』、中華書局。

鄧駿捷［二〇一二］『劉向校書考論』、人民出版社。

范祥雍［二〇〇六］『戦国策箋証』、上海古籍出版社。

――［二〇一四］「釈縦横」、『范祥雍文史論集（外二種）』、上海古籍出版社。

古国順［一九八五］『史記述尚書研究』、文史哲出版社。

顧頡剛［一九六三］『史林雑識初篇』、中華書局。

金徳建［一九六三］『司馬遷所見書考』上海人民出版社。

荊州博物館・武漢大学簡帛研究中心編著［二〇一二］『荊州胡家草場西漢簡牘選粋』、文物出版社。

康麗雲［二〇〇六］「試論《馮諼客孟嘗君》的芸術特色」、『創作評譚』。

可永雪［二〇〇五］『史記研究集成第九巻——史記文学研究』、華文出版社。

——［二〇一二］『《史記》文学成就論衡』、中央民族大学出版社。

頼長揚［一九八一］「司馬談作史補証」、『史学史研究』一九八一－一。

李長之［一九八四］『司馬遷之人格与風格』、生活・読書・新知三連出版。

李均明・劉国忠・劉光勝・鄔文玲［二〇一九］『当代中国簡帛学研究』、中国社会科学出版社。

李淑燕［二〇一二］『梁玉縄研究』、上海古籍出版社。

李秀華［二〇一二］『《淮南子》学史』、中華書局。

劉重来・徐適端主編［二〇〇八］『《華陽国志》研究』、巴蜀書社。

劉俊男［二〇一〇］『《史記・六国年表》与史料編纂』、花木蘭文化出版社。

馬非百［一九八二］『秦集史』、中華書局。

馬慶洲［二〇〇九］『淮南子考論』、北京大学出版社。

馬雍［一九七六］「帛書《戦国縦横家書》各篇的年代和歴史背景」、馬王堆漢墓帛書整理小組編『戦国縦横家書』、文物出版社。

苗潤蓮［二〇〇六］「論戦国縦横家的地域分布及成因」、『山西大学学報』二〇〇六－三。

彭適凡［二〇一七］「新見秦十二年相邦張儀銘付耳蓋鼎考」、『中国文物報』。

駢宇騫・段書安編著［二〇〇六］『二十世紀出土簡帛綜述』、文物出版社。

銭穆［一九五六］『先秦諸子繋年』、香港大学。

任剛［二〇〇九］『史記戦国人物取材研究』、陝西人民出版社。

沈月［二〇一三］『《戦国縦横家書》訳注』、光明日報出版社。

孫暁磊［二〇一八］『《史記志疑》研究』、復旦大学出版社。

唐蘭［一九四一］「蘇秦考」、『文史雑誌』一－一二。

——［一九七六］「司馬遷所没有見過的珍貴史料」、馬王堆漢墓帛書整理小組編『戦国縦横家書』、文物出版社。

町田三郎［一九九一］「関於《韓非子》的編成」、『中国人民大学学報』一九九一－六。
王国維［一九五九］『観堂集林』、中華書局。
王華宝［二〇一九］『《史記》金陵書局本与点校本校勘研究』、鳳凰出版社。
王輝・王偉編［二〇一四］『秦出土文献編年訂補』、三秦出版社。
王輝・尹夏清・王宏［二〇一二］「八年相邦薛君・丞相殳漆豆考」、『文物与考古』二〇一一－一。
王明信・俞樟華［二〇〇五］『史記研究集成第十巻──司馬遷思想研究』、華文出版社。
魏建震［一九九九］「平原君身世与任趙相考」、『邯鄲師専学報』九－四。
呉汝煜［一九八三］「司馬貞《史記索隠》与《竹書紀年》」、『文献』一九八三－一。
呉振武［一九九八］「趙二十九年相邦趙豹戈補考」、『徐中舒先生百年誕辰紀年文集』、巴蜀書社。
辛徳勇［二〇一七］『史記新本校勘』、広西師範大学出版社。
熊憲光［一九九七］「縦横家之興考辨」、『文献』一九九七－一。
熊賢品［二〇一七］『戦国王年問題研究』、中国社会科学出版社。
徐少華［一九八九］「奉陽君任相及相関趙史探析」、邯鄲市・河北省歴史学会編『趙国歴史文化論叢』、河北人民出版社。
徐中舒［一九五六］「戦国初期魏斉的争覇及列国間合縦連衡的開始」、『四川大学学報（哲学社会科学版）』一九五六－一。
──［一九六四］「論《戦国策》的編写及有関蘇秦諸問題」『歴史研究』一九六四－一。
楊海崢［二〇一七］『日本《史記》研究論稿』、中華書局。
楊寛［一九五五］『戦国史』、上海人民出版社。
──［一九七六］「馬王堆帛書《戦国縦横家書》的史料価値」、馬王堆漢墓帛書整理小組編『戦国縦横家書』、文物出版社。
──［一九九八］『戦国史（増訂本）』、上海人民出版社。
──［二〇〇一］『戦国史料編年輯証』、上海人民出版社。
──［二〇〇三］『楊寛古史論文選集』、上海人民出版社。
姚福申［一九八七］「対劉向編校工作的再認識──《戦国策》与《戦国縦横家書》比較研究」、『復旦大学（社会科学版）』一九八七－六。
于茀［二〇二四］『簡帛書籍叙録』、社会科学文献出版社。
俞樟華・鄧瑞全主編［二〇〇五］『史記研究集成第十四巻──史記論著提要及論文索引』、華文出版社。

袁伝璋［二〇一五］『袁伝璋史記研究論叢』、安徽師範大学出版社。
――［二〇一六］『宋人著作五種徴引《史記正義》佚文考索』、中華書局。
張大可［一九八四］「司馬談作史考論述評」、『青海師範学院学報（哲学社会科学版）』一九八四―一。
――［二〇一九］『司馬遷生年研究』、商務印書館。
――［二〇二三］『史記疑案――争議千年的十大疑案研究』、研究出版社。
張新科・高益栄・高一農主編［二〇一一］『史記研究資料萃編』、三秦出版社。
張興吉［二〇〇六］『元刻《史記》彭寅翁本研究』、鳳凰出版社。
張衍田［一九八五］『史記正義佚文輯校』、北京大学出版社。
――［二〇二一］『史記正義佚文輯校（増訂本）』、中華書局。
張玉春［二〇〇一］『《史記》版本研究』、商務印書館。
――［二〇一八］『《史記》日本蔵本注本論集』、中国社会科学出版社。
張玉春・応三玉［二〇〇五］『史記研究集成第十二巻――史記版本及三家注研究』、華文出版社。
張宗品［二〇二三］『《史記》的写本時代――公元十世紀前《史記》的伝写与閲読』、上海古籍出版社。
趙鵬団［二〇一三］「従秦漢学術的層纍現象看蘇秦事迹真偽考訂」、『寧夏社会科学』二〇一三―四。
趙生群［一九八二］「司馬談作史考」『南京師大学報（社会科学版）』一九八二―二。
――［二〇〇七］「《戦国縦横家書》所載『蘇秦事跡』不可信」『浙江師範大学学報（社会科学版）』。
趙艶文［二〇一九］「戦国縦横家蘇代研究」、渤海大学碩士学位論文。
鄭傑文［一九九五］「田文考」、『管子学刊』一九九五―三。
――［一九九八］『戦国策文新論』、山東人民出版社。
鄭良樹［一九七二］『戦国策研究』、台湾学生書局。
鄭之洪［一九九七］『史記文献研究』、巴蜀書社。
周録祥［二〇二三］『凌稚隆《史記評林》研究』、上海古籍出版社。
周鵬飛［一九八五］「蘇秦兄弟排行及事迹考」、『社会科学』一九八五―三。
周書燦［二〇一二］『合従連衡――戦国中期軍事外交』、河南人民出版社。

朱東潤［二〇〇九］「《史記》徐広本異文考証」、『史記考索』、武漢大学出版社。
朱素娟［二〇〇七］「蘇代散文研究」、蘭州大学研究生学位論文。
諸祖耿［一九八二］『戦国策集注匯考（増補版）』、鳳凰出版社。

〔欧文〕（アルファベット順）

Maspero, H. [1950] *LE ROMAN HISTORIQUE DANS LA LITTÉRATURE CHINOISE DE L'ANTIQUITÉ*, Mélanges posthumes sur les religions et l'histoire de la chine, Annales du Musée Guimet, Paris, 1950, vol. III Études historiques.

Pines, Yuri. [2020] "The Warring States Period: Historical Background", In *The Oxford Handbook of Early China*. ed. Elizabeth Childs-Johnson, Oxford University Press.

——— [2021] "Limits of All-Under-Heaven: Ideology and Praxis of 'Great Unity' in Early Chinese Empire", In *The Limits of Universal Rule: Eurasian Empires Compared*. ed. Yuri Pines, Michal Biran and Jörg Rüpke, Cambridge University Press.

あとがき

本書は二〇二二年十二月に京都大学大学院文学研究科に提出した筆者の博士論文「『史記』戦国史像の文献学的研究——戦国中期列伝を中心に」を基に、加筆修正をしたものである。基本的な論旨に変更はないが、研究者のみならず一般の読者の方にも読んでいただくことを想定し、語句や内容に解説を加えて読みやすいものにしようと努めた。

本書の基となった博士論文で『史記』の戦国史を対象として取り上げたのはなぜだろうか。遡ってみると、『史記』、特に列伝が抜群に面白く、その文章に惹かれたということがまずはあっただろう。しかし、中国古代史を学ぶ傍ら『史記』を読み進める中で、徐々に学問的な問題に関心が移っていった。『史記』には至るところに矛盾や誤りにみえる記述が散見することは本書で述べた通りだが、書き間違いであるとか勘違いという説明には飽き足らなくなり（単なる間違いも確かに存在することは否定しないが）、一体なぜそのような記述となったのか、その原因を知りたいと考えるようになったのである。ただ、その中でも戦国時代に関心を持つようになったのは、他の時代の研究に比べて『史記』の重要性が相当に大きいにもかかわらず、その記述には反ってより一層多くの問題があるということがある。

このような問題意識を背景として、修士論文では戦国史の人物の中でも最も問題の多い蘇秦を取り上げたのであるが、当初は特に蘇秦という人物自体に関心があったわけではなく、これほど長い付き合いになるとは思っていなかった。しかし、蘇秦に関する理解がある意味で本書の根幹を成していることを考えれば、彼との出会いには不思議な縁を感じている。

吉本道雅先生を主査、中砂明徳・宮宅潔両先生を副査とする学位審査においては、三人の先生方から、個別的と全体的とを問わず詳細かつ貴重な批判と助言をいただいた。また、博士論文のみならず、筆者が中国古代史を研究する上でたくさんの先生方から大きな学恩を蒙っている。本書が完成するまでには様々な出来事があり、多くの方々に直接間接に助けていただいたことを忘れるわけにはいかない。ここに併せて謝辞を述べさせていただきたい。

吉本先生には、筆者が京都大学文学部の東洋史研究室に所属してより博士論文を書きあげるまで一貫して指導教員としてご指導いただいた。そのなかで、先生の包括的な視点と緻密な考証・分析からは常に大きな学びを得ている。先生のゼミで銭穆の『先秦諸子繫年』や楊寛の『戦国史料編年輯証』を講読した経験は、中国古代史を研究する上で避けて通ることのできない種々の問題に取り組み、複雑な議論へと飛び込む勇気を与えてくれた。また中砂先生には学部生の頃から博士課程まで授業に出席し、漢文を教えていただいた。授業では茅元儀の書簡や明清档案などがテキストとされており、中国古代史を専攻する筆者にとって日頃接する機会のない時代・ジャンルの漢文を読むことができたことは、極めて貴重な経験であったと思う。中国史研究者として欠かすことのできない歴史学と漢文の基礎を教わったお二人の先生に、心よりの感謝をお伝えしたい。

博士課程に進学して以降は、宮宅先生の主宰する秦代出土文字史料の研究班に参加しているが、そのおかげで嶽麓秦簡や里耶秦簡といった出土文字史料を扱う機会に恵まれ、研究の視野を広げることができた。紙幅の都合上、お名前を全て挙げることはできないが、宮宅先生と班員の方々にお礼申し上げる。さらに、宮宅先生からは学位審査の際にも有益なご意見を賜った。本書の終章第三節はそこから示唆を得たものである。

また筆者は現在東京大学大学院人文社会系研究科特任研究員（日本学術振興会特別研究員－PD）として、受入研究者である大西克也先生にご指導いただいている。今や中国古代史の研究を進める上で古文字学や音韻学の修得は不可欠であるが、その領域をご専門とされる大西先生のもとで学ぶ機会を賜ったことは筆者の幸いとするところであり、感謝の念に堪えない。

筆者は大学入学後、中国史への関心から第二外国語として中国語を選択したが、その時教えていただいたのが平田昌司先生と木津裕子先生である。二回生の夏休みには南京大学への短期語学留学のプログラムにも参加する機会があったが、初めての中国で右も左もわからぬ私を引率してくださったのは平田先生であった。当時、南京ののどかな雰囲気に心惹かれたことを今も覚えている。木津先生には、白話小説について学ぶ機会もいただいた。博士課程進学後、先生の元曲を読む授業に出席したが、口語的な要素の強い白話に最初は苦戦したものの、同時に中国語の多様性と奥深さを実感したものである。単に歴史研究の史料として内容を理解するに止まらず、言語としての中国語の面白さを知ることができたことは、得難い喜びであった。

また、中国哲学の宇佐美文理先生の講義が印象に残る。当時出席した授業は版本についてのものだったが、字体の差などからその版本がいつ頃のものであるのかを説明される宇佐美先生のご様子に強く感銘を受けたと記憶している。

ただ、大学入学当初は迷いなく中国史を専攻するつもりだったのだが、その後ふと手にとった故大牟田章先生のアレクサンドロスに関するご著書に大きな衝撃を受け、西洋古代史への研究にも関心を持つようになった。そこで、西洋史学専修の教授であられた南川高志先生に西洋史研究についてご相談し、西洋古代史を学ぶのであれば必要な素養であると教えていただいた古典ギリシア語、ラテン語、ドイツ語、フランス語を学んだのだが、三回生の研究室分属の際は悩んだ末に東洋史学専修を選択し、そのことを南川先生には事前にお伝えせぬままになってしまった。思えば先生にとても失礼なことをしたと慚愧の念に堪えないが、その後西洋古代史のゼミに参加した時も、そんな筆者を先生は快く迎えてくださり、西洋古代史の研究に触れる機会を得た。

二〇一九年の留学、およびその後訪問学者として北京大学を訪れた際は、何晋教授、そして陳侃理教授にお世話になり、王鏗先生には授業への参加を通じて貴重な学びと交流の機会を賜っている。また北京での生活では小林文治先生に何度もお世話になった。柿沼陽平先生や田熊敬之先生・新津健一郎先生には中国での見聞を広める機会を賜り、何美怡・黄秋怡・章瀟逸・曹天江・李霊均・鮫島玄樹・平林優一諸氏との交流は北京での生活を豊かな実りあるものにしてくれた。また、中国文学研究室を通して知り合った三村一貴さん、京都大学訪問時から交流を持つようになった鄭伊凡さんからは常に学問的な刺激を受けている。そして、素晴らしい先輩方、同輩後輩と共に東洋史を学び、研究する場を与えてくれた京都大学東洋史研究室に所属できたことは、身に余る幸運であったと思う。本来は研究室におられた方々皆のお名前を挙げてお礼申し上げるべきところ、紙幅の限りのため叶わぬことをご海容願いたい。

また、二〇二一年より北白川学園山の学校で、学生に加えて社会人の方々に漢文を教える貴重な機会をくださった北白川学園園長の山下太郎先生、および関係者の皆さまにお礼申し上げる。

最後に、中国史研究と直接関わるわけではないが、ある意味で筆者、そしてお世話になった方々とは切り離すことはできないので、私事を述べることをお許しいただきたいと思う。

私の妹・舞は二年四カ月に及ぶ闘病生活の後、二〇二二年六月一一日に二十二歳でこの世を去った。妹の命を奪ったのは横紋筋肉腫という病である。抗癌剤治療のため髪が抜け落ち、徐々に病が進行して歩けぬようになり、終には癌が肺に転移し呼吸ができなくなって息を引き取った。私は妹が少しずつ奪われていくさまを傍で見ていることしかなかった。彼女の胸中を思えば今も涙が零れる。

妹が亡くなった時、研究はおろか何に対しても気力を失ってしまっていた。しかしその時、山口優輔君と福田雅矢君はこれ以上は求め得ぬほど親身になって私のことを慰め、励ましてくれた。二人の助けがなければ、研究どころか私が今頃どうなっていたかもわからない。両君には実に再生の恩がある。ここに深甚なる感謝を捧げたい。また、對馬稔君をはじめとする飲み仲間たちとの交流が私を大いに力づけてくれたことを記しておく。

そして、お仕事でお忙しいなか、博論の内容や構成について懇切丁寧に相談にのってくださった峰雪幸人さんには衷心よりの感謝の念を抱いている。平林優一君には本書の校正を手伝っていただき、大きな助けとなった。もちろん文責は全て筆者にある。また画像の選定、入手についてはそれぞれ鮫島玄樹君と何美怡さんにご協力いただいた。本書の完成にご助力を賜った方々に併せてお礼申しあげる。

振り返れば、お名前を挙げることができなかった方も含め、ここに至るまで本当にたくさんの方から数えきれないほどの御恩を蒙っている。菲才の身ながら、研究を続けていくことでその御恩に報いたいと思う。

なお、本書の出版に際しては、令和六年度京都大学人と社会の未来研究院若手出版助成、ならびに京都大学大学院文学研究科の「卓越した課程博士論文の出版助成制度」による助成を受けた。ご推薦を賜った吉本道雅先生、編集をご担当いただいた京都大学学術出版会の嘉山範子様、および関係者の皆様に篤く感謝申し上げる。また、本研究がＪＳＰＳ科研費（特別研究奨励費）ＪＰ２４ＫＪ００７８の支援を受けたことを付記しておく。

最後に、ここまで支えてくれた母・真喜子に心より感謝する。そして何より、私をいつも明るく励ましてくれた舞にありがとうと伝えたい。

二〇二五年一月　著者記

How was the *Shiji* compiled?
—Creation of the biographies of Su Qin (蘇秦), Zhang Yi (張儀), and Lord Mengchang (孟嘗君)

Ken SAITO

Summary

Introduction: Perspectives on Elucidating the Compilation Process and Methods of the *Shiji* (史記) “Records of the Grand Historian”

Although the Warring States period is a pivotal era in Chinese history, existing research on the early to mid-Warring States period and on states other than Qin has stagnated. A major problem in this field is the lack of a comprehensive perspective that connects the late with the earlier stages of the Warring States period or the Spring and Autumn period to the Qin and Han dynasties. A key factor in this stagnation is the scarcity of historical materials related to the Warring States period, especially those concerning states other than Qin. While recent archaeological discoveries have greatly improved the availability of historical materials in certain fields, progress has been limited with regard to historical sources that recorded the Warring States period chronologically, such as the *Shiji*.

Given this situation, the *Shiji* remains the most essential historical source for a diachronic understanding of the Warring States period. While chronological sources such as the *Zuozhuan* (左伝) and *Hanshu* (漢書) are available for research on the Spring and Autumn and Western Han periods, respectively, the *Shiji* is currently the only comprehensive chronological source for the Warring States period. However, the accounts related to the Warring States period in the *Shiji* are fraught with glaring contradictions and chronological discrepancies, making it difficult to use as a reliable historical source for the period.

Therefore, the present study aims to elucidate the characteristics of the *Shiji* as a primary source for the study of the history of the Warring States period, through an examination of the process and methods of the compilation of the *Shiji*, focusing on the biographies of key figures from the mid-Warring States period: Su Qin (蘇 秦), Zhang Yi (張 儀), and Lord Mengchang (孟嘗君).

Chapter One: Formation of "The Biography of Su Qin" (蘇秦列伝 Su Qin Liezhuan)

By analyzing the biography of Su Qin, which is among the most contradictory and contentious descriptions in the *Shiji* concerning the veracity of its accounts, this chapter clarifies the source materials used in its compilation and examines the methods and intentions behind its creation.

Furthermore, by investigating the changes and developments of Su Qin's image and narratives up to the time of the compilation of the *Shiji*, this chapter argues that the narratives about Su Qin evolved over time. Early narratives focused on defeat of Qi (斉), later shifting toward emphasizing his role in the Vertical Alliance (合従) against Qin. During the Western Han period, narratives related to the defeat of Qi (斉) emerged, followed by the development of stories about the Vertical Alliance against Qin (秦). These emerging narratives positioned Su Qin and Zhang Yi as rivals and the two leading strategists of the mid-Warring States period. Sima Qian incorporated these narratives into the biography of Su Qin.

Chapter Two: Structure of "The Biography of Lord Mengchang" (孟嘗君列伝 Mengchangjun Liezhuan)

Lord Mengchang was a prominent figure of the mid-Warring States

period who was involved with both Qin and other states. While Lord Mengchang, like Su Qin, mainly operated within states other than Qin, he also served as a chancellor in Qin, differing from Su Qin in this regard. By analyzing the source materials and their alterations, this chapter clarifies the characteristics of the biography of Lord Mengchang and the intentions behind its compilation.

One notable characteristic is that, although the accounts in the biography of Lord Mengchang and other sections of the *Shiji* do not fundamentally contradict each other, the veracity of some accounts are in doubt. Furthermore, it is significant that Lord Mengchang's connections with Wei (魏) are barely mentioned. Nevertheless, some passages can be interpreted as suggesting that Lord Mengchang served Wei and was involved in the downfall of Qi. This indicates a tendency in Sima Qian's editorial approach that sought to maintain the understanding in the primary sources.

Chapter Three: Compilation of "The Biography of Zhang Yi" (張儀列伝 Zhang Yi Liezhuan)

This chapter examines the biography of Zhang Yi, who primarily served Qin, clarifying the source materials and alterations made during the compilation of the *Shiji* as well as the intentions behind them. In previous studies, accounts related to Qin have generally been regarded as more reliable in comparison with other states.

However, this chapter argues that, in certain instances, even Qin-related accounts and chronological dates in the *Shiji* contain elements that were likely constructed or altered by Sima Qian. The reliability of accounts about the Horizontal Alliance attributed to Zhang Yi is particularly questionable. An analysis of the development of narratives about Zhang Yi reveals that his image as an advocate of the Horizontal Alliance was a later invention. This indicates that the reliability of

accounts in the *Shiji* cannot be guaranteed based solely on their association with Qin, and that a detailed analysis of each account is essential.

Chapter Four: The *Shiji* and Su Dai (蘇代)

This chapter explores the descriptions of Su Dai and Su Li (蘇厲) in the *Shiji*, analyzing the characteristics of Su Dai and examining his distinctiveness in the *Shiji*. There are many instances where narratives attributed to Su Qin or other individuals in other sources are instead attributed to Su Dai in the *Shiji*. This suggests that many of these narratives were likely reattributed to Su Dai during the compilation of the *Shiji*.

Comparing Su Dai with Su Li, this chapter also indicates that Su Dai, unlike Su Li, was a later creation in the development of narratives of Su Qin. This suggests that as Su Qin's activities grew more complex and diverse with the development of his narratives, Su Dai was created as a character to take on some of the roles of Su Qin. Under the influence of such later-created narratives, Sima Qian made the alterations mentioned above.

Conclusion: The Characteristics of the Warring States Period as Described in the *Shiji*

Based on an analysis of the three biographies, this chapter summarizes the key characteristics of the methods and processes used in compiling the *Shiji*. Key characteristics of the compilation include the alterations in source materials to align with Sima Qian's interpretations of the Warring States period. Furthermore, the chronological dates of historical events in the *Shiji* include not only those based on chronological sources, but also those derived from anecdotal sources and

constructed events. There are instances in which originally undated events were assigned particular dates during the compilation of the *Shiji*. However, there was a compilation approach of preserving the recognition existing in source materials as far as possible. In other words, although it was difficult to record important events as they were, Sima Qian did not discard contradictory source materials entirely; instead, he preserved them in some form.

This study shows that, to utilize the *Shiji* effectively as a historical source, it is necessary to analyze dynamically at what stage of the compilation a particular description was made based on the type of source materials, as well as with what intention these alterations were made.

索　引

＊本文中に登場する表記と、索引における項目名とが必ずしも一致していないものもある。たとえば、「楚策一・張儀為秦破従連横説楚王章」項に記載しているものには、本文中で「楚策一・張儀為秦破従連横章」とされるものも含まれる。

■事　項

■人　名（前近代）

■人　名（研究者）

著者紹介

斎藤　賢（さいとう　けん）

1992年大阪府生まれ。博士（文学）。京都大学文学部卒業。京都大学大学院文学研究科修士課程、博士後期課程修了（東洋史学専修）。現在、東京大学人文社会系研究科特任研究員（日本学術振興会特別研究員 – PD）。2024年9月より北京大学歴史学系訪問学者（～2025 年2月）。

主要業績

「蘇秦列伝の成立」『東洋史研究』第78巻第3号、2020年、「身分呼称としての「君子」」宮宅潔編『嶽麓書院所藏簡《秦律令（壹）》譯注』汲古書院、2023年所収など。

（プリミエ・コレクション 135）
『史記』はいかにして編まれたか
――蘇秦・張儀・孟嘗君列伝の成立

2025年 3 月20日　初版第一刷発行

著　者　斎　藤　　賢
発行人　黒　澤　隆　文

発行所　京都大学学術出版会
京都市左京区吉田近衛町69番地
京都大学吉田南構内（〒606-8315）
電　話（075）761-6182
FAX（075）761-6190
URL　http://www.kyoto-up.or.jp
振　替　01000-8-64677

ISBN978-4-8140-0568-0
Printed in Japan

印刷・製本　亜細亜印刷株式会社
定価はカバーに表示してあります
装幀　谷　なつ子